1x1 des Wissens

Allgemeinbildung
WELT-RELIGIONEN

Jörg Werremeyer

Compact Verlag

Chefredaktion: Dr. Angela Sendlinger
Redaktion: Anke Fischer
Produktion: Wolfram Friedrich
Abbildungen: Lidman Productions, Stockholm; pixelio, München;
Gruppo Editoriale Fabbri, Mailand; dpa-Picture-Alliance, Frankfurt
Titelabbildungen: dpa-Picture-Alliance, Frankfurt (1); Lidman Productions, Stockholm (1);
Compact Verlag, München (1)
von links nach rechts: Buddhastatuen im Wat Arun, Tempel der Morgenröte, Bangkok,
Thailand; Giotto: *Petrus;* Klagemauer, Jerusalem

Gestaltung: Axel Ganguin
Umschlaggestaltung: Inga Koch

ISBN 978-3-8174-6097-7
5460971

Besuchen Sie uns im Internet: www.compactverlag.de

Inhalt

Grundlehren: die christliche Theologie

Das Christentum entstand mit Auftreten des jüdischen Wanderpredigers Jesus von Nazareth, der den ersten Christen als der von den Juden erwartete Messias galt und das jüdische Gesetz mit seiner Botschaft erfüllte. Seine Person wurde zur zentralen Gestalt und zum Glaubensinhalt der christlichen Religion. Nach christlicher Vorstellung wurde Jesus als Sohn Gottes zu den Menschen gesandt, um die Botschaft vom angebrochenen „Himmelreich Gottes" zu predigen und die Menschen durch seinen Kreuzestod und seine Auferstehung von ihren Sünden zu befreien und zum Heil zu führen.

Jesus Christus, Gemälde von Giovanni da Milano

Auch wenn Christen die Einheit von Glauben und ein durch tätige Menschenliebe geprägtes Leben anstreben: Im theologischen Sinne sind das Gebot der Nächstenliebe, die Darstellung Gottes als liebender Vater aller Menschen oder der Glaube an die Auferstehung der Toten keine typisch christlichen Inhalte neutestamentarischer Texte. Bereits im Alten Testament war die Nächstenliebe thematisiert (neu ist die Feindesliebe), das Bild eines göttlichen Vaters entworfen (neu ist das „Vater unser" als vertrauliche Gebetsanrede) und der Glaube an die Auferstehung dargelegt.

Himmelreich Gottes

Die neue Botschaft Jesu, wie sie vor allem in den Evangelien dargelegt ist, äußert sich in der Verkündigung des göttlichen Himmelreichs, das schon im Alten Testament verheißen wurde: Jesus Christus verstand sich als Repräsentant der anbrechenden Gottesherrschaft und setzte mit Worten und Taten Zeichen. Nach christlicher Vorstellung war die neue Zeit bereits in Jesus Christus angebrochen, das „Reich Gottes" wirkte bereits in die Gegenwart hinein. Das sollten die Wunder zeigen, die Jesus vollbrachte: Blinde sehen,

Lahme gehen, Aussätzige gesunden – auch wenn die Vollendung des „Reiches der Gerechtigkeit und des Friedens“, in dem Gott als König herrscht, selbst noch in ferner Zukunft lag.

Dreieinigkeit

Die Lehre von der Dreieinigkeit oder Trinität (lat. trinitas, „Dreiheit“) ist eine Besonderheit des Christentums und nach der christlichen Theologie die zentrale Glaubensaussage über Gott. Sie begreift das Wesen Gottes als Einheit dreier „Seinsweisen“, die innerhalb verschiedener Dimensionen tätig sind: Vater, Sohn und Heiliger Geist. In ihrem inneren Verhältnis unterscheiden sie sich dadurch, dass aus dem Vater der Sohn, aus Vater und Sohn der Heilige Geist entsteht (nach orthodoxer Tradition vom Vater durch den Sohn), was sich in einer gegenseitigen Durchdringung äußert. Nach der Lehre von der Dreieinigkeit hat sich Gott auf dreifache Weise den Menschen offenbart: als Schöpfergott (Vater), als Erlöser in Gestalt und im Werk Jesu (Sohn) und in den Menschen, die in der Nachfolge und im Geist Jesu leben (Heiliger Geist).

Vater, Sohn und Heiliger Geist, mittelalterliche Buchmalerei

Die Trinitätslehre wird im Neuen Testament nur ansatzweise entfaltet. Das Wesen Jesu Christi war in der frühen Kirche lange Zeit umstritten und die Klärung der Frage von heftigen kirchenpolitischen Auseinandersetzungen geprägt. Auf dem Konzil von Nicaea (325) formulierte man endgültig die Wesensgleichheit von Vater und Sohn, später fügte man noch die Lehre von der Gleichheit des Heiligen Geistes mit dem Vater hinzu (Konzil von Konstantinopel, 381).

Die Trinitätslehre markiert einen unüberbrückbaren Gegensatz zu den beiden anderen großen monotheistischen Religionen Judentum und Islam, die Gott als unteilbare Einheit auffassen und anbeten. ■

Das Apostolische Glaubensbekenntnis

Die Grundaussagen des Christentums sind im Apostolischen Glaubensbekenntnis formuliert: Ich glaube an Gott, den Vater, den Allmächtigen, den Schöpfer des Himmels und der Erde. Und an Jesus Christus, seinen eingeborenen Sohn, unsern Herrn, empfangen durch den Heiligen Geist, geboren von der Jungfrau Maria, gelitten unter Pontius Pilatus, gekreuzigt, gestorben und begraben, hinabgestiegen in das Reich des Todes, am dritten Tage auferstanden von den Toten, aufgefahren in den Himmel; er sitzt zur Rechten Gottes, des allmächtigen Vaters; von dort wird er kommen, zu richten die Lebenden und die Toten. Ich glaube an den Heiligen Geist, die heilige katholische Kirche (im Protestantismus stattdessen: christliche Kirche), Gemeinschaft der Heiligen, Vergebung der Sünden, Auferstehung der Toten und das ewige Leben. Amen.

Die Bibel

Die Bibel ist über die Ausbreitung des Judentums und Christentums in Orient und Okzident und mit der Übernahme ursprünglich jüdischer oder christlicher Motive in islamische Werke zu einem der wichtigsten Bücher der gesamten Menschheitsgeschichte geworden. Sie hat nicht nur die bildenden Künste, Architektur und Philosophie, sondern auch europäische alltägliche Sitten und Gebräuche maßgeblich beeinflusst.

Die christliche Bibel

Als Heilige Schrift des Christentums ist die Bibel für alle christlichen Kirchen und Gemeinschaften Urkunde der Offenbarung Gottes und Grundvoraussetzung und Richtschnur allen christlichen Glaubens, Handelns und Lehrens. Sie besteht aus den Schriften des Alten und Neuen Testaments. Weil das Erscheinen Jesu als Erfüllung der alttestamentarischen Prophetien gedeutet wird, setzt die christliche Bibel die ethischen Normen und Weissagungen der Hebräischen Bibel voraus. Deren Schriften haben daher – wenngleich in anderer Anordnung und geringfügig anderem Umfang – als Altes Testament Eingang in die christliche Bibel gefunden. Die biblischen Texte entstanden ab dem 8. Jh. v. Chr., ihr Ursprung liegt im Dunkeln, die Verfasser der Texte sind größtenteils nicht namentlich bekannt.

Die Testamente gliedern sich in drei große Schriftengruppen. Sie enthalten Geschichtsbücher und erzählende Schriften, Lehrbücher bzw. poetische Schriften und schließlich prophetische Bücher. Über den Schriftenbestand des Alten Testaments sind sich die christlichen Konfessionen uneins, der Bestand des Neuen Testaments wird von allen anerkannt. Der Umfang der Bibel variiert je nach Konfession.

Altes Testament

Das Alte Testament verkündet zwar keine durchgehend einheitliche, in sich logisch geschlossene Weltanschauung oder religiöse Lehre, dennoch gibt es einen roten Faden, der sich durch die Geschichtsbücher, die erste große Schriftengruppe zieht: Sie sind als Berichte über die

Buch der Bücher

Das Wort „Bibel“ geht auf einen Ausdruck aus der griechischen Sprache zurück und bedeutet „Bücher, Schriften“ (aus Plural biblía zu Singular biblion, „Buch, Buchrolle“). Die Bibel ist eine Sammlung verschiedener Einzelschriften bzw. von Texten, die der antiken Praxis gemäß zunächst als einzelne Buchrollen vorlagen. Den Charakter einer religiösen Bibliothek hat sich die Bibel bis heute bewahrt – und gibt uns allerhand Rätsel über ihre Entstehung und ihren historischen Wahrheitsgehalt auf.
Eine literaturspezifische Eigenart der Bibel besteht darin, dass Formen und Gattungen der Bibeltexte nicht nur zwischen Altem und Neuem Testament variieren, sondern auch innerhalb dieser zwei großen Teile. Stilistisch deckt die Bibel jede nur denkbare literarische Richtung ab.

Geschichte des Volkes Israel (z. B. über den Auszug aus Ägypten) das Spiegelbild der lebendigen Kultur des kleinen, von Gott auserwählten Volkes, die biblischen Geschichten der Ausdruck seines starken Willens zur Unabhängigkeit. Alle Verfasser glaubten an die Existenz eines Schöpfergottes, der später mit seinem Volk einen Bund schloss und es wohlwollend durch die Geschichte begleitete. Das Alte Testament enthält zudem dichterische Schriften mit Lieder- und Sprüchesammlungen sowie prophetische Bücher.

Neues Testament

Das Neue Testament enthält jene Zusätze zur Hebräischen Bibel bzw. zum Alten Testament, die das Wesentliche des Christentums ausmachen. Keine der neutestamentarischen Schriften enthält jedoch eine zusammenhängende Darstellung der christlichen Lehre, die einzelnen Bücher bzw. Schriften spiegeln im Einzelfall die theologischen Bedürfnisse und Absichten der Verfasser wider.

Die Schriften des Neuen Testaments entstanden – in einer für heilige Schriften vergleichsweise kurzen Zeit – nach dem Wirken Jesu in der Zeit nach 50 im jüdisch-christlichen Umfeld des östlichen Mittelmeerraumes. Das Neue Testament erhält seine religiöse Bedeutung zum einen als Bericht über das Leben und Wirken Jesu, es dokumentiert seine Worte und Taten, seinen Tod und seine Auferstehung, zum anderen als Bericht über die Geschichte und die urchristliche Verkündigung der Urgemeinde. Es dokumentiert besonders die Missionsarbeit des Apostels Paulus, die Ausbreitung des Christentums und die Interpretation der Botschaft Jesu in den ersten Jahrzehnten nach dessen Auftreten. ■

Hebräische Schriftrolle, Teil des Alten Testaments

Der Vatikan

Der Vatikan, gelegen auf dem ca. 75 Meter hohen Vatikanischen Hügel in Rom, ist zum einen die nach der Residenz des Papstes geprägte Kurzbezeichnung für die oberste Behörde der römisch-katholischen Kirche, die Kurie, zum anderen eine Bezeichnung für das Territorium der Vatikanstadt. Diese ist nicht Teil der Stadt Rom, sondern eine Enklave.

Der Petersdom – Zentrum des Vatikans

Über Jahrhunderte war Rom der Mittelpunkt eines mehr oder weniger ausgedehnten Kirchenstaates. Im Verlauf der Französischen Revolution wurde der Kirchenstaat durch Gebietsabtretungen stark verkleinert und nach den italienischen Freiheitskämpfen 1870 dem italienischen Nationalstaat zugeschlagen. Kirchliche Verwaltungsorgane konzentrierten sich fortan in der Vatikanstadt. Die sogenannte römische Frage um die päpstliche Souveränität konnte man erst im 20. Jh. mit der Unterzeichnung der Lateranverträge (1929) endgültig klären.

Autonomer Stadtstaat

Völkerrechtlich gesehen ist der Vatikan ein autonomer Stadtstaat, mit ca. 44 Hektar (0,44 km^2) Grundfläche der kleinste der Welt. Amtssprachen sind Lateinisch und Italienisch, die amtliche Währung ist der Euro. Die Vatikanstadt hat gut 900 Einwohner, ungefähr 550 davon haben die vatikanische Staatsbürgerschaft (darunter ca. 110 Schweizergardisten und ca. 50 Laien). Diese wird nur zeitweise verliehen, ist an eine Funktion gebunden und ersetzt nie eine „natürliche“ Staatsbürgerschaft. Im Vatikan leben der Papst und seine Kardinäle, Prälaten sowie die Schweizergardisten. Von den ca. 3000 Angestellten lebt praktisch niemand im Vatikan. Nach dem von Papst Pius XI. (1922–39) im Jahr 1929 erstmals erlassenen Staatsgrundgesetz ist die Vatikanstadt eine absolute Monarchie, ihr Oberhaupt ist der Papst, der die höchste legislative, exekutive und judikative Gewalt innehat und diese mithilfe der von ihm abhängigen Organe (der Kurie) durchsetzt. Im Vatikan befinden sich die neue Peterskirche, als Grabeskirche des

Das Oberhaupt der katholischen Kirche

Die Titulatur für das Oberhaupt der römisch-katholischen Kirche enthält auch die Bezeichnung „Bischof von Rom". Die christliche Gemeinde Roms führt in ihrer Bischofsliste Petrus als ersten Bischof, seine Nachfolger im Bischofsamt übernehmen als einzige Rechtsnachfolger Petri auch die Leitung der gesamten (römisch-katholischen) Kirche. Die Kathedrale des Erzbistums Rom ist San Giovanni in Laterano, nicht der Petersdom. Der Amtssitz der Päpste war bis ins 14. Jh. hinein der Lateranpalast. Erst nach der Rückkehr Papst Gregors XI. (1370–78) aus dem Exil in Avignon wurde der Vatikan ab 1378 zum Sitz des Papstes und der Kurie.

Petrus das Zentrum nicht nur des Vatikans, sondern der gesamten römisch-katholischen Kirche, der Petersplatz, die Sixtinische Kapelle, der Vatikanpalast mit Gärten und vatikanischen Sammlungen, die Vatikanische Bibliothek und das Vatikanische Archiv. Im exterritorialen Besitz des Vatikans sind u. a. die päpstliche Sommerresidenz Castel Gandolfo bei Rom, die römischen Kirchen Santa Maria Maggiore, San Giovanni in Laterano und San Paolo fuori le Mura. Die Vatikanstadt besitzt zudem zahlreiche Studieneinrichtungen, eine eigene Rundfunkanstalt (Radio Vatikan sendet in 33 Sprachen), ein Observatorium, Zeitungen, Post- und Telegrafenamt, eine Druckerei und einen eigenen Bahnhof mit Anschluss an das Netz der italienischen Staatsbahnen.

Päpstliche Verwaltung

Bei der Ausübung der „höchsten, vollen und unmittelbaren Gewalt" über die katholische Kirche bedient sich der Papst einer Reihe von Behörden, deren Gesamtheit man als römische Kurie bezeichnet. Schon Sixtus V. (1585–90) hatte mehrere Kongregationen (eine Art von Fachministerien mit genau umschriebenen Kompetenzen) eingerichtet und der Kurie 1588 ihre im Wesentlichen bis heute gültige Form gegeben. Seit einer Reform im Jahr 1988 gehören zur Kurie u. a. das Staatssekretariat, neun Kongregationen (u. a. für Glaubenslehre), drei Gerichtshöfe, elf päpstliche Räte (u. a. für interreligiösen Dialog) sowie die Nuntiaturen als „Botschaften des Vatikans" in verschiedenen Ländern. Mit dem Eintritt der Sedisvakanz verlieren alle Kardinäle an der Spitze der verschiedenen Dikasterien (alle Ämter, Instanzen und Behörden) der römischen Kurie ihre Ämter. Das Kardinalskollegium ist als Träger höchster kirchlicher Entscheidungsgewalt kein Teil der römischen Kurie. ■

Schweizergardisten

Jesus von Nazareth

Allen christlichen Gemeinschaften ist gemeinsam, dass sie sich auf Jesus als ihren Ursprung berufen. Die wichtigsten Quellen über das Leben Jesu und seine Lehre finden sich im Neuen Testament, dort vor allem in den vier Evangelien und in der Apostelgeschichte. Sie sind jedoch weniger als historische Dokumente, sondern als Glaubenszeugnisse aufzufassen, die die „Frohe Botschaft" von Leben und Wirken, Tod und Auferstehung Jesu vermitteln wollen. Die Verfasser selbst waren nicht Zeugen des Geschehens um Jesus, die Evangelien enthalten verschiedene und sich teilweise widersprechende Angaben.

Außerbiblische Quellen wie Schriften der römischen Geschichtsschreiber Tacitus, Sueton und Plinius des Jüngeren liefern keine weiteren Erkenntnisse, immerhin scheinen sie die historische Existenz Jesu zu belegen. Die heutige Forschung geht davon aus, dass es Jesus tatsächlich gegeben hat, theologisch bedeutend ist jedoch die Unterscheidung zwischen dem historischen Jesus und dem Jesus des Glaubens.

Jüdische Herkunft

Die Zeitangaben für die Biografie Jesu sind unsicher. Weder Geburts- noch Todesjahr lassen sich eindeutig festlegen. Jesus wurde nicht im Jahre null geboren, unsere Zeitrechnung ist unrichtig umgesetzt. Anhaltspunkt für eine Datierung ist die im Lukas-Evangelium genannte, von Kaiser Augustus angeordnete und unter dem Statthalter Quirinius durchgeführte Volkszählung. Jesus wurde vermutlich um das Jahr 4 v. Chr. von Maria in Bethlehem geboren. Er war Jude, wuchs in Nazareth auf und wurde später, wie sein Vater Joseph, Zimmermann. Über die Jugendzeit Jesu ist, abgesehen vom Bericht des Evangelisten Lukas über den Besuch des zwölfjährigen Jesus im Tempel zu Jerusalem, nichts überliefert. Aussagen über Beginn und Dauer des Wirkens Jesu lassen nur Vermutungen zu: Mit etwa 30 Jahren ließ sich Jesus von Johannes dem Täufer im Jordan taufen, scharte dann einen Kreis von Jüngern um sich, die auf Besitz und Familie verzichteten, zog mit ihnen in Palästina umher, wie es andere Rabbiner auch taten, und predigte, die Gottesherrschaft sei angebrochen.

Jesus Christus

Später geriet er zunehmend in Konflikt mit der Obrigkeit, wurde von der obersten jüdischen Verwaltungs- und Gerichtsbehörde wegen Gotteslästerung verurteilt, den römischen Behörden übergeben und wegen Aufruhrs, Aufhetzung und Anführerschaft einer messianischen Freiheitsbewegung zum Tod durch Kreuzigung verurteilt – was historisch plausibel ist, da es dem römischen Strafrecht für politische Verbrecher entspricht. Das Todesjahr Jesu ist trotz übereinstimmender Zeugnisse umstritten. Fest steht: Die Kreuzigung erfolgte während des Passahfestes und in der Amtszeit des Statthalters Pontius Pilatus (26–36 n. Chr.).

Die Kreuzigung Jesu

Eschatologisches Heil

Vermutlich vermied es Jesus, von sich als Messias zu sprechen oder sich mit Gott zu identifizieren. Er verstand sich als endzeitlicher prophetischer Prediger, Heilsvermittler und als Reformer Israels. Sein Auftreten war geprägt durch messianische Erwartungen seiner Zeit. Jesus war im Judentum verhaftet, ging aber über die jüdische Tradition hinaus. Er radikalisierte biblische Motive, verhielt sich respektlos gegenüber jüdischen religiösen Instanzen, stellte sich mit seiner Anrede Gottes als Vater in krassen Gegensatz zur traditionell zurückhaltenden jüdischen Benennung Gottes, erhob Gottes- und Nächstenliebe zum höchsten Prinzip, verkündete das „Reich Gottes" nicht wie andere messianische Strömungen als politische Größe, sondern als eschatologisches Heil und forderte zur Nachfolge auf. Das Urchristentum entstand in Judäa als jüdische Reformbewegung mit kritischer Einstellung gegenüber der römischen Herrschaft und in Auseinandersetzung mit hellenistischen Einflüssen in einer durch viele Ereignisse als Zeit politischen und wirtschaftlichen Umbruchs markierten Periode, in der verschiedene religiöse Kräfte um ein neues politisches und religiöses Selbstverständnis der Juden rangen. ■

Der Name Jesu

Jesus ist die griechische Form des jüdischen Namens Jeschua, der wiederum ist eine Kurzform von Josua (hebr. „Jahwe ist Heil!"). Der Beiname Christus war ursprünglich ein Würdentitel (aus griech. christos, „der Gesalbte", eine Übersetzung des hebräischen „Messias") und wurde später zum festen Bestandteil seines Namens.

Die Evangelien

Den Schriften der vier Evangelisten Matthäus, Markus, Lukas und Johannes ist zwar gemein, dass sie von Jesus von Nazareth, seinem Leben und Wirken berichten und die Botschaft Jesu vom Kommen des Reiches Gottes überliefern, aber jeder hat seinen Bericht aus einer anderen Perspektive verfasst. Der überwiegende Teil des Erzählstoffes wird dargestellt unter Aufnahme und Auseinandersetzung mit den Erfahrungen des Volkes Israel und mit Verwendung alttestamentarischer Themen und Bilder.

Die Darstellung in den Evangelien folgt nicht immer einer Chronologie der Ereignisse, die nicht zwangsläufig einen zusammenhängenden oder vollständigen Bericht über den Lebensgang Jesu geben. Manchmal hat man Textelemente zusammengestellt, die dem Inhalt nach zusammengehören und die dem Leser das nach Ansicht der Verfasser für den christlichen Glauben Bedeutsame an den Taten und Worten Jesu deutlich machen sollen. Weil in der apostolischen Verkündigung die Auferstehung Jesu im Mittelpunkt steht, zielen die Berichte der Evangelisten vornehmlich auf die Passions- und Ostergeschichte. Sie werden am ausführlichsten dargestellt.

Lukas, Illustration aus dem Evangeliar Ottos III.

Synoptische Evangelien

Bei näherer Betrachtung der Evangelien zeigt sich, dass die ersten drei Evangelien an vielen Stellen in der Reihenfolge der Darstellungen übereinstimmen, die gleichen Gruppen von Erzählungen enthalten, eine ähnliche Form und Sprache aufweisen, teilweise sogar im Wortlaut übereinstimmen. Die Evangelien nach Matthäus, Markus und Lukas sind gar so ähnlich, dass man sie in einer Zusammenschau, einer sogenannten Synopse (griech. synopsis, „Zusammenschau"), nebeneinanderstellen und betrachten kann. Sie werden daher auch als synoptische Evangelien bezeichnet.

Das Matthäus-Evangelium enthält Worte und Reden Jesu in größerem Umfang und teilweise zu längeren Reden zusammengefasst. Matthäus hatte seine Schrift auf jüdische Leser ausgerichtet und wollte zeigen, wie sich in Jesus die Verheißungen der alttestamentarischen

Propheten erfüllt haben. Markus schrieb sein Evangelium für ehemals heidnische Christen, er erklärte jüdische Bräuche, übersetzte hebräische Worte. Leiden und Sterben Jesu stehen im Vordergrund. Lukas nahm sich die Geschichtsschreibung seiner Zeit zum Vorbild und versuchte, die Ereignisse möglichst lückenlos und geordnet darzustellen, und fokussierte die Züge im Leben Jesu, in denen sich dessen Liebe zu den Sündern widerspiegelte.

Die Bergpredigt

Aus verschiedenen Worten Jesu hat der Evangelist Matthäus eine Rede zusammengestellt (Mt 5 – 7), die er geradezu programmatisch an den Anfang seiner Darstellung vom Wirken Jesu und damit fast an den Anfang seines Evangeliums stellt. In Anlehnung an den erwähnten Ort bezeichnet man die Rede als Bergpredigt. Sie enthält wichtige Aussagen über das ethische Handeln der Christen, insbesondere in den Seligpreisungen, in den Bildwörtern vom Salz und Licht und in den sogenannten Antithesen. Lukas hat die Rede, allerdings verkürzt, auch in sein Evangelium aufgenommen. Er bezeichnet sie, ebenfalls dem Ort entsprechend, als Feldrede.

Entstehung

Das Evangelium nach Markus gilt als das älteste, es entstand vermutlich um 70 n. Chr. Matthäus und Lukas nahmen den Bericht des Markus zur Grundlage ihrer eigenen Darstellung, woraus sich die vielen Übereinstimmungen erklären. Textteile, die Matthäus und Lukas über ihren Vorgänger hinaus gemeinsam haben, führt man auf die Verwendung einer gemeinsamen zweiten, nicht erhaltenen Quelle zurück. Weil diese vermutlich im Wesentlichen Worte Jesu enthielt, bezeichnet man sie als Rede- oder mit einem griechischen Begriff als Logienquelle (griech. logos, „Wort, Ausspruch"). Beispiele für gemeinsame Redeabschnitte sind z. B. die Bergpredigt bei Matthäus (Mt 5 – 7) und die Feldrede bei Lukas (Lk 6, 20 – 49). Außerdem hatten Matthäus und Lukas wohl Zugang zu weiteren Berichten über die Lehre und die Taten Jesu. Diese bezeichnet man als ihr „Sondergut".

Markus, frühchristliches Mosaik in der Kirche San Vitale in Ravenna

Das vierte Evangelium nach Johannes gilt als das jüngste, denn dem Verfasser scheinen die Evangelien des Matthäus, Markus und Lukas bekannt gewesen zu sein. Der theologische Charakter des Johannes-Evangeliums unterscheidet sich von dem der drei synoptischen Evangelien. Der Verfasser erzählte die Geschichte nicht nur, sondern deutete sie auch theologisch aus.

Das Papsttum

Die Entfaltung des Papsttums vom Amt des Petrus bis zu seiner heutigen Form (mit dem Papst und seinem Kirchenapparat, der römischen Kurie) vollzog sich allmählich über zwei Jahrtausende, oftmals unter massiven inner- und außerkirchlichen Widerständen, sie hing ab vom Einfluss politischer Faktoren und historischer Persönlichkeiten. Von den Nachfolgern Petri in den ersten Jahrhunderten weiß man – außer ihren Namen – recht wenig.

Petrus, der erste Papst

Die herausragende Stellung Petri in der römischen Gemeinde und sein (nicht nachweisbarer) Märtyrertod ließen die Tradition entstehen, den Bischof von Rom auch als Oberhaupt der Gesamtkirche zu betrachten. Das Matthäus-Evangelium liefert die neutestamentarische Begründung: „Du bist Petrus, der Fels, und auf diesen Felsen werde ich meine Kirche bauen, und die Mächte der Unterwelt werden sie nicht überwältigen" (Kapitel 16, Vers 18). Jesu Auftrag an seinen Jünger interpretiert die katholische Kirche nicht nur als die Geburtsstunde des Papsttums, sie sieht darin auch die Institution des Primats begründet.

Antike

Nach dem Edikt von Mailand (313), das den Christen die Religionsfreiheit im Römischen Reich gewährte, gewann der Bischof von Rom an Einfluss und Macht. Amt und Institution des Oberhauptes der katholischen Kirche in Rom sind ab dem 4. Jahrhundert bezeugt. Im Frühmittelalter setzte sich die Zweigewaltenteilung durch, wonach man dem Papst die geistliche, dem Kaiser die weltliche Gewalt zugestand. Der Untergang des weströmischen Reiches und die Taufe des Frankenkönigs Chlodwig (466–511) schufen schließlich die Voraussetzungen für die weltliche Macht des Papsttums und die Entwicklung des späteren Kirchenstaates.

Mittelalter

Ab dem 10. Jh. geriet das Papsttum in den Sog von Nepotismus und Weltlichkeit. Die gregorianische Kirchenreform (nach Gregor VII., 1073–85) wandte sich fortan gegen Simonie, Priesterehe und gegen bestehende Rechtsformen (z. B. die Laieninvestitur), legte den Akzent auf die päpstliche Autorität als Schlüssel zur Erneuerung der kirchlichen Ordnung; eine kirchliche Hierarchie bildete sich heraus. Der im späten 11. Jh. zwischen dem Papsttum und den verschiedenen weltlichen Herrschern Europas erbittert ausgetragene Investiturstreit wurde zur grundsätzlichen Auseinandersetzung zwischen geistlicher und weltlicher Gewalt. Ab dem 12. Jh. kam es zu einer Bekämpfung vermeintlich häretischer Bewegungen, zu Kreuzzügen, zu erbitterten Auseinandersetzungen mit dem Kaisertum, insbesondere mit Friedrich I. Barbarossa (1122–90). Die katholische Kirche setzte ihren Alleinvertretungsanspruch gegenüber anderen christlichen Glaubensgemeinschaften – und zur Sicherung und zum Ausbau ihrer weltlichen Macht – zunehmend mit den Mitteln der Inquisition durch.

Neuzeit

Gegen Mitte des 15. Jh. begann die Verbindung des Papsttums mit Renaissance und Humanismus, die Päpste traten als Förderer der Künste auf. Vor allem in Italien blühte nicht nur die Renaissance, sondern auch der Ablasshandel. Die Unfähigkeit, sich selbst und die Kirche zu reformieren, bescherte den Päpsten die Reformation; mit dem Auftreten Martin Luthers (1483–1546) brach das Ende der universalen Geltung des Papsttums an. Das Auftreten aktiver neuer Orden und das Konzil von Trient konnten jedoch zu einer inneren Erneuerung des Papsttums beitragen. Im 18. und 19. Jh. wandte sich das Papsttum politisch gegen den Liberalismus, kirchenpolitisch gegen verschiedene nationalkirchliche Bestrebungen, theologisch gegen den Modernismus. Bedeutendstes Ereignis des 20. Jh. war neben der Bildung eines souveränen Vatikanstaates (1929) das Zweite Vatikanische Konzil: Es leitete eine grundlegende Reform der katholischen Kirche und ihre „Öffnung zur Welt“ ein.

Der aktuelle Papst, Benedikt XVI.

Liste der Päpste

Heute zählt man etwa 300 Nachfolger des heiligen Petrus, bei denen nicht immer eindeutig ist, ob es sich um rechtmäßige Päpste oder Gegenpäpste handelte. In 2000 Jahren Papstgeschichte lassen sich ca. 40 Gegenpäpste, häufig umstrittene, meist gewaltsame Papstabsetzungen und unrechtmäßige Papstwahlen nachweisen. Vor allem in der Antike und im Mittelalter ist die Rechtmäßigkeit der einzelnen Päpste nicht zweifelsfrei nachweisbar. Die Kirche verzichtet daher seit einiger Zeit auf eine fortlaufende Zählung der rechtmäßigen Päpste.

Christliche Konfessionen

Unter Konfession versteht man eine Bekenntnisschrift, das Bekenntnis eines Menschen zu einer Religionsgemeinschaft oder eine Religionsgemeinschaft als Organisation innerhalb einer Religion. Innerhalb und außerhalb der drei großen christlichen Richtungen, dem Katholizismus, dem Protestantismus und dem orthodoxen Christentum, bestehen heute eine Vielzahl von christlichen Kirchen und Gemeinschaften.

Ursprünglich bezeichnete das im Christentum entstandene Wort „Konfession" (lat. confessio, „Geständnis, Bekenntnis") eine Zusammenfassung von Glaubenssätzen, später den eigentlichen Bekenntnisakt eines Einzelnen oder einer religiösen Gemeinschaft, wie er sich in der Taufe oder bei der Firmung vollzieht. Seit der Reformation waren es die Bekenntnisschriften der verschiedenen evangelischen Kirchen, die „Konfessionen", die als identitätsstiftende Gründungsurkunden zum Glaubensbekenntnis der protestantischen Parteien (z. B. die „Confessio Augustana" von 1530) wurden. Später übertrug man die Bedeutung im Sinne eines formulierten Bekenntnisses auf die ganze betreffende christliche Glaubensgemeinschaft. Etwa seit dem 19. Jh. bezeichnet man die einzelnen christlichen Kirchen, die sich jeweils in Abgrenzung zu anderen christlichen Gruppen bestimmten eigenen Traditionen und Bekenntnissen verbunden fühlen, als Konfessionen.

Priester einer orthodoxen Kirche

Entstehung

Manche Konfessionen entstanden nach und nach und unter dem Einfluss theologischer, kultureller und politischer Faktoren über einen längeren Zeitraum hinweg (z. B. die orthodoxe Kirche am Anfang des Abendländischen Schismas), manche entstanden durch Abspaltung von einer bestehenden Gruppe, wenn Neuerungen nicht von allen Kirchenmitgliedern mitgetragen wurden (z. B. die Altkatholiken), manche entstanden innerhalb einer vergleichsweise kurzen Zeit durch eine geistige oder theologische Erneuerung oder wenn sich eine Bewegung innerhalb einer bestehenden Kirche zu einer eigenen Gruppe entwickelte (z. B. die Methodisten aus der Church of England). Manchmal entstanden neue Konfessionen nicht durch Abspaltung, sondern durch die Vereinigung bestehender Konfessionen (z. B. die Church of Canada durch Vereinigung der lutherischen, methodistischen und presbyterianischen Kirche). Manche Konfessionen entstanden auch durch neue Offenbarungen (z. B. die Mormonen).

Während sich die als Konfessionen bezeichneten unabhängigen christlichen Kirchen bzw. Verbände von Kirchen oder Gemeinden von anderen abgrenzen, wirken christliche Bewegungen wie z. B. der Evangelikalismus oder der Pietismus als Denkrichtung ohne feste Grenzen und konfessionsübergreifend.

Abspaltungen

Bereits im 5. Jh. spalteten sich die assyrische Kirche (die Nestorianer) und die Altorientalen (die Monophysiten) von der frühen Kirche ab.

Im Jahr 1054 spitzte sich ein Konflikt zwischen Rom und Byzanz zu, der sich am Primatsanspruch des Papstes entzündete. Es kam zum Großen Morgenländischen Schisma, der Spaltung der christlichen Kirche in die griechische Kirche des Ostens (mit Sitz in Konstantinopel) und die lateinische Kirche des Westens (mit Sitz in Rom). Zu den orthodoxen Kirchen gehören heute z. B. die Kirche von Griechenland, von Zypern, von Moskau und ganz Russland – rechtlich selbstständige Kirchen mit im Wesentlichen gemeinsamer Liturgie. Mit der Reformation Anfang des 16. Jh. entstanden evangelische Kirchen und Gemeinden, später spaltete sich die Anglikanische Kirche ab. Sie besteht heute aus 38 selbstständigen Landeskirchen bzw. Provinzen. Im deutschen Protestantismus, der in einem Landeskirchensystem organisiert ist, spielen die verschiedenen Konfessionen heute praktisch keine Rolle mehr. Angehörige einer evangelischen Landeskirche wechseln mit der Verlegung ihres Wohnortes in den Einzugsbereich einer anderen Landeskirche meist auch die Konfession. ■

Theodora, dem Monophysitismus nahestehende byzantinische Kaiserin

Sondergemeinschaften

Manche Sondergemeinschaften erkennen die allen christlichen Kirchen gemeinsame Lehre nicht an: Die Mormonen (auch Heilige der letzten Tage), um 1830 von Joseph Smith gegründet, berufen sich auf das *Buch Mormon*, die Zeugen Jehovas, 1878 von Charles Taze Russell gegründet, auf eine eigenständige Bibelauslegung, der Neuapostolischen Kirche, um 1860 in England entstanden, gilt die Lehre von sogenannten Aposteln neben der Bibel als zweite Glaubensquelle.

Urchristentum, Christenverfolgungen und konstantinische Wende

Die jüdische Reformbewegung fand mit dem Tod Jesu, der selbst wohl noch im Judentum verhaftet war, nicht ihr Ende. Mit seinem Tod setzte die Geschichte des Christentums ein, seine Botschaft wurde von den Aposteln weitergetragen und erst mit der Zustimmung des sogenannten Apostelkonzils (vermutlich um 50) wurde die einstige Gruppierung innerhalb des Judentums zu einer Religion eigenen Stils. Das Apostelkonzil war eine Zusammenkunft der Apostel in Jerusalem, die die Aufnahme von Heiden, also Nichtjuden, die sich nicht dem im Alten Testament dargelegten mosaischen Gesetz verpflichtet fühlten, befürwortete und es bestätigte Paulus ausdrücklich den Missionsauftrag unter den nichtjüdischen Völkern.

Giotto: ***Die zwölf Apostel***

Die Urkirche entstand aus der judenchristlichen Urgemeinde, der frühesten Gemeinde in Jerusalem. Christliches Gedankengut verbreitete sich u.a. durch die Missionsreisen des Apostels Paulus von Jerusalem aus über Kleinasien bis nach Griechenland, die Urkirche weitete sich später auf die restlichen Mittelmeergebiete aus.

Christliche Urkirche

Dabei entwickelte sich eine Heilslehre um die Person Jesu Christi. Etwa ab 70 n. Chr. nahmen die Christen nicht mehr am Synagogengottesdienst teil. Elemente der Urkirche wurden Taufe, Abendmahl und der Glaube an die in den Evangelien dargelegte Frohe Botschaft vom gekreuzigten und wiederauferstandenen Jesus Christus. In Kanon, Bekenntnis, Liturgie und Priesteramt schuf die Urkirche nach und nach feste Grundlagen. Das Christentum übernahm innerhalb kürzester Zeit Sprache und philosophische Terminologie der griechisch-römischen Welt, rückte dabei vom strengen Monotheismus des jüdischen Glaubens ab und entwickelte die sogenannte Dreieinigkeitslehre. Versuche römischer Kaiser und örtlicher Staatsgewalten, den staatlich nicht anerkannten Kult auszurotten bzw. zumindest einzudämmen, gab es von Beginn an, sie sind bereits im Neuen Testament thematisiert. Verfolgungen beschränkten sich zunächst auf den jüdischen Einflussbereich, griffen aber mit Vordringen des Christentums auf die griechisch-römische Welt über. Nach Christenverfolgungen durch Nero und Domitian entwickelte sich später unter Kaiser Trajan eine staatlich institutionalisierte Verfolgung: Nach Christen wurde zwar nicht gefahndet, aber wer des christlichen Glaubens überführt worden war, wurde mit dem Tode bestraft. Immerhin zog die Abkehr vom Christentum Straffreiheit nach sich. Sein Nachfolger Valerian verbot kirchliches Leben und ließ kirchliche Güter beschlagnahmen. Die Toleranzedikte Gallienus' von 260 gewährleisteten eine nur vorläufige Duldung des Christentums, unter Diokletian verschärfte sich die Lage wieder.

Die zwölf Apostel

Das Neue Testament berichtet von einem engen Kreis um Jesus, der auch die zwölf Apostel oder „Die Zwölf" genannt wird. Nach übereinstimmenden biblischen Angaben hatte er sie selbst ausgewählt und zu Aposteln bestimmt. In den urchristlichen Gemeinden bezeichnete man als Apostel (griech. apóstolos, „Sendbote") im weiteren Sinne alle Personen mit einem besonderen Dienstauftrag: Predigt, Mission, Ordination. Im Mittelalter wendete man den Begriff allgemein auf christliche Missionare an.

Konstantinische Wende

Kaiser Konstantin

Erst mit Auftreten des römischen Kaisers Konstantin kam es zu einer kirchengeschichtlichen Wende. Er hatte sich offen zum Gott der Christen bekannt und erließ das Toleranzedikt von Mailand (313), das dem Christentum den Weg zur Staatsreligion ebnete, verfügte die Rückgabe des unter seinen Vorgängern enteigneten Kirchengutes und stellte das Christentum der antiken Religion gleich. Der Kaiser bemühte sich um eine kirchliche Einheit, in der sich religiöse und politische Motive verbinden sollen. So berief er nicht nur das Konzil von Nicaea (325) ein, um die Schlichtung des arianischen Streites über das Wesen Jesu Christi voranzutreiben, sondern auch, um wesentlichen Einfluss auf kirchenpolitische Entscheidungen zu nehmen. Über dem Grab des Petrus ließ der Kaiser eine fünfschiffige Kirche errichten: die alte Basilika von St. Peter. Mit Konstantin ging die Zeit der zum Gott erhobenen römischen Imperatoren zwar nicht vollständig zu Ende, aber im 4. Jh. vollzog sich ein Wandel zu einer monotheistischen Religion. An die Stelle der bislang zahlreichen antiken Götter traten Heilige. ■

Die Kreuzzüge

Investiturstreit, mittelalterliche Zeichnung

Die Auseinandersetzung um die Führerschaft in Kirche und Welt und die im Rahmen des Investiturstreits am Anfang des 2. Jh. sich vollziehende Spaltung zwischen Papst und Kaiser wurde von einem seit Jahren im Bereich der Ostkirche sich zuspitzenden Konflikt zwischen Christen und Muslimen begleitet. Papst Urban II. (1088 – 99), der das gregorianische Reformpapsttum zu einem neuen Höhepunkt führte, gilt als Urheber der Kreuzzüge. In den Kreuzzügen verband sich der Gedanke der Pilgerfahrt mit einem der Kirche nach „gerechten Krieg", der als Kampf gegen Ungläubige und Ketzer zur Ausbreitung bzw. Wiederherstellung des katholischen Glaubens insbesondere im Heiligen Land (Palästina) dienen sollte.

Kirchenpolitisch bedeuteten die Kreuzzüge zum einen die Unterordnung der weltlichen europäischen Mächte unter den Führungsanspruch des Papstes, zum anderen die Stärkung des Gedankens einer einheitlichen, von der römisch-katholischen Kirche geführten Christenheit. Freilich verband sich der Kampf gegen die vermeintlichen Heiden (Muslime) auch mit politischen, wirtschaftlichen, kulturellen und sozialen Interessen Europas. Weil aus logistischen Gründen die Verbindung der Kreuzfahrer zum Abendland nur auf dem Seeweg aufrechtzuerhalten war, ließen sich die italienischen Seestädte Pisa, Venedig und Genua mit ihren Flotten die Unterstützung wohlweißlich durch große Sonderprivilegien ausgleichen. Für die wirtschaftliche und kulturelle Entwicklung des Abendlandes waren die Kreuzzüge von Bedeutung, weil sie zum einen insbesondere die Handelswege Venedigs für lange Zeit sicherten, zum anderen durch die Berührung mit Byzanz und der islamischen Welt dem Abendland griechisch-orientalisches Gedankengut erschlossen.

Christlicher Kriegszug

Schon 1074 hatte der Kaiser von Byzanz in höchster Bedrängnis bei Gregor VII. um Hilfe ersucht: Türkische Seldschuken hatten Palästina, Syrien und Kleinasien überlaufen, zuerst war Jerusalem gefallen (1070), dann Antiochia und Nicaea. Gregor VII. hatte zunächst noch gehofft, das Heili-

Andere Kreuzzüge

Im engeren Sinne waren die Kreuzzüge vom 11. – 13. Jh. von der mittelalterlichen Kirche veranlasste militärische Maßnahmen zur Rückeroberung des Heiligen Landes. Aber es gab auch Kreuzzüge gegen andere „Ungläubige", z. B. in das nordöstliche Europa gegen die heidnischen Pruzzen und Wenden, nach Spanien gegen die Mauren. Man gründete geistliche Ritterorden (z. B. Deutscher Orden, Johanniterorden und Templer), die direkt dem Papst unterstellt waren. Ihr Hauptziel war der Kampf um den christlichen Glauben und der Schutz von Pilgern und Kranken.

ge Land durch eine Kriegsfahrt mit 50.000 Rittern befreien und gleichzeitig das Schisma mit der Ostkirche beseitigen zu können, war aber durch die Auseinandersetzung mit dem deutschen König von seinem kühnen Plan abgehalten worden.

Auf der Synode von Clermont stellte sich nun Urban II. im Jahr 1095 an die Spitze der abendländischen Kreuzzugbewegung; er forderte die Befreiung der historischen christlichen Stätten in Palästina von der muslimischen Herrschaft, drängte die Ritter, Kaiser Alexios I. Komnenos (1048–1118) die erbetene Unterstützung zu gewähren, und rief zum ersten Kreuzzug der Geschichte auf. „Deos lo vult" („Gott will es"), lautete die Losung, die in den nächsten 200 Jahren nicht verstummen sollte. Tatsächlich setzte man im Jahr 1096 Truppen zum ersten Kreuzzug in Marsch.

Das erste Ritterheer erreichte Jerusalem im Jahr 1099 und richtete unter der Bevölkerung ein Blutbad an. Die Eroberer errichteten dort eine eigene Herrschaft, später in Palästina weitere christliche Herzogtümer. Während sich die Kreuzfahrerstaaten z. T. durch Rivalitäten und Thronwirren selbst schwächten, konnten sich die islamischen Kräfte immer wieder neu formieren. Angesichts einer ständigen Bedrohung riefen die Päpste zu immer neuen Kreuzzügen auf, bis 1270 wurden es insgesamt sieben: 1. Kreuzzug 1096–99, 2. Kreuzzug 1147–49, 3. Kreuzzug 1189–92, 4. Kreuzzug 1202–04, 5. Kreuzzug 1228–29, 6. Kreuzzug 1248–54, 7. Kreuzzug 1270. Die Kreuzzüge endeten 1291, als in Palästina mit Akkon die letzte Bastion der Kreuzfahrer verloren ging. Sie zeitigten keine anhaltenden politischen Erfolge, auch die Vereinigung von lateinischer und byzantinischer Kirche blieb aus. ■

Kreuzritter vor Jerusalem

Die Sakramente

Sakramente sind als sichtbare Zeichen oder Handlungen, die auf eine unsichtbare göttliche Wirklichkeit hinweisen, konstitutive Elemente des Christentums. Mithilfe der Sakramente wollen christliche Kirchen die durch Jesus Christus übermittelte göttliche Gnade ausdrücken und an alle Mitglieder ihrer Gemeinschaft weitergeben. Sakramente fügen dem Glauben nichts Wesentliches hinzu, sie veranschaulichen ihn. Tote können kein Sakrament empfangen.

Der lateinische Begriff „sacramentum" („Geheimnis", griech. mystérion) stammt aus der römischen Militärsprache und bezeichnete den Eid, den Rekruten auf die Fahne zu leisten verpflichtet waren. Schon Augustinus entwickelte eine Sakramentenlehre. Danach sind Sakramente Zeichen, die aus einem Grundelement (einer äußerlich sichtbaren Handlung wie das Essen des Brotes beim Abendmahl) und einem deutenden Wort bestehen. Man unterscheidet zwischen wiederholbaren Sakramenten und solchen, die nur einmal empfangen werden können.

Taufbecken in der Seitenapsis einer alten Dorfkirche

Einsetzung der Sakramente

Seit dem 12. Jh. sind sieben Sakramente bezeugt, die sich in der römisch-katholischen Kirche als verbindlich durchsetzten. Nach ihrer Lehre besteht der theologische Hintergrund in der vermeintlichen Einsetzung aller sieben Sakramente unmittelbar und persönlich durch Jesus Christus oder seiner Intention entsprechend. Aus ebendiesem Grund erkennen die meisten protestantischen Kirchen nur zwei Sakramente an, die ihnen biblisch begründbar sind: die Taufe und das Abendmahl. Die orthodoxen Kirchen bezeichnen die Sakramente als heilige Mysterien, die denen der römisch-katholischen Kirche entsprechen.

Empfänger und Spender eines Sakraments müssen, außer beim Abendmahl, verschiedene Personen sein. Der Spender muss es in der richtigen Weise vollziehen, Materie (z. B. das Taufwasser) und Form (z. B. die Taufformel) zu einem einheitlichen sakramentalen Zeichen verbinden.

Leonardo da Vinci: ***Das Abendmahl***

Die eigentlichen sakramentalen Rituale ergänzte man im Laufe der Zeit durch Zeremonien und Gebete.

Zeugnisse des Glaubens

Manche Sakramente spiegeln als Elemente von Übergangsriten wichtige Einschnitte im Leben eines Kirchenmitgliedes wider, sie markieren den Übergang von einer Lebensphase in eine andere, andere legen Zeugnis ab vom christlichen Glauben.

Mit der Taufe, meist einem dreimaligen Begießen des Kopfes (bei den Baptisten durch Untertauchen des ganzen Körpers), vollzieht man die Aufnahme des Täuflings in die christliche Gemeinschaft. Mit der Taufe empfängt der Täufling den Heiligen Geist, sie tilgt die durch den Sündenfall von Adam und Eva verursachte Erbsünde.

Die Firmung wird Kindern gespendet, die damit vollständig in die Kirche eingegliedert werden. Taufe und Firmung waren lange als Initiationsriten miteinander verbunden, in der Ostkirche werden Kleinkinder noch heute unmittelbar nach der Taufe gefirmt. Der Gedanke der Firmung lebt in der evangelischen Konfirmation weiter. Die Eucharistie/das heilige Abendmahl ist die rituelle Wiederholung des letzten Abendmahles Christi im kirchlichen Gottesdienst.

In der Beichte bekennt der Gläubige seine Sünden, um Vergebung zu erlangen. Sie ist in der katholischen Kirche und in den Ostkirchen an eine Bußleistung gebunden.

Die Krankensalbung, früher als Letzte Ölung oder Sterbesakrament bezeichnet, soll nach der Beichte empfangen werden und gilt als Mittel der Stärkung und Ermutigung, als Zeichen der Hoffnung bei schwerer Krankheit und in Todesgefahr. Öl gilt als Symbol des Friedens und des Segens. Die Weihe/Ordination vollzieht sich in den drei Stufen der Diakon-, Priester- und Bischofsweihe. Eheleute spenden sich das Sakrament der Ehe, verbunden mit der Bereitschaft zur gegenseitigen Annahme und zur lebenslangen Treue. Die Ehe gilt als Abbild des Bundes Christi mit seiner Kirche. ■

Sakramentalien

Die Sakramente werden eindeutig von anderen Segenszeichen, den sogenannten Sakramentalien abgegrenzt. Sie wurden durch die Kirche eingesetzt. Auch sie sind äußere Zeichen, die aufgrund der Fürbitte der Kirche die Gnade Gottes vermitteln sollen, ihre Wirkung hängt jedoch von der individuellen Frömmigkeit des Gläubigen ab. Besonders der katholische und orthodoxe Ritus kennt zahlreiche Weihungen, Segnungen und geweihte Gegenstände, z. B. Weihwasser, Palmzweige, Osterkerzen und gesegnete Devotionalien.

Christliche Feste

Eine Adventskerze

Das Christentum kennt eine jährlich wiederkehrende Abfolge religiöser Feste und Feiertage. Seit dem 16. Jh., als kirchliche (an den Sonntagen ausgerichtete) und bürgerliche (an der Einteilung in Monate ausgerichtete) Kalenderordnung auseinanderzufallen begannen, bezeichnet man die Gesamtheit der Feste als Kirchenjahr. Es beginnt in den Kirchen abendländischer Tradition am 1. Advent, in den orthodoxen Kirchen im Gedenken an das vermeintlich erste Auftreten Jesu in Nazareth am 1. September.

Man unterscheidet einen Osterfestkreis, einen Weihnachtsfestkreis und einen Trinitatisfestkreis. Die Feiertage des Oster- und Weihnachtsfestkreises stimmen in der römisch-katholischen und evangelischen Kirche weitgehend überein. Außer den allen Konfessionen gemeinsamen Feiertagen sind einzelne Kalendertage bestimmten Personen oder Heiligen gewidmet oder werden in Erinnerung an kirchengeschichtliche Ereignisse begangen. Bei diesen Feiertagen bestehen zwischen den Konfessionen große Unterschiede.

Osterkreis

Grundlage des Kirchenjahres ist der wöchentlich wiederkehrende „Tag des Herrn", er wurde schon von den Urchristen zum Gedenken an Tod und Auferstehung Jesu am Sonntag gefeiert. Seit dem 2. Jh. beging man zusätzlich das Osterfest, im 3. Jh. bildete sich ein Osterfestkreis heraus mit Christi Himmelfahrt (40 Tage nach Ostern) und dem abschließenden Pfingstfest (50 Tage nach Ostern). Die katholische Kirche kennt noch eine vorausgehende Fastenzeit mit Beginn am Aschermittwoch, dem siebten Mittwoch vor Ostern. Den Kern der Passionszeit bilden der Palmsonntag (zum Einzug Jesu in Jerusalem, bei dem die Menschen ihm zu Ehren als Zeichen der Königswürde Palmzweige schwenkten), der Gründonnerstag (zur Einsetzung des Abendmahls, aus mittelhochdt. greinen, „weinen"), der Karfreitag (zum Leiden und Sterben Jesu), der Karsamstag (als Tag der Grabesruhe Jesu). Das Osterfest selbst ist als Fest der Auferstehung Jesu das höchste und ritenreichste aller christlichen Feste. Es gehört zu den beweglichen Festen, ging unmittelbar aus dem jüdischen Passahfest hervor und wird am Sonntag nach dem ersten Vollmond gefeiert, der auf den Frühlingsanfang am 21. März folgt. Alle anderen beweglichen christlichen Feiertage berechnet man vom Ostersonntag aus.

Weihnachtskreis

Mit der Einführung von Weihnachten und Epiphanias im 3. und 4. Jh. bildete sich ein Weihnachtsfestkreis heraus (heute 1. Advent bis Epiphanias). Epiphanias, der Tag der Erscheinung des Herrn, entstand aus dem orthodoxen Fest zur Geburt Jesu (das wiederum entstand aus dem Geburtsfest des Gottes Aion, das man am 6. Januar im antiken Alexandria feierte). Dieser Tag wurde von abendländischen Kirchen übernommen, später zum Dreikönigsfest umgedeutet. Die Adventszeit ist, ähnlich der Passionszeit, eine Vorbereitungszeit auf das Hochfest der Geburt Christi. Nachdem das Christentum im Römischen Reich zur Staatsreligion geworden war, wurde das römische Fest der Geburt des unbesiegten Sonnengottes vom 24. auf den 25. Dezember zum Weihnachtsfest. Der Tag fiel auch mit dem germanischen Fest der Wintersonnenwende zusammen, man konnte später vorchristliche Vorbilder aufgreifen und liturgisch in eine christliche Lichtsymbolik umwandeln.

Trinitatiskreis

Mit dem Dreifaltigkeitssonntag, dem ersten Sonntag nach Pfingsten, beginnt die Trinitatiszeit. In diese Zeit fallen u.a. Fronleichnam (katholisches Hochfest des Leibes und Blutes Christi), das Erntedankfest, der evangelische Reformationstag am 31. Oktober, Allerheiligen (katholisches Fest am 1. November), der Buß- und Bettag (am Mittwoch vor dem letzten Tag des Kirchenjahres) und als letzter Sonntag des Kirchenjahres der Ewigkeitssonntag oder Totensonntag. Der Volkstrauertag am vorletzten Sonntag ist kein kirchlicher Feiertag. ■

Andrej Rublev: ***Trinitatis***

Liturgische Farben

Den christlichen Festen sind bestimmte liturgische Farben zugeordnet, die in den Paramenten an Altar und Kanzel und, soweit üblich, in den Gewändern des Pastors bzw. in Messgewand, der Stola und des Velums des Priesters erscheinen: Weiß ist die Festfarbe (Weihnachten, Ostern), Violett die Bußfarbe (auch Advent), Grün die Farbe aller Sonntage außerhalb der Oster- und Weihnachtszeit, Rot die Farbe von Pfingsten (auch von Reformation, Ordination, Konfirmation, Hochzeit) und Schwarz die Farbe des Karfreitags und Karsamstags.

Kirchenväter und Kirchenlehrer

Kirchenväter und Kirchenlehrer gehören zu den bedeutenden christlichen Autoren und Theologen. Sie bilden einen Pfeiler der katholischen kirchlichen Tradition. Während das Wirken der Kirchenväter, die besondere theologische Anerkennung erfuhren, auf die altchristliche Zeit beschränkt ist, zählt man zu den Kirchenlehrern besonders anerkannte, normgebende Theologen aus allen Zeiten der Kirche. Der Titel Kirchenlehrer entwickelte sich im 13. Jh. aus dem Ehrentitel Kirchenvater.

In der orthodoxen Kirche sind die Bezeichnungen nicht genau bestimmt, daher rechnet man dort alle bedeutenden christlichen Autoren zu den Kirchenvätern. Die evangelische Theologie kennt keine Kirchenväter und Kirchenlehrer in dem Sinne, dass sie neben der Bibel als Autoritäten auftreten. Nur wenige der Kirchenväter werden in der katholischen Kirche als fehlerfrei anerkannt. Die katholische Kirche erkennt auch die Tatsache an, dass die Kirchenlehrer nicht unfehlbar und ihre Schriften nicht völlig frei von Irrtümern sind.

Kirchenväter

Mit dem Ehrentitel Kirchenvater versah man ab dem 4. Jh. jene frühchrist-

Zwei Vierergruppen

Die wichtigsten Kirchenlehrer fasst man in zwei Vierergruppen zusammen: Aus dem Bereich der westlichen lateinischen Kirche stammen Bischof Ambrosius von Mailand (um 339 – 397), der Rhetoriker, Philosoph und Priester Hieronymus (um 347 – 420), der Theologe und Philosoph Augustinus von Hippo (354 – 430) und Papst Gregor I. (Gregor der Große, um 540 – 604); aus dem der östlichen griechischen Kirche Bischof Athanasius von Alexandria (um 295 – 373), der Metropolit von Kappadokien Basilius von Caesarea (um 329 – 379), der Bischof von Konstantinopel Gregor von Nazianz (um 330 – 390) und der Bischof von Konstantinopel Johannes Chrysostomos (um 349 – 407).

Albertus Magnus

lichen Autoren, die sich durch Gelehrsamkeit und Rechtgläubigkeit auszeichneten und vom 2. – 7. Jh. zur Ausbildung einer kirchlichen Lehre und zum Selbstverständnis der Kirche beitrugen. Die Übergänge von der Urkirche zum frühen Christentum sind fließend. Als formales Kriterium gilt, dass die Kirchenväter nicht mehr als Verfasser neutestamentarischer oder urchristlicher Schriften auftraten, sondern diese bereits kommentierten. Später wurden die Schriften der Kirchenväter selbst zur literarischen Quelle und in Entscheidungsfragen zur theologischen Autorität. Besonders im Mittelalter wurden ihre Schriften neben der Bibel als Autoritätsbeweis herangezogen, um die Rechtgläubigkeit von Lehrinhalten zu beweisen.

Kirchenlehrer

Autoren, die als dogmatische Autoritäten einen bedeutenden Einfluss auf die Theologie der christlichen Kirchen hatten, bezeichnet man als Kirchenlehrer. Sie gelten als Repräsentanten der kirchlichen Lehre. Schon im Verlauf altchristlicher Streitigkeiten versuchte man, den Nachweis der Rechtgläubigkeit bestimmter theologischer Positionen mithilfe von Zitaten der Kirchenlehrer zu erbringen. Im 16. Jh. setzte mit der wachsenden Zahl theologischer Fakultäten und der Gründung neuer Orden eine Reihe von päpstlich gesteuerten Ernennungen zu Kirchenlehrern ein. In der katholischen Kirche wird der Titel (lat. doctores ecclesiae) bestimmten Heiligen nach Genehmigung durch den Papst offiziell verliehen. Papst Benedikt XIV. legte 1741 die vier Bedingungen fest, unter denen Theologen zu Kirchenlehrern erklärt werden konnten: Rechtgläubigkeit der Person („doctrina orthodoxa"), Heiligkeit des Lebens („sanctitas vitae"), Vertreten einer herausragenden Lehre („doctrina eminens"), Anerkennung durch den Papst oder eine zuständige Kongregation („approbatio ecclesiae").

Der Titel Kirchenlehrer wurde aber nicht nur Männern zugesprochen. Die katholische Kirche führt in ihrer Liste mit 33 Personen neben den genannten acht großen Kirchenvätern, die auch als Kirchenlehrer gelten (die lateinischen wurden von Bonifatius VIII. im Jahr 1295 als Erste zu Kirchenvätern ernannt), und z. B. dem italienischen Universalgelehrten und Dominikaner Albertus Magnus (um 1200–80), dem Philosophen und Dominikaner Thomas von Aquin (um 1225–74) auch die Namen der italienischen Mystikerin Katharina von Siena (1347–80) und der Karmeliterin Theresa von Ávila (1515–82, beide 1970 von Paul VI. ernannt) sowie den der französischen Karmeliterin Thérèse von Lisieux (1873–97, 1997 von Johannes Paul II. ernannt). ■

Thomas von Aquin

Klöster und Mönche

Das Mönchtum ist, mit verschiedenen Ausprägungen, in vielen Religionen verbreitet. Die von Männern (Mönche) und Frauen (Nonnen) manchmal zeitweise, meist aber auf Lebenszeit gewählte Lebensform beruht auf rein religiösen Motiven und orientiert sich an asketischen Lebensidealen (z. B. Keuschheit, Verzicht auf persönlichen Besitz). Erscheinungsformen des Mönchtums waren und sind das Eremitentum, die Wanderaskese und klösterliche Gemeinschaften.

Manche Mönche versuchen, in einer Abkehr von der pluralistischen Welt, des Lebens und der Geschichte eine mystische Einheit mit dem Göttlichen zu erlangen, andere verweigern einen Rückzug und streben gerade mit ihrem Engagement in der Welt eine Wende des geschichtlichen Ablaufs an. In der Geschichte des Christentums verbinden sich beide Motive. Das Engagement der Mönche bestand zunehmend nicht mehr nur im Streben nach persönlichen spirituellen Zielen, sondern auch in Predigt, Seelsorge, Unterricht, Krankenpflege und Mission.

Montecassino, Mutterkloster der Benediktiner

Geschichte

Im frühen Christentum verbreitete sich das Mönchtum in Palästina, Ägypten und Syrien. Die Askese bildete das prägende Ideal des Mönchtums – auch wenn Jesus zwar ehelos, aber nicht nachweislich asketisch lebte. Aus dem Eremitentum entstand in Ägypten ab dem 3. Jh. ein Mönchtum, als sich um einzelne Asketen Kolonien von Schülern gruppierten, die sich an den Worten ihres Lehrers orientierten. Es entstanden Klostergemeinschaften, in denen die Mönche unter der Leitung eines Abtes und nach festen Regeln lebten. Im 4. Jh. verbreitete sich das Mönchtum im hellenistischen Osten. Mit den Kirchenvätern wurde das Mönchtum im Abendland bekannt, das Kloster setzte sich als Normalform durch. Lange Zeit bildeten die Klöster in sich geschlossene Ein-

Franz von Assisi

Franz von Assisi (um 1182 – 1226), ein wohlhabender Kaufmannssohn, führte nach Krankheit und Bekehrungserlebnissen ein Bettlerleben und lebte als Wanderprediger streng nach dem Vorbild Jesu. Seine Anhängerschaft schloss er um 1209 zu einem „Orden der minderen Brüder" zusammen, um in Armut und Buße Dienst an Mensch und Kirche zu leisten. 1212 schloss sich Klara von Assisi den Franziskanern an und begründete die Klarissen als weiblichen Zweig des Ordens. Franz von Assisi verfasste zahlreiche Schriften, in denen er seiner Frömmigkeit Ausdruck verlieh (u. a. den *Sonnengesang*). Bereits zwei Jahre nach seinem Tod wurde er von Papst Gregor IX. heilig gesprochen.

heiten, erst ab dem 10. Jh. schlossen sie sich zu Klosterverbänden, sogenannten Kongregationen, zusammen – und traten in die Kirchenpolitik ein. Im Hochmittelalter entstand das Ordenswesen mit zentralistischen Leitungsstrukturen und wurde zum Träger theologischer und kirchenpolitischer Tendenzen.

Orden

Der bedeutendste Vertreter des frühen östlichen, orthodoxen Mönchtums war Basilius von Caesarea. Seine Verbindung von Askese und Studium (Basilius-Regel) bestimmt bis heute das Klosterleben der Ostkirche und hat Benedikt von Nursia (um 480 – 547) und Orden des Abendlandes beeinflusst. Bedeutend für das orthodoxe Mönchtum wurde im 9. Jh. die Gründung der Klosterrepublik Athos in Nordgriechenland. Benedikt von Nursia war der Gründer der Benediktiner, die mit ihrer Formel „Bete und arbeite" (Benediktinerregel) und einer strengen Ordensregel (Gemeinschaft, Tagesablauf) als Hauptordnung das Mönchtum des Mittelalters prägten. Auch die während der Kreuzzüge von Kreuzfahrern gegründeten geistlichen Ritterorden (Deutscher Orden, Johanniterorden, Templer) gehen auf die Benediktiner zurück. Für eine grundlegende Reform und geistige Erneuerung des Mönchtums wirkten ab dem 10. Jh. die vom französischen Kloster Cluny ausgehende kluniazensische Reform (Zölibat, Ablehnung der Simonie, Marien- und Kreuzverehrung) und ab dem 11. Jh. die Zisterzienser. Im 13. Jh. erfuhr das Mönchtum durch die von Franz von Assisi (Franziskaner) und dem heiligen Dominikus (Dominikaner) gegründeten Bettelorden einen Aufschwung. Sie begründeten ein bis heute reiches Ordensleben. Im 16. Jh. entstanden mehrere gegenreformatorische Orden (u. a. Jesuiten). Mit einer Lockerung der straffen Ordensorganisation in der Neuzeit traten in einzelnen Zweigen des Mönchtums zumeist wissenschaftliche oder praktische Aufgaben in den Vordergrund (Krankenpflege, Ausbildung, Mission). ■

Der Gnostizismus

In den ersten Jahrhunderten nach Christus entstand ein christlicher Erlösungsglaube, der das Heil des Einzelnen durch die Erkenntnis Gottes und eine erlebte Einsicht in ein göttliches Geheimnis begründet sah. Die Gnosis ist eine besondere, die Grenzen rationaler Begründung übersteigende geistige Erkenntnis, die nach gnostischer Lehre nur wenigen Menschen vermittelt wird. Der Gnostizismus stand lange Zeit in Konkurrenz zum herkömmlichen Christentum.

Während man in der antiken hellenistischen Welt unter dem Begriff „Gnosis" die Erkenntnis schlechthin verstand, fasste man unter dem Begriff später eine Reihe spätantiker religiöser, dualistisch geprägter Strömungen zusammen. Die Ursprünge der Gnosis liegen im Dunkeln. Es ist umstritten, ob in der vorchristlichen Spätantike bereits eine heidnische oder jüdische Gnosis existierte. Die christliche Gnosis entwickelte sich in Sekten, die altorientalische und andere religiöse Elemente und mystische Vorstellungen aufnahmen und sich dadurch weit vom kirchlichen Christentum entfernten. Der Gnostizismus ist vom griechischen Philosophen Platon und seiner Vorstellung einer ursprünglichen Einheit der Wirklichkeit, der jetzigen Spaltung in Gegensätze und der zukünftigen Wiedervereinigung beeinflusst.

Platon beeinflusste den Gnostizismus maßgeblich

Lehre

Gnostiker trennten sehr stark zwischen der materiellen und der geistigen Welt. Nach ihrer Lehre verkörperte die materielle Welt eine niedere, böse Macht, die Schöpfung war demnach nicht das Werk Gottes, sondern im Sinne eines Schöpfungsunfalls nur das einer niederen Gottheit (des Demiurgen). Schöpfer- und Erlösergott wurden voneinander unterschieden. Die Materie war gottfeindlich und musste überwunden werden. Ihrem dualistischen Ansatz folgend, schloss die Gnosis von der Erlösungsbedürftigkeit des Menschen auf ein böses, weltbestimmendes Prinzip. Die Bedeutung Jesu lag den Gnostikern in der Tatsache begründet, dass er geheimes Wissen brachte, mit dessen Hilfe die menschliche Seele aus der materiellen Welt befreit werden konnte und ihr der Weg zur Unsterblichkeit geöffnet wurde. Jesus war nicht als Erlöser aller Menschen gekommen, sondern um sein Wissen einer exklusiven spirituellen Elite mitzuteilen, die dem Ruf der Erlösung wegen ihrer den „Geist" besitzenden Natur folgen konnte. Andere, in nicht gnostischen Gemeinden verhaftet, gelangten nur bis zum „Glauben" und nicht zur vollen „Erkenntnis". Die Erkenntnis bestand in der Erinnerung an den eigenen, nicht welthaften Ursprung, an eine Ursprungswirklichkeit des Lichts, des Geistes und der Wahrheit.

Mani, Begründer des Manichäismus

Wirkung

Obwohl die Gnosis in den ersten Jahrhunderten sehr populär wurde, brachte sie es, bis auf wenige Ausnahmen und möglicherweise wegen ihrer ausgrenzenden Exklusivität, nicht zu größeren Kirchenbildungen. Die frühe Kirche bekämpfte den Gnostizismus und versuchte, seinen Dualismus durch die Auslegung des Neuen Testaments abzuschwächen, seinen Einfluss durch Ausbildung einer festen Organisation (mit Bischofsamt) einzudämmen. Bedeutende Vertreter des Gnostizismus waren z. B. Marcion, Basilides und Valentinus. Aus der Gnosis ging der Manichäismus hervor, eine auf den Perser Mani zurückgehende dualistische Mischreligion (bemüht, die Weisheit und das Wissen anderer Religionen, Kirchen und Traditionen aufzunehmen). Die Mandäer, eine gnostische, nicht christliche Gruppe, haben sich bis heute gehalten.

Heute versteht man unter Gnosis bzw. Gnostizismus allgemein auch eine esoterische Philosophie oder Weltanschauung. Neugnostische Muster zeigen sich z. B. in der Theosophie (u. a. Erlösung durch Selbsterkenntnis) und der von Rudolf Steiner (1861–1925) begründeten Anthroposophie („Weisheit vom Menschen"). Die Parallele zwischen Gnosis und New-Age-Bewegung besteht im Erlösungsgedanken: Erlösung vollzieht sich nicht durch die Begegnung von Gott und Mensch, sondern in einem neuen Bewusstsein des Einsseins mit einer göttlichen Energie oder einem harmonischen Kosmos. ■

Dualismus

Der sogenannte Dualismus ist eine grundsätzliche Voraussetzung der Gnosis. Im engeren Sinne beschränkt sich der Dualismus darauf, in jedem Wesen der Dinge zwei ursprüngliche, einander entgegengesetzte und nicht voneinander abzuleitende, also unabhängige Grundwesen anzunehmen: z. B. das Ideale und das Reale, das Gute und das Böse, das Geistige und das Körperliche.

Ausbreitung des Christentums

Taufe Chlodwigs I.

Unter Christianisierung versteht man die (oft von außen geförderte oder erzwungene) langfristige Hinwendung ganzer Völker oder Kulturen zum Christentum, der Ausdruck „Mission" bezieht sich auf die theologischen Aspekte desselben Vorgangs. Die Ausbreitung des Christentums erfolgte im Wesentlichen durch Wanderungsbewegungen (Migration), aufgrund staatlicher Verordnung und durch Missionierung. Meist wirkten dabei verschiedene religiöse und politische Faktoren zusammen: Ein religiöser Faktor ist z. B. der aus der Christologie sich ergebende universelle Missionsauftrag, politische Faktoren sind z. B. eine bestimmte mittelalterliche königliche Heiratspolitik, die Kolonialisierung und militärische Aktionen.

Nach der konstantinischen Wende nahm die Zahl der Christen rasch zu, mit Kaiser Theodosius I. wurde das Christentum im Römischen Reich zur Staatsreligion (380/381). Mit der Taufe des Frankenkönigs Chlodwig I. (466–511) und seinem Bekenntnis zum katholischen Christentum verbreitete es sich unter den germanischen Stämmen, mit der Ausrichtung fränkischer Interessen nach Rom setzte sich das lateinisch-bischöfliche Christentum endgültig durch und gipfelte in der Krönung Karls des Großen (800) zum Kaiser des Heiligen Römischen Reiches durch den Papst. Die Christianisierung wurde zunehmend zur Machtfrage. Viele der im Mittelalter unterworfenen Stämme ließen sich, als Zeichen der Unterwerfung, taufen oder wurden zwangsgetauft.

Europäische Missionierer

Im ersten christlichen Jahrtausend vollzog sich die Christianisierung zunächst durch Mönche oder Priester, die in den ländlich strukturierten Regionen seelsorgerisch tätig wurden, meist mithilfe von Vorposten wie Klöstern und Missionsstationen. Nicht nur Paulus hatte erfolgreich für das Christentum geworben (im Römischen Reich). Patrick (um 385–461) missionierte in Irland und trug zur Organisation der iroschottischen Kirche bei. Im Jahr 596 entsendete der Papst Mönche zu den Engländern und bahnte so deren Missionierung an (insbesondere durch den Benediktinermönch Augustinus von Canterbury). Bonifatius (um 672/673–754), angelsächsischer Benediktiner, wurde vom Papst mit der Germanenmission beauftragt, gründete und ordnete verschiedene deutsche Bistümer und erhielt später den Beinamen „Apostel der Deutschen". Im 9. Jh. missionierten Kyrillos und Methodios unter slawischen Stämmen. Die Mission wurde wesentlich von mönchischen Bewegungen getragen, weniger von offiziellen kirchlichen Institutionen, oder von Adeligen unterstützt.

Weltweite Verbreitung

Am Beginn der Neuzeit nahmen sich zunächst die spanischen und portugiesischen Könige, später andere europäische Mächte und Orden der katholischen Mission an. Erst 1622 schuf die katholische Kirche mit der „Kongregation für die Glaubensverbreitung" eine offizielle Institution. Wegen ihrer landeskirchlichen Organisation setzte die evangelische Kirche den Missionsgedanken später um, aber ebenfalls im Zuge der europäischen kolonialen Politik. Die insbesondere seit dem 19. Jh. intensiv betriebene Mission führte dazu, dass sich das Christentum in allen Erdteilen verbreiten konnte. Zum Hindernis der christlichen Mission wurden ihre kolonialen Anfänge, ihre kulturelle Fremdheit – und ihre konfessionellen Besonderheiten. Katholische und verschiedene evangelische Ausrichtungen (z. B. lutherisch, anglikanisch, calvinistisch) traten in Konkurrenz zueinander, die Feinheit der unterschiedlichen Lehren war von „heidnischen" Einheimischen nicht immer nachvollziehbar. Im 19. Jh. entstanden Missionsorden, die sich ausschließlich der Mission widmeten (z. B. Steyler Missionare, Weiße Väter). Heute geht die Missionierung meist auch mit Entwicklungshilfe einher. ■

Das Christentum in Zahlen

Mit ca. 2 Mrd. Anhängern ist das Christentum weltweit zahlenmäßig die größte Religion, vor dem Islam mit ca. 1,3 Mrd. Gläubigen und dem Hinduismus mit ca. 800 Mio. Gemessen an der Gesamtbevölkerung lebten im Jahr 2000 die meisten Christen in Mittel- und Südamerika (ca. 91,3 %), in Nordamerika (81,5 %), im pazifischen Raum (ca. 73,3 %) und in Europa (ca. 71 %), in Afrika bekennt sich fast die Hälfte der Menschen zum Christentum (48,3 %), die prozentual wenigsten Christen leben in Asien (8,5 %). Dort sind die Philippinen das einzige christlich geprägte Land.

Versammlung missionierter Christen in Lateinamerika

Scholastik und Mystik

Die Scholastik war eine in mittelalterlichen Schulen ausgebildete Theologie und Philosophie, inhaltlich gekennzeichnet durch eine Verbindung der christlichen Offenbarungslehre mit philosophischem Denken. Sie versuchte, im Gegensatz zu einer biblischen Theologie, die christliche Offenbarung mithilfe philosophischen Denkens zu begründen und beides in einem einheitlichen System zusammenzufassen, meist in der Absicht, das normative System der römisch-katholischen Kirche zu bestätigen. Grundlegend wurde die Annahme einer Einheit des menschlichen Geistes. Insbesondere im Hochmittelalter wurde die Verbindung der Scholastik mit der Mystik bezeichnend.

Unter Mystik, einem vielschichtigen religiösen Phänomen, das sich in unterschiedlicher kultureller Ausprägung in allen religiösen Gemeinschaften zeigt, versteht man die Erfahrung einer göttlichen Realität, die über alltägliches Bewusstsein und verstandesmäßige Erkenntnis hinausgeht. Mystiker streben danach, sich von der irdischen Welt zu lösen und sich dem Göttlichen zu nähern, z. B. mithilfe von Askese, Kontemplation oder Meditation. Das individuelle religiöse Erleben überwiegt gegenüber einem gemeinsam erlebten Glauben.

Bonaventura, einer der bedeutendsten Scholastiker

Scholastik

Scholastische Methoden sind das klare Herausarbeiten theologisch-philosophischer Fragestellungen, die scharfe Abgrenzung und Unterscheidung von Begriffen, logisch geführte Beweise und gebildete Urteile, die Erörterung von Gründen und Gegengründen im Rahmen einer formstrengen Disputation.

In der Frühscholastik (9.–12. Jh.) entstand aus den sogenannten sieben freien Künsten (Grammatik, Rhetorik, Dialektik, Arithmetik, Geometrie, Musik, Astronomie) an Dom- und Klosterschulen eine scholastische Philosophie, aus der Unterweisung in christlicher Glaubenslehre eine scholastische Theologie. Scholastiker des frühen Mittelalters beschränkten sich darauf, Weisheiten zu sammeln und weiterzugeben. In sogenannten Sentenzenbüchern fasste man das Wissen der Zeit systematisch zusammen. Die Hochscholastik (13. Jh.) erlebte ihre Blüte insbesondere durch den Zusammenschluss der Schulen zu Universitäten und den Eintritt der Dominikaner und Franziskaner in das wissenschaftliche Leben. Es entstanden große systematische Werke, die die Bezeichnung „Summe" im Titel führen (z. B. die *Summa Theologica* von Thomas von Aquin).

In der Spätscholastik (14.–15. Jh.) löste sich die Einheit des mittelalterlichen Denkens auf, kennzeichnend wurde die Tendenz, Philosophie und Theologie zu trennen. Angesichts eines Individualität und Freiheit reflektierenden Denkens wandelte sich das politische Selbstverständnis des Menschen. Die Neuscholastik des 19. Jh. bemühte sich, das Gedankengut der Scholastik wiederzubeleben. Die Bewegung wurde gefördert durch die Enzyklika *Aeterni Patris* Papst Leos XIII. und seiner Empfehlung der Philosophie des Heiligen Thomas von Aquin, dessen Überlieferungen sowohl inhaltlich als auch methodisch besonders ausschlaggebend wurden.

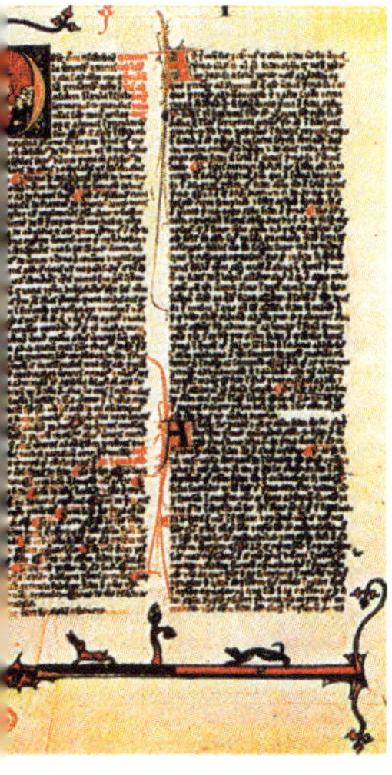

Seite aus einer Handschrift des Werkes *Summa Theologica*

Mystik

Die biblischen Schriften enthalten im eigentlichen Sinne keine mystischen Schilderungen. Mystiker glaubten jedoch, in den Gottesbegegnungen des Alten Testaments, in der Erscheinung des Auferstandenen, im Pfingsterlebnis, in Berufungsgeschichten und Berichten von Visionen Paradigmen ihrer eigenen Erlebnisse und Erfahrungen zu finden. In der christlichen Frömmigkeitsgeschichte kennt man verschiedene mystische Ausprägungen, z. B. die Christusmystik, deren Ziel die unmittelbare Einheit mit Jesus Christus ist, die Liebes- (Braut-), die Passions- und Kreuzesmystik sowie die Frauenmystik. Hildegard von Bingen (1098–1179), Verfasserin naturkundlicher und geistlicher Werke, Komponistin und Illustratorin, zählt zu den bekanntesten deutschen Mystikerinnen. ■

Hauptvertreter der christlichen Mystik

Prägend für die christliche Mystik waren: a) Dionysius Areopagita (um 500) und seine Grundannahme eines dreistufigen Aufstiegs zu Gott durch Läuterung („purgatio"), Erleuchtung („illuminatio") und Einigung („unio mystica"); b) Bernhard von Clairveaux (um 1090–1153), der die Liebe und Barmherzigkeit Gottes in den Mittelpunkt seiner Theologie stellte und stark sinnlich-erotische Frömmigkeitsformen inspirierte; c) Meister Eckhart (um 1260–1328), der eine radikale Auffassung der Einheit von Mensch und Gott vertrat, bestimmt von der Teilhabe des menschlichen Ichs am Göttlichen (deutsche Mystik).

Heiligenverehrung

Viele Religionen kennen die Verehrung historischer oder mythischer Personen, die den Gläubigen als Heilige, Heilsbringer oder Heroen gelten. Als Heilige bezeichnet man in der katholischen Kirche Persönlichkeiten, die aufgrund eines Märtyrertodes oder aufgrund besonderer Tugenden Gott besonders nahestehen und in religiöser und ethischer Hinsicht als vollkommene Menschen angesehen werden können. Sie dürfen nach ihrer Heiligsprechung durch den Papst von allen römisch-katholischen Gläubigen verehrt werden. Eine Pflicht zur Heiligenverehrung gibt es in der katholischen Kirche jedoch nicht.

Ansätze einer christlichen Heiligenverehrung finden sich bereits im zweiten christlichen Jahrhundert. In der frühen Kirche verehrte man Menschen, die in der Nachfolge Jesu und für ihren Glauben ihr Leben gelassen hatten.

Die heilige Agnes von Rom starb als Märtyrerin und ist die Schutzpatronin der Keuschheit, von Jungfrauen und Verlobten

Verehrung

Diese Märtyrer rief man in Gebeten um ihre Fürsprache bei Gott an. Über dem Grab eines Märtyrers wurden Gottesdienste abgehalten, eine Heiligenverehrung bildete sich meist um das Grab oder die Reliquien eines solchen Toten. Später brachte man die Gebeine der Märtyrer aus den Gräbern in die Kirchen der Innenstädte. Jährliche Feiern des Todestages der Märtyrer nahmen als Heiligenfeste feste Gestalt an. Erster Nichtmärtyrer, den man als Heiligen verehrte, war der heilige Martin von Tour.

Heute ist vielen Heiligen im liturgischen Kalender ein Gedenktag zugeordnet, meistens deren „Geburtstag zum Himmel“ (Todestag). In der Messe werden sie in Texten und Gebeten erwähnt, Schriftlesungen sind auf ihr Wirken bezogen. Die Verehrung der Gnade Gottes, die in der Heiligenverehrung wirksam ist, vollzieht sich in einer respektvollen Verbeugung vor einer Darstellung oder einer Reliquie des Heiligen, dem Schlagen des Kreuzes, dem Berühren oder Küssen der Gegenstände. Die Heiligenverehrung mithilfe von Heiligenbildern wurde oft missverstanden. Sie hat ihre theologische Bedeutung darin, dass die Verehrung nicht dem Bild selbst, sondern der abgebildeten Person gilt. Auch die Reliquienprozession ist eine Form der Heiligenverehrung.

Die reformatorische Theologie und Praxis erkennt ausschließlich die Bibel als Grundlage des christlichen Glaubens an und lehnt jede Form der Heiligenverehrung als unbiblisch ab. Heilige und Selige werden in den evangelischen Kirchen nicht verehrt, denn nach evangelischer Auffassung benötige der Gläubige weder Vermittler noch Fürsprecher und könne sich im Gebet direkt an Gott wenden.

Kanonisation

Papst Sixtus V.

Die Heiligsprechung selbst erfolgt als Abschluss eines genau geregelten, kirchenrechtlichen Verfahrens in liturgischer Form im Rahmen einer feierlichen Erklärung, seit 1234 dem Papst vorbehalten, und des Eintrags in das Martyrologium, das „Verzeichnis der Heiligen“. Um in die „Gemeinschaft der Heiligen“ aufgenommen zu werden, muss nach römisch-katholischem Kirchenrecht der Heiligsprechung (Kanonisation) jedoch nicht nur die Seligsprechung (Beatifikation) vorausgehen, es müssen auch andere strenge Kriterien erfüllt sein: U. a. muss ein Wunder vorliegen, vorzugsweise ein Heilungswunder, das von Medizinern geprüft und für unerklärlich befunden wird.

Die Seligsprechung unterliegt, ebenso wie die Heiligsprechung, einem formal geregelten und weitgehend identischen Verfahren. Selige gelten wie Heilige als Vorbilder im Glauben. Jedoch: Sie werden nur regional, Heilige hingegen in der gesamten römisch-katholischen Kirche anerkannt. Das Verfahren kann wenige Jahre dauern (im Fall der Seligsprechung von Mutter Teresa, 1910–97, ungewöhnlicherweise nur sechs Jahre), meist dauert es jedoch Jahrzehnte.

Die Kongregation für die Selig- und Heiligsprechungsprozesse wurde mit der Konstitution „Immensa Aeterni Dei" am 22. Januar 1588 von Sixtus V. (1585–90) ins Leben gerufen. Zurzeit beschäftigt sie sich mit dem Seligsprechungsprozess Johannes Pauls II., der kurz nach seinem Tod, am 28. Juni 2005 begann. ■

482 Heiligsprechungen

Während seines über 26-jährigen Pontifikats nahm Papst Johannes Paul II. neben 1338 Seligsprechungen (1032 Märtyrer und 306 Beichtväter) auch 482 Heiligsprechungen (402 Märtyrer und 80 Beichtväter) vor – eine große Zahl, wenn man bedenkt, dass von 1594 (Clemens VIII., 1592 – 1605) bis 2004 insgesamt überhaupt nur 784 Personen heiliggesprochen wurden.

Reliquien

Reliquienschrein

Als Reliquien bezeichnet man körperliche Überreste von Heiligen, die zum Gegenstand einer besonderen Form religiöser Heiligenverehrung werden. Ihre Bedeutung erlangen die Überbleibsel durch die Tatsache, dass man in ihnen die heilige Kraft der Heiligen als präsent annimmt. Der christliche Reliquienkult hat seinen Ursprung in der Verehrung der Gebeine von Märtyrern.

Die Reliquienverehrung ist die älteste Form der Heiligenverehrung, sie entstand noch vor der Verehrung von Bildern oder Ikonen. Bis ins 9. Jh. hinein galt das Postulat von der Ganzheit des Leibes. Entnehmen durfte man dem Leichnam nur Zähne, Haare und Nägel, weil man sie für die Auferstehung als nicht notwendig erachtete.

Heilige Kraft

Später setzte sich langsam eine Teilung der Gebeine durch. Während die Masse der Reliquien zuvor aus Berührungsreliquien bestand, konnte man auf eine Vielzahl von Körperteilen zurückgreifen, die alle mit einer heiligen Kraft erfüllt sein mussten. Aus Teilreliquien konnten „ganze" Reliquien werden, wenn man mit ihnen Figuren schuf. Im Spätmittelalter verband sich mit der Verehrung von Reliquien ein regelrechter Ablasshandel. Kritik an der Reliquienverehrung setzte mit der Reformation ein, der Protestantismus lehnte die Reliquienverehrung als unbiblisch ab. Für Martin Luther waren alle Reliquien „tot Ding". Das Konzil von Trient (1545–63) bestätigte mit der Heiligenverehrung ausdrücklich auch die Verehrung der Reliquien. Eine Wiederentdeckung der römischen Katakomben im 16. Jh. führte zu einer Flut von „Katakombenheiligen", deren ganze Körper als primäre Reliquien ihren Weg bis in süddeutsche Gotteshäuser fanden.

Die Aufklärung und die Erkenntnis der naturwissenschaftlich-medizinischen Forschung, dass ein Leichnam wegen des sich bildenden Leichengiftes sogar bedrohlich sein kann, führten zu einem folgenschweren Einbruch der Reliquienverehrung, die Französische Revolution brachte die Zerstörung vieler Reliquien mit sich. Erst die Frömmigkeit des 19. Jh. führte eine Wiederbelebung der Reliquienverehrung herbei. Sie äußert sich heute u. a. in Prozessionen, Reliquienfeiern und Wallfahrten.

Klassifizierung

Aus kirchenrechtlichen Gründen des Erwerbs und der Veräußerung unterscheidet man Reliquien verschiedener Qualitäten nach Klassen. Als primäre Reliquien (Reliquien erster Klasse) gelten die vollständigen Leichname der Heiligen oder ihre Körperteile, z. B. Knochenpartikel, Haare, Fingernägel oder andere Überreste, soweit vorhanden auch Blut. Auch die Asche verbrannter Heiliger gilt als Reliquie erster Klasse. Sekundäre Reliquien (Reliquien zweiter Klasse) sind Gegenstände, die zum Leben der Heiligen gehörten. Sie werden auch als echte Berührungsreliquien bezeichnet. Dabei handelt es sich meist um Objekte aus dem persönlichen Besitz des Heiligen oder um solche, die der Heilige zu Lebzeiten berührt hat oder die von besonderer biografischer Bedeutung sind. Tertiäre Reliquien (Reliquien dritter Klasse) haben primäre Reliquien berührt oder sind mit dem Grab des Heiligen in Kontakt gekommen (sogenannte mittelbare Berührungsreliquien). Eine Sondergruppe bilden sogenannte biblische Reliquien (Gegenstände, die mit biblischem Heilsgeschehen in Zusammenhang stehen). Das kanonische Recht untersagt Katholiken den Handel mit Reliquien der ersten und der zweiten Klasse sowie mit biblischen Reliquien. Sie dürfen derartige Reliquien zwar von nicht katholischen Personen erwerben, besitzen und verehren, aber selbst nicht veräußern. In der Spätantike begann man mit der Anfertigung spezieller, künstlerisch und materiell kostbarer Behältnisse zur Aufbewahrung der Reliquien (sogenannte Reliquiare). ■

Schweißtuch der Veronika

Christusreliquien

Christusreliquien stammen vom Leib und Blut Christi oder sind mit ihnen in Berührung gekommen. Die bedeutendste Christusreliquie ist das Grabtuch von Turin: ein Leinentuch, das Blutspuren und den Abdruck eines Menschen zeigt, aber vermutlich aus dem 13. Jh. stammt. Außerdem verehrt man vermeintliche Leidenswerkzeuge (z. B. Nägel, mit denen Jesus ans Kreuz geschlagen wurde, Teile der Dornenkrone, der Kelch des letzten Abendmahls, die Heilige Lanze) und Kleidungsstücke (z. B. die Tunika Jesu im Trierer Dom, die Windeln des Jesuskindes im Aachener Dom). Viele der Christusreliquien (z. B. Haare, Fingernägel, Milchzähne und Vorhaut Christi) werden heute als Fälschungen angesehen.

Die Inquisition

Hexenverbrennung

Unter Inquisition (lat. inquisitio, „gerichtliche Befragung, Untersuchung") versteht man die Verfolgung von Häretikern oder Ketzern. Sie wurde nach dem Verfahren des Inquisitionsprozesses (selbstständige Wahrheitsforschung durch ein Gericht) von kirchlichen Institutionen und mit staatlicher Unterstützung vor allem seit dem Mittelalter betrieben. Von Anfang an hatten sich mit der Verfolgung von Ketzern nicht nur religiöse, sondern auch politische und wirtschaftliche Interessen verbunden. Sie wurde zu einem Mittel, um missliebige Personen oder Gruppen zu beseitigen. Hunderttausende wurden Opfer der katholischen Inquisition: Man geht von mindestens einer Million Toten sowie unzähligen Gefolterten und Terrorisierten aus.

Ursprünglich war die Inquisition ein Disziplinarverfahren innerhalb des Klerus, später eine von Bischöfen geleitete Einrichtung zur Reinerhaltung des Glaubens (Ketzerverfolgung). Erst im Mittelalter entstand eine päpstliche Behörde, deren Aufgabe es war, Häretiker aufzuspüren und zu verfolgen. Anlass war die zunehmende Verbreitung von Häresie durch z. B. Albigenser, Katharer und Waldenser.

Mittelalter

Etwa im 12. Jh. geriet die Inquisition unter päpstliche Kontrolle. Erster Schritt hin zu einer institutionalisierten Verfolgung war die von Alexander III. (1159–81) auf dem dritten Laterankonzil (1179) ausgesprochene förmliche Exkommunikation sogenannter Ketzer. Später, ab 1224, ließ Friedrich II., freilich vornehmlich aus politischen Gründen, Ketzer verfolgen und auf dem Scheiterhaufen verbrennen. Häresie galt als Satanswerk und vor dem Hintergrund einer mittelalterlichen politischen Religiosität als öffentliches Verbrechen. Der theologischen Begründung des Feuertodes liegt die Annahme zugrunde, dass zumindest die Seele durch das Fürbittengebet gerettet werden könne (vgl. 1 Kor 5,5). Gregor IX. (1227–41) übernahm den Feuertod als Strafmaß in seine Ketzerdekrete (1231), legalisierte und organisierte die Inquisition in einer päpstlichen Behörde, entzog die

Index librorum prohibitorum

Paul VI.: Aufhebung des Index

Nach Beschluss des Vatikans (unter Paul VI., 1963 – 78) vom 14. Juni 1966 trat die Aufhebung des *Index* am 29. März 1967 in Kraft. Die Kirche beugte sich damit der nicht mehr überschaubaren Flut von Büchern und Schriften, eine ständige Aktualisierung hatte sich als nicht mehr praktikabel erwiesen. Auf dem Index standen z. B. Liebesgeschichten von Honoré de Balzac, Alexandre Dumas (Vater) und Alexandre Dumas (Sohn), Werke von René Descartes und Denis Diderot (darunter die *Französische Enzyklopädie*), Werke von Heinrich Heine, die *Kritik der reinen Vernunft* von Immanuel Kant, das Gesamtwerk von Maurice Maeterlinck, fast alle Werke von Voltaire, aber auch weniger bekannte Bücher, vor allem Sachbücher.

Verwaltung der Inquisition den Bischöfen und übertrug sie Inquisitoren, vornehmlich Dominikanern. Weil ein Gottesurteil als Beweismittel verboten und ein Geständnis des Angeklagten für eine Verurteilung erforderlich war, gestattete Innozenz IV. (1243 – 54) die Anwendung der Folter (1252).

Neuzeit

Ihre Höhepunkte erreichte die Inquisition in Spanien, Portugal und Frankreich. In Spanien (ab 1478) und Portugal (1536) wurde die Inquisition zur staatlichen Einrichtung und unterstand einem Großinquisitor. Die Aufklärung ließ die Bedeutung der Inquisition schwinden. Als im Zuge des Zweiten Vatikanischen Konzils die römische Kurie 1965 umstrukturiert wurde, trat an die Stelle der Inquisition – jedoch mit veränderter Aufgabenstellung – die „Kongregation für Glaubenslehre". Präfekt der Kongregation wurde ein Kurienkardinal (u. a. von 1981 bis 2005 der deutsche Kardinal Joseph Ratzinger, seit 2005 Benedikt XVI.).

Weil sich Bücher und Druckwerke als wirksame Werkzeuge der Reformation erwiesen hatten, baute die Inquisition ein kirchliches Zensurwesen auf. Dessen wichtigstes Mittel war der im Jahr 1559 unter Paul IV. (1555 – 59) erschienene *Index librorum prohibitorum* („Verzeichnis der verbotenen Bücher"), der ständig Aktualisierungen erfuhr. Katholiken durften die darin verzeichneten Werke nicht herausgeben, lesen, aufbewahren oder verkaufen. Bei Missachtung drohten ihnen Amtsenthebung, Exkommunikation oder Kirchenbann. Die letzte vollständige amtliche Ausgabe des Index erschien 1948. Nach der letzten Aktualisierung (1962) soll das Verzeichnis noch über 6000 Titel umfasst haben. ■

Schismen

Unter einem Schisma, einer Kirchenspaltung, versteht man die Aufhebung der kirchlichen Gemeinschaft mit der römisch-katholischen Kirche in den Bereichen Verfassung, Disziplin und Kult. Sie vollzog sich meist aus kirchenpolitischen Gründen, seltener aufgrund von Differenzen in der theologischen Lehrmeinung. Die Verweigerung der Unterordnung unter den Papst wurde zum zentralen Thema.

Obwohl sich mehrere Kirchenspaltungen vollzogen, wendet man den Begriff „Schisma“ im Wesentlichen auf die beiden großen Kirchenspaltungen des 11. (aus ihr ging die Ostkirche hervor) und des 16. Jh. (vorübergehende Spaltung der lateinischen Kirche) an.

Morgenländisches Schisma

Die Spaltung der christlichen Kirche in die griechische Kirche des Ostens (mit Sitz in Konstantinopel) und die lateinische Kirche des Westens (mit Sitz in Rom) vollzog sich 1054 und dauert trotz Annäherung bis heute fort. Sie war das Ergebnis eines über Jahrhunderte dauernden Entfremdungsprozesses, zu dem politische, kulturelle, dogmatische und kirchenrechtliche Entwicklungen ebenso beitrugen wie der Primatsanspruch des Papstes – und der Anspruch beider Städte, der Mittelpunkt der Christenheit zu sein. Aus theologischer Sicht waren vor allem das vom Westen einseitig in das Glaubensbekenntnis eingebrachte „Filoque“ sowie das Zölibat strittig.

Abbild und Wappen von Papst Leo IX.

Im 11. Jh. hatte die politische Achse zwischen dem deutschen Papst Leo IX. (1049–54) und dem deutschen Kaiser zunehmend das Misstrauen Ostroms provoziert, insbesondere deren militärische Bündnispolitik hatte zu wirtschaftlichen und politischen Spannungen zwischen Rom und Byzanz geführt. Bemühungen des Papstes, mit Konstantinopel zu einem Ausgleich zu kommen, scheiterten. Den größten Schaden richteten die Gesandten des Papstes selbst an, weil sie den Primatsanspruch des Papstes zum zentralen Thema der Verhandlungen machten. Diese eskalierten und fanden ihr undiplomatisches Ende, als sich die Parteien gegenseitig mit dem Bannfluch belegten.

Abendländisches Schisma

Es kam im Mittelalter durch eine Doppelpapstwahl (Urban VI. in Rom, Clemens VII. in Avignon) zustande und dauerte von 1378 – 1417. In der Zeit wurde die abendländische Kirche von zwei Päpsten regiert.

Um die Kirchenspaltung mit der Regierung zweier Päpste zu beenden, riefen die Kardinäle und Anhänger von Papst Gregor XII. (1406–15) aus Rom und die Anhänger des Gegenpapstes Benedikt XIII. (1394–1417) aus Avignon – gegen den Willen der beiden – 1409 in Pisa ein Konzil ein. Die Versammlung setzte kurzerhand beide Päpste ab und wählte Kardinal Pietro Philargi zum neuen Papst. Der sollte als Alexander V. (1409–10) in Pisa residieren. Weil die beiden anderen aber nicht abtreten wollten, hatte die katholische Kirche nun drei Päpste.

Der später in Pisa residierende Johannes XXIII. (1410–15), Nachfolger Alexanders V., rief das Konzil von Konstanz auf Veranlassung von König Sigismund (1368–1437) zum 5. November 1414 ein, um das Abendländische Schisma zu beenden, die kirchlichen Zustände zu verbessern und die Ketzerei niederzuschlagen. Das Konzil gab sich selbst eine Geschäftsordnung, die festlegte, dass nur nach Nationen und nicht, wie bisher üblich, nach Köpfen abgestimmt werde, um eine Majorisierung durch die italienischen Bischöfe zu verhindern. Weil man die Autorität des Konzils über die der Päpste stellte, konnten die regierenden Päpste Johannes XXIII., Gregor XII. und Gegenpapst Benedikt XIII. abgesetzt werden, Kardinal Ottone di Colonna wurde Martin V., das Schisma war im kirchenrechtlichen Sinn beendet (faktisch jedoch erst 1430, weil Benedikt XIII. von Spanien aus seinen Anspruch geltend machte und ihm noch zwei Gegenpäpste folgten).

Papstpalast der Gegenpäpste in Avignon

Die Nestorianer

Im 5. Jh. kam es zu einem theologischen Streit, der sich an der Beurteilung der menschlichen und göttlichen Natur in Jesus Christus entzündete. Nestorius, Patriarch von Konstantinopel, spaltete sich nach 431 mit den nach ihm benannten Nestorianern ab, sie gründeten Kirchen entlang der Seidenstraße. Heute leben sie in der Assyrischen Kirche mit Gemeinden im Mittleren Osten, Indien und in den USA fort. Nach 451 trennten sich auch die sogenannten monophysitischen Kirchen (orientalisch-orthodox, z. B. die Koptische Kirche, die Syrisch-Orthodoxe Kirche von Antiochien), die heute miteinander in einer Kirchengemeinschaft stehen, von der Reichskirche ab.

Die Reformation

Gegen Mitte des 15. Jh. begann die Verbindung des Papsttums mit Renaissance und Humanismus. Vor allem in Italien blühte aber nicht nur die Renaissance, sondern auch der Ablasshandel. Die Unfähigkeit, sich selbst und die Kirche zu reformieren, bescherte den Päpsten schließlich die Reformation („Umgestaltung, Wiederherstellung"). Anhänger der Reformation wollten die Kirche erneuern und sie zu ihrer Quelle – der Bibel – zurückführen. Die Reformation wurde mit Renaissance und Humanismus zum Bestandteil eines europäischen Kulturwandels, der nicht nur das geistig-religiöse, sondern auch das soziale, politische und wirtschaftliche Leben grundlegend veränderte.

Der enorme Geldbedarf der Kirche gab den äußeren Anlass zum Ablassstreit und zum Auftreten Luthers. Der Papst ging gegen Luther in den ersten Jahren jedoch nur zögernd vor: Leo X. hatte Maßnahmen gegen den Reformator in der Hoffnung hinausgezögert, den Landesherrn Luthers, Kurfürst Friedrich III. von Sachsen, bei der bevorstehenden Wahl des römischen Kaisers für seinen Favoriten Franz I. von Frankreich gewinnen zu können.

Martin Luther

Reformation

Martin Luther (1483–1546) geißelte die Weltlichkeit und Korruptheit des Papsttums, seine Ablehnung des Papsttums wurde zum wesentlichen Programmpunkt der Reformation. Als er am 31. Oktober 1517 seine 95 Thesen zum Ablasshandel in Wittenberg öffentlich machte, unterschätzten der Papst und die Kurie noch das Ausmaß der romfeindlichen Stimmung. Erst 1520, drei Jahre später, ließ Leo X. dem Reformator die Bannandrohungsbulle *Exsurge Domine* zustellen. Darin verurteilte der Papst die Thesen Luthers, verbot dessen Schriften und drohte ihm die Exkommunikation an. Nachdem Martin Luther die Bulle öffentlich in Wittenberg verbrannte, wurde er tatsächlich exkommuniziert, zum Ketzer erklärt und mit dem Kirchenbann belegt (Bulle *Decet Romanum Pontificem*). Im selben Jahr fand die „feierliche" Verbrennung der Schriften Luthers in Rom statt, zugleich wurde er selbst „in effigie", d.h. in Abwesenheit, mitverbrannt. Auf dem Wormser Reichstag verhängte man 1521 über Luther die Reichsacht, das

Vertreter der Reformationsbewegung

Johannes Calvin (1509 – 64): entwickelte den Gedanken der Prädestination; strebte ein nach göttlicher Offenbarung gestaltetes Gemeinwesen an. Der nach ihm benannte Calvinismus beeinflusste die wirtschaftliche und soziale Entwicklung Westeuropas und Nordamerikas. Hauptwerk: *Unterricht in der christlichen Religion*, 1536.
Jan Hus (um 1370 – 1415): Sprecher einer frühen Reformbewegung; wurde auf dem Konstanzer Konzil zum Tode verurteilt und verbrannt; seine Anhänger versuchten, in den Hussitenkriegen Reformen zu erkämpfen.
Ulrich Zwingli (1484 – 1531): wurde beeinflusst durch die Idee von einem auf Vernunft und Moral sich gründenden Christentum; Begründer einer eigenständigen reformatorischen Bewegung in der Schweiz. Zahlreiche Veröffentlichungen, u. a. *Schlussreden,* 1523.

Wormser Edikt sah u.a. ein Verbot der Lektüre und Verbreitung seiner Schriften vor. Ungeachtet dessen breitete sich die Reformation in Europa aus, Unterstützung erhielt sie durch die Humanisten.

Gegenreformation

Erst unter Paul III. (1534–49) erkannte die römische Kurie die Bedeutung der Reformation; der Papst selbst wollte den Protestantismus rückgängig machen und den Bau der symbolträchtigen Peterskirche vorantreiben: Dieser Aufbruch der katholischen Kirche wurde auf dem Konzil von Trient (1545–63) beschlossen und ging unter dem Namen Gegenreformation in die Geschichte ein – und die neue Peterskirche wurde zu ihrem Symbol.

Als Reaktion auf die Reformation (Gegenreformation) trug das Konzil zwar zu einer gewissen Erneuerung der Kirche bei, es endete jedoch, ohne Streitpunkte zur Rolle des Papstes hinterfragt zu haben. Die Versammlung überließ es dem Papst, Beschlüsse umzusetzen. Der ging aus dem Konzil gestärkt hervor. Währenddessen hatte sich die Reformation ausgebreitet und institutionalisiert, sie hatte große Teile des Heiligen Römischen Reiches erfasst, außerhalb vor allem Skandinavien und das Baltikum. Versuche der katholischen Kirche, die Entwicklung umzukehren und eine vollständige Rekatholisierung Europas zu erreichen, schlugen fehl. Blutiger Höhepunkt der Gegenreformation wurde der Dreißigjährige Krieg (1618–48), der mit dem Friedensschluss von Münster und Osnabrück sein Ende fand. ■

Dreißigjähriger Krieg

Protestantische Freikirchen

Erwachsenentaufe der Baptisten

Freikirchen sind, im Gegensatz zu Staatskirchen, unabhängig von staatlichen Einflüssen, sie finanzieren sich über freiwillige Beiträge ihrer Mitglieder. Freikirchen verlangen eine freiwillige Entscheidung der Gläubigen zur Mitgliedschaft (Bekehrung) und besitzen eigene theologische Ausbildungsstätten; das Laienpriestertum (Priestertum aller Gläubigen) ist hoch entwickelt. Glaubensgrundlage der Freikirchen ist die Bibel. Auf sie gründen Freikirchen ihre Theologie und Existenz als Kirche, im Gegensatz zu Sekten oder Sondergemeinschaften, die sich im Rahmen einer selektiven Schriftenauslegung meist auch auf andere Schriften berufen. Erste Freikirchen entstanden mit dem Täufertum der Reformationszeit.

Der Begriff wurde erstmals 1843 gebraucht, als 200 Pfarrer aus Protest eine „Freikirche" (engl. „Free Church") gründeten. Er ist seitdem in den angelsächsischen Ländern verwurzelt, zumal die Kirchen dort heute mehrheitlich (wie in Großbritannien) oder ausschließlich (wie in den USA) als Freikirchen organisiert sind. Während man in Deutschland diejenigen Kirchen, die nicht in den Westfälischen Frieden einbezogen worden waren, als „Sekten" abqualifizierte – eine Haltung, die noch bis in die Gegenwart hineinwirkt –, verwenden die (angelsächsischen) Freikirchen den wertneutralen Begriff „Denomination" (engl., „Benennung") und verstehen sich als Teil einer Gesamtkirche, ohne zwischen Kirche und Sekte zu unterscheiden. Die USA gelten als das Land des Freikirchentums schlechthin.

Angelsächsische Freikirchen

In England vollzog sich im 17. Jh. eine Abspaltung der Presbyterianer, Baptisten und Quäker.

Als Presbyterianer bezeichnet man Mitglieder der reformierten Kirchen, ihre Verfassungen sehen nur ein Amt, das

Freikirchen in Deutschland

Im 19. Jh. entstanden in Deutschland Freikirchen als Reaktion auf verordnete Kirchenunionen und als Protest gegen rational ausgerichtete Landeskirchen. In Deutschland gibt es seit 1926 die Vereinigung Evangelischer Freikirchen (VEF). Zu den deutschen Freikirchen gehören heute u. a.: Selbstständige Evangelisch-Lutherische Kirche, Evangelische Brüderunität (Herrnhuter Brüdergemeine), Bund Evangelisch-Freikirchlicher Gemeinden (Baptisten), Bund Freier Evangelischer Gemeinden in Deutschland.

eines gewählten Presbyters, vor. „Reformierte Kirchen" sind jene Gemeinschaften, die auf das Wirken oberdeutscher oder schweizerischer Reformatoren zurückgehen (z. B. Zwingli) und deren Konfessionsbezeichnung im Westfälischen Frieden anerkannt wurde. Sie bilden neben den lutherischen Kirchen einen Hauptzweig des Protestantismus (u. a. in der Schweiz, den Niederlanden, Schottland, Rumänien).

Baptisten (griech. Baptistés, „Täufer") sind die Mitglieder der größten protestantischen Freikirche. Sie üben die Erwachsenentaufe aus, damit nur der bewusst Glaubende die Taufe empfängt. Der Gottesdienst besteht, ohne feste liturgische Ordnung, aus Predigt, freiem Gesang und Gebet. Erste Baptistengemeinden entstanden 1609 in Amsterdam, 1639 auf Rhode Island (in Amerika traten sie für die Beseitigung des Sklavenhandels, innere und äußere Mission und Bibelverbreitung ein), 1640 in London, im 19. Jh. auch in Deutschland und Russland.

Nach einem visionären Erlebnis sammelte der englische Schuhmacher George Fox einen Kreis von Anhängern um sich. Grundlegend wurde den zunächst spöttelnd als Quäker (engl., eigentlich „Zitterer") bezeichneten Gläubigen die Erfahrung des sogenannten „inneren Lichts". Sie wissen sich unmittelbar vom Heiligen Geist geleitet, verzichten daher auf hierarchische Organisationsstrukturen, kirchliche Ämter, Lehrgebäude, Sakramente. Ihre Ethik äußert sich in Sozialarbeit sowie Friedensdienst und betont die Gleichheit aller Menschen. Rund ein Drittel der weltweit 250.000 Quäker lebt in den USA. Die Verfassung des 1681 von William Penn gegründeten nordamerikanischen Staates Pennsylvania beruht auf den Grundsätzen des Quäkertums.

William Penn, Gründer des Quäkertums

Zu den Freikirchen zählt man auch die im 18. Jh. aus der Erweckungsbewegung hervorgegangenen Kirche der Methodisten sowie die der Mennoniten, deren Wurzeln in der Täuferbewegung der Reformationszeit liegen. Im 19. Jh. entstanden als freikirchliche Gemeinschaften u. a. die Heilsarmee, Freie Evangelische Gemeinden, der Adventismus, die Kirche des Nazareners und die Pfingstbewegung. ■

Täufer-, Erweckungs- und Heilsbewegungen

Unter „erwecken" versteht man ursprünglich ein Erwachen der dem Gewohnheitschristentum verfallenen Kirchenmitglieder, das man auch als Frömmigkeitsstreben oder Glaubensaufbruch bezeichnet. Während die Erneuerung zunächst noch individuell ausgerichtet war, wurde sie seit dem 18. Jh. zu einer Bewegung. Heute bezeichnet man als „Erweckungsbewegungen" all jene protestantischen Strömungen, die sich seit dem Pietismus um ein Zurückfinden zum biblisch-reformatorischen Glauben bemühen.

Mennoniten-Ehepaar in Pennsylvania

Täuferbewegungen

Seit 1525 waren protestantische Gemeinden entstanden, die man wegen ihrer Ablehnung der Säuglingstaufe und Einführung der Gläubigentaufe auch als Wiedertäufer bezeichnete. Das 16 Monate andauernde Täuferreich zu Münster (1534/35) eskalierte in einer Schreckensherrschaft und fügte der Bewegung großen Schaden zu. Missionarisches Sendungsbewusstsein, Flucht und Duldung führten seit dem 17. Jh. zu einer Ausbreitung nach Pennsylvania, seit dem 18. Jh. in die Ukraine und nach Russland.

Aus niederländischen und deutschen Täufergruppen ging die nach dem Theologen Menno Simons (1496–1561) benannte Gruppe der Mennoniten hervor. Eine Kirchenverfassung existierte nicht, jede Gemeinde war eigenständig. Theologisch stehen sie den Calvinisten nahe, ihr oberstes Ziel ist die Nachfolge Jesu im Sinne der Bergpredigt. Dabei lehnen sie die Kindertaufe ab, staatlichen Zwang in Glaubensfragen, jedwede Gewalt, Eid, Kriegs-/Wehrdienst und Scheidung. Die meisten der weltweit knapp eine Million Mennoniten leben in den USA. Heute existierende Täufergruppen unterscheiden sich insbesondere in ihrer Einstellung zur modernen Welt z. T. stark voneinander. So gelten die nach ihrem Führer Amman benannten, in

Nordamerika lebenden Amischen Brüder als extrem konservativ. Von all diesen aus dem 16. Jh. stammenden Täufergruppen sind die Baptisten zu unterscheiden.

Erweckungsbewegung

Die protestantische Erweckungsbewegung entstand im 18.–19. Jh. als Reaktion auf den Rationalismus der Aufklärung, eine vermeintliche Säkularisierung und einen drohenden Glaubensverlust, und strebte eine Besinnung auf den biblischen Offenbarungsglauben an.

Erste Ansätze einer Erweckungsbewegung zeigten sich in England als Reaktion auf die Predigten der Brüder John und Charles Wesley (1703–91; 1706–88), der Methodismus (Mission in der Einheit von Evangelisation und Diakonie, Verkündigung und Seelsorge) griff dann auf Schottland, Wales und Irland über. Es entstanden von der Staatskirche unabhängige religiöse Gemeinschaften und die Strömung erfasste auch die Neuenglandkolonien. Dort führten die Bußpredigten von Jonathan Edwards (1703–58) zu einer großen Erweckungsbewegung (engl. „Great Awakening"), aus der eine Vielzahl von Freikirchen entstand, die noch heute das religiöse Leben in den USA prägen.

John Wesley

Die Frömmigkeit der Erweckungsbewegung äußerte sich in einer strengen Lebensführung, Lektüre und Verbreitung der Bibel, Bildung von sogenannten Konventikeln, d. h. private religiöse Zusammenkünfte, und in ausgeprägtem missionarischem Eifer. Erweckungsbewegungen wirkten auch nach Skandinavien, in die Schweiz, nach Frankreich und Deutschland und entstanden auch in verschiedenen Missionskirchen. Die methodistischen Kirchen (über 50 Mio. Mitglieder in 70 Ländern) gehören zu einer der großen protestantischen Kirchenfamilien.

In den 1860er-Jahren entstand aus der „Erweckung" in den Vereinigten Staaten eine Heiligungsbewegung (Heiligung als „Befreiung vom Zwang zum Sündigen") und wirkte über England bis nach Deutschland. Eine Erweckungsbewegung besonderen Typs wurde die Pfingstbewegung, die am Anfang des 20. Jh. einsetzte. ■

Heilsbewegungen

Sogenannte Heiligungsprediger führten die Tradition der amerikanischen Erweckungstheologie fort. Sie verkündeten die Hingabe des gesamten Lebens an Gott und die „Befreiung von der dem Menschen innewohnenden Sünde" als höhere Stufe des Glaubens. Wesenszüge der Heilsbewegung sind meist totalitäres Glaubensleben, Geisterfüllung als Erlebnis momentaner Heiligung und konkrete Erfahrungen des wunderbaren Wirkens Gottes. Die Heiligungsbewegung entwickelte sich aus dem Methodismus heraus.

Fundamentalistische Strömungen

Fundamentalismus, das kompromisslose Festhalten an politischen, religiösen oder anderen Grundsätzen, ist nicht das Kennzeichen einer bestimmten Religion oder Weltanschauung, es ist Ausdruck einer bestimmten Anwendung dieser Weltanschauung. Fundamentalistische Strömungen wirken nicht nur im Islam, Hinduismus und im Judentum, sondern auch im Christentum. Das Wort „Fundamentalismus" trat im Jahr 1919 erstmals im Zusammenhang mit der protestantischen Christengruppe „World's Christian Fundamental Association" auf.

Der christliche Fundamentalismus entstand jedoch schon vor Auftreten des Begriffes im frühen 19. Jh. als Reaktion auf das Eindringen aufklärerischer Ideen in Theologie und Religion, z. B. mit dem Aufkommen einer kritischen (literarischen und historischen) Bibelwissenschaft oder der naturwissenschaftlichen Idee von der natürlichen Evolution der Menschen.

Unverrückbare Grundwahrheiten

Billy Graham, Fernsehprediger der evangelikalen Bewegung

Charakteristisch für fundamentalistische Gruppen ist es, bestimmte Erkenntnisse jedem Zweifel zu entziehen und unangreifbar zu machen. Im politischen Leben wird die religiös-ideologische Basis des Fundamentalismus zur Rechtfertigung von Vormachts- und Herrschaftsansprüchen gegenüber Abweichenden. Das beinhaltet gegebenenfalls auch, Menschenrechte und demokratische Entscheidungsformen zu missachten.

Christliche fundamentalistische Gruppen nehmen meist vier Grundwahrheiten (engl. „fundamentals") als unverrückbar an: die Unfehlbarkeit der Heiligen Schrift, die Ablehnung von moderner Theologie und Wissenschaft (sollten sie dem eigenen Bibelglauben widersprechen), die Überzeugung, dass vom fundamentalistischen Standpunkt abweichende Christen niemals wahre Christen sein können, die Trennung von Kirche und Staat, die immer dann zugunsten einer religiösen Bestimmung der Politik aufgehoben werden muss, wenn politische Regelungen fundamentalen religiösen Überzeugungen entgegenstehen.

Kreationisten und die Schöpfungsgeschichte

Eine kreationistische Sichtweise/Lesart der Bibel vertritt ein religiöses Weltbild, das die Entstehung des Universums und der Erde als Schöpfungswerk eines Gottes erklärt. Manche Evangelikalen schreiben der Bibel grundsätzlich eine Irrtumsfreiheit zu (Schöpfungswissenschaft oder Biblizismus) und widersetzen sich damit einem Angriff auf ihre Glaubensgrundlagen und der seit der Aufklärung entwickelten historischen Bibelkritik. Anhänger der Schöpfungswissenschaft kämpfen in den USA darum, die biblische Version der Schöpfung als wissenschaftlich anerkannten Lernstoff in amerikanischen öffentlichen Schulen unterzubringen. In Deutschland zeigt die Bekenntnisbewegung „Kein anderes Evangelium", in der Schweiz die „Freie evangelische theologische Akademie" eine biblizistische Ausrichtung.

Evolutionstheorie: von Kreationisten abgelehnt

Ein protestantischer Fundamentalismus äußerte sich seit Anfang des 20. Jh. vor allem in den USA, wo fundamentalistische Gruppen sich extrem konservativ und militant geben. Ihre Wurzeln liegen in der Heiligungs- und Evangelisationsbewegung, in Missions- und Bibelgesellschaften. Nach dem sogenannten Affenprozess (1925) konnten die zunehmend militanten Fundamentalisten ihren Verlust an Ansehen durch Patriotismus und Antikommunismus ausgleichen. Seit den 1970er-Jahren nahmen sie bei Wahlen Einfluss auf die Auswahl der Kandidaten, seit den 1980er-Jahren erstarkten sie in Gestalt diverser Fernsehprediger, in den 1990er-Jahren traten sie bei Kampagnen gegen Schwangerschaftsabbruch, Homosexualität und schulische Sexualerziehung auf. Obwohl Übergänge zwischen beiden Gruppen fließend sind, ist es ratsam, zwischen Fundamentalisten und Evangelikalen zu unterscheiden.

Moderner Fundamentalismus

Ein moderner katholischer Fundamentalismus gründet sich u. a. auf die von Papst Pius X. abgefasste Enzyklika *De Modernistarum Doctrinis* (1907); sie gilt als Legitimation für verschiedene, vor allem nach dem Zweiten Vatikanischen Konzil (1962–65) entstandene traditionalistisch-fundamentalistische Gruppen (die sich nach eigenem Verständnis als traditions- und papsttreu betrachten). Dazu gehören z. B. die Bewegungen „Una voce" sowie „Opus Dei". Das Engelwerk gründet sich auf Privatoffenbarungen der Tirolerin Gabriele Bitterlich.

Obwohl 1967 die Aufhebung des *Index* in Kraft trat, führt die einflussreiche Gruppierung „Opus Dei" eine inoffizielle Version weiter (sie enthält ca. 1000 Werke, z. B. den Roman *Der Name der Rose* des italienischen Linguistikprofessors Umberto Eco). ■

Jüdische Identität

Juden beim Gebet an der Klagemauer

Obwohl dem Judentum weltweit nur eine vergleichsweise kleine Zahl von Anhängern angehört (ca. 14 Mio.), ist die religionsgeschichtliche Bedeutung des Judentums außerordentlich groß. Das Judentum gilt als die älteste monotheistische Religion. Sie entstand vor dem Christentum und dem Islam und hat beide beeinflusst. Weil im Laufe ihrer Geschichte Juden über die ganze Welt verstreut wurden, wurde die jüdische Identität zunehmend zu einer Frage der Religionszugehörigkeit.

Die jüdische Identität ist nicht an ein Land oder einen Staat gebunden, „Jude sein" bedeutet im Wesentlichen, nach der jüdischen Religion zu leben. Die jüdische Kultur steht in Wechselwirkung mit den Kulturen, in denen eine jüdische Gemeinschaft ihr kulturelles Leben entfaltet. Die jüdische Identität ist heute ebenso durch eine jeweilige jüdische Kultur und die Religion bestimmt wie durch die Brüche in der jüdischen Geschichte und durch die Spannung zwischen einem fortdauernden bzw. wiedererwachenden jüdischen Leben und der Erinnerung an dessen Auslöschung.

Gesetz

Die Religionszugehörigkeit unterliegt dem Prinzip der matrilinearen Abstammung: Wer von einer jüdischen Mutter geboren wurde, ist Mitglied der jüdischen Gemeinschaft. Allerdings ist auch ein Übertritt zum Judentum möglich. Wer Jude werden möchte, muss nachweisen, dass er die Geschichte und das Gesetz studiert hat, und beweisen, dass er an die jüdischen Glaubensprinzipien glaubt und ihnen folgt. Der Beweis ist in einem Kolloquium vor dem rabbinischen Gericht (Betdin) zu führen. In einer Konversionszeremonie hat sich der Mann einer Beschneidung zu unterziehen und muss ein rituelles Bad nehmen. Frauen nehmen nur ein rituelles Bad.

Juden beziehen ihre Identität der Tradition gemäß aus dem Gesetz. Das schriftliche Gesetz schlechthin ist die Thora, sie enthält die Gesetze, die Moses am Berg Sinai von Gott offenbart wurden. Gesetzestreue bedeutet vor allem Thoratreue. Man unterscheidet jedoch zwischen dem schriftlichen und dem mündlichen Gesetz. Nach jüdischer Überlieferung erhielt Moses auf dem Sinai nicht nur die „schriftliche Lehre", sondern auch die „mündliche Lehre", die später über Generationen weitergegeben wurde. Sie umfasst Religionsgesetze, mit denen rechtliche, rituelle und moralische Normen des jüdischen Lebens festgelegt wurden (die Halacha) und nach denen ein gottesfürchtiger und gesetzestreuer Jude seinen Weg gehen soll. Die mündliche Lehre wurde später schriftlich fixiert und zu einem Teil des Talmud.

Herkunft

Ein Jude versteht sich traditionellerweise auch über das Religiöse hinaus als Angehöriger des Volkes Israel. Das Wort „Jude" geht auf die Bezeichnung „Judäer" zurück, eine Bezeichnung für die Bewohner des Königreichs Juda – eigentlich nur der Name des Gebietes, in dem nach biblischer Überlieferung einer der zwölf israelitischen Stämme lebte. Nach dem Ende der Babylonischen Gefangenschaft (538 v. Chr.) weiteten die persischen Besatzer des Königreiches Juda die Bezeichnung auf alle Israeliten aus.

Jakob, einer der biblischen Urväter, erhielt von Gott den Namen „Israel" („Gottesstreiter"). Die Nachkommen Jakobs bezeichnet man als die „Kinder Israels", „Israeliten" oder kurz als „Israel". „Volk Israel" ist die Selbstbezeichnung des Judentums als zugleich religiös und ethnisch auf eine gemeinsame Abstammung hin definierte Gruppe. Häufig verwendet man auch die biblisch klingenden Bezeichnungen hebräisch/Hebräer oder israelitisch/Israelit.

Weder in der Bibel noch in der rabbinischen Literatur ist die Bezeichnung „Land Israel" geografisch exakt definiert. Der Staat Israel wurde aufgrund eines UNO-Beschlusses 1948 gegründet. ■

Israel heute

13 Glaubensartikel

Das Judentum kennt 13 Glaubensartikel, die der Gläubige sich möglichst mehrmals täglich in Erinnerung rufen soll. Sie gehen auf den Philosophen Maimonides zurück.
„Gott ist der Schöpfer. Gott ist einzig. Gott ist unkörperlich. Gott ist ewig. Das Gebet richtet sich nur an ihn und an keinen anderen. Die Propheten haben wahr gesprochen. Moses war der größte unter den Propheten.
Die Thora ist Moses übergeben worden. Die Thora ist unwandelbar. Gott ist allwissend. Er wirkt durch Belohnung. Der Messias wird eines Tages kommen. Die Toten werden aus den Gräbern auferstehen."

Thora und Tanach

Moses erhält die Gebote

Die Heilige Schrift bzw. die Bibel des Judentums ist der Tanach. Diesen Kanon jüdischer Schriften bezeichnet man, weil aus ihm selbstverständlich während des Gottesdienstes gelesen wird, auch als Mikra oder Miqra („Lesung"). Die Hebräische Bibel besteht aus 24 Büchern und entspricht gewissermaßen dem christlichen Alten Testament. Obwohl der Begriff „Thora" mitunter auch für alle Schriften der Hebräischen Bibel verwendet wird, ist das im strengen Sinne nicht korrekt. Die Thora ist nur ein Teil der Hebräischen Bibel, sie umfasst lediglich die fünf Bücher Mose. Das Neue Testament ist, weil es sich um eine christliche Schriftensammlung handelt, nicht im Tanach enthalten.

Die ersten fünf Schriften des Tanach nehmen im Judentum eine vorrangige Stellung ein, sie genießen die größte Autorität: Als Thora („Unterweisung, Lehre, Gesetz") gelten sie als das Gesetz schlechthin. Durch den Diener Moses gab Gott seinem Volk Israel seine heiligen Gebote und Weisungen, sie sind der Kern der fünf Schriften.

Tanach

Die jüdische Religion unterteilt den Tanach in drei große Schriftengruppen: Thora („Lebensweisung, Gesetz", die fünf Bücher Mose), Nevi'im („Propheten") und Ketuvim („Schriften"). Der Begriff „Tanach" ist ein Kunstwort, ein Akronym, das sich aus den ersten Buchstaben der Namen für die drei großen Schriftteile ableitet: Taw, Nun und Kaph. Die Dreiteilung ist seit etwa 500 v. Chr. üblich (Zeit des zweiten jüdischen Tempels) und auch in der rabbinischen Literatur anerkannt. Sie stellt gleichzeitig eine Hierarchisierung dar und gründet sich auf die orthodox-jüdische Auffassung eines abnehmenden Grades der „göttlichen Inspiration": Thora = direkte Zwiesprache Mose mit Gott, Nevi'im = durch Gott gesandte Träume und Visionen (= Prophetie), Ketuvim = indirekte Beeinflussung der menschlichen Autoren durch den Heiligen Geist.

Umgang mit der Thora

Wird die Thorarolle getragen oder aus ihr gelesen, hält man sie nur an den beiden Holzstäben an den Enden der Rolle. Die Pergamentrolle selbst soll möglichst nicht berührt werden, sie gilt als heilig. Zudem soll die Schrift wegen des großen Aufwandes in der Herstellung möglichst lange leserlich bleiben. Um dem mit Ornamenten reich verzierten Text beim Vorlesen besser folgen zu können, verwendet man einen sogenannten Thorazeiger oder Thorafinger (Jad), einen silbernen Stab, der an einem Ende in eine Hand mit einem ausgestreckten Zeigefinger ausläuft. Die Thora und der Jad werden in den Synagogen in einem besonderen Schrein aufbewahrt, der mit einer Tür und einem Vorhang verschlossen ist. Der Thoraschrein wird geöffnet, wenn aus der Thorarolle vorgelesen werden soll.

Thora

Das Wort „Thora“ bezieht sich im theologischen Sinn nicht auf jüdische religiöse und profane Gesetze (wie im zweiten und dritten Buch Mose dargelegt), sondern grundsätzlich auf eine gesamte, den Israeliten als von Gott auserwähltes Volk offenbarte göttliche Lebensordnung.

Die Thora enthält zwar eine mehr oder weniger zusammenhängende Geschichte, die sich grundsätzlich am Lebenslauf des Moses orientiert, jedoch verbinden sich immer wieder Geschichte und Gesetz miteinander. Biblische Erzählungen münden in der Regel in Unterweisungen. Moses gibt weiter, was Gott ihn gelehrt hat. Gott selbst hatte den Israeliten aufgetragen, am Text weder einen Buchstaben auszulassen noch hinzuzufügen.

Auf diese Vorstellung gründet sich im Judentum der besonders ehrfürchtige Umgang mit der Thora. Es ist oberstes Gebot, die Textkonstruktion der Bibel zu erhalten. Die Thora konnte so über die Jahrtausende mit großer Präzision von einer Generation zur nächsten weitergegeben werden.

Ausgebildete Schreiber, die Sopherim, sind dafür verantwortlich, die Thorarolle nach fest geregeltem Ablauf und fehlerfrei zu kopieren, falls eine abgenutzte Rolle ersetzt werden muss. Ein Sopherim benötigt zum Schreiben einer Thorarolle etwa ein volles Jahr, da man den Text grundsätzlich handschriftlich überträgt (bei Thorarollen, die im Gottesdienst verwendet werden). Die Thora liegt selbstverständlich auch in gedruckter und gebundener Form vor.

Die Rabbiner sind verantwortlich für die Auslegung der Thora und der in ihr enthaltenen Regeln und Weisungen, sie halten Gottesdienste ab, lesen aus der Thora und sprechen in Streitfällen auch Recht.

Identitätsstiftende Figuren

Die jüdische Geschichte beginnt mit dem Bund, den Gott mit Abraham schloss, der seine überragende Bedeutung als Stammvater des jüdischen Volkes erhielt. Sein Sohn Isaak war der Vater von Jakob. Jakob hatte zwölf Söhne, die als Stammväter der zwölf Stämme Israels gelten. Moses verhilft den Israeliten zur Flucht aus der Sklaverei und zur Eroberung der Freiheit. Der Priester Esra bringt den Israeliten das göttliche Gesetz.

Abraham wird an der Opferung seines Sohnes Isaak gehindert

Gott wählte einen einzelnen Menschen aus, um aus dessen Kindern und Kindeskindern ein Volk, sein Volk, heranwachsen zu lassen. Der im ersten Buch Mose niedergelegte Bericht über die Entstehung des Volkes Israel und seine Stammväter (Abraham, Isaak, Jakob) versteht sich als Ausdruck der Hoffnung der Israeliten, auch in Zukunft von Gott selbst geführt zu werden.

Die Patriarchen

Die Wahl Gottes fiel auf den gehorsamen Abraham, der im sumerischen Ur geboren worden und mit seiner Familie zum mittleren Euphrat nach Haran übergesiedelt war. Die Bibel beschreibt die Geschichte Abrahams als Migrationsprozess, der ihn über Tausende von Kilometern von Ur nach Haran, nach Kanaan, nach Ägypten und wieder zurück nach Kanaan führte.

Isaak, der Sohn Abrahams, war Hirte und lebte im südlichen Teil Kanaans. Er wurde zum Mittelpunkt einer berühmten biblischen Szene. Abraham hatte eingewilligt, seinen Sohn für Gott zu opfern, er wurde jedoch im letzten Moment durch einen Widder ersetzt. Isaak wurde der Vater von Esau und Jakob.

Die Familie des Jakob stammte nach biblischen Angaben aus Mesopotamien. Legendär wurde sein Kampf mit einem engelhaften bzw. göttlichen Wesen, von dem er später einen neuen Namen erhielt: *„Du sollst nicht mehr Jakob heißen, sondern Israel; denn du hast mit Gott und mit Menschen gekämpft und hast gewonnen.“* Die zwölf Stämme Israels heißen nach den zwölf Söhnen des Jakob, die aus Verbindungen mit seinen beiden Hauptfrauen Lea und Rahel und deren Mägden in einer vergleichsweise komplizierten Abfolge hervorgingen: Asser, Benjamin, Dan, Gad, Issachar, Joseph, Juda, Levi, Naphthali, Ruben, Sebulon und Simeon.

Die Ergebnisse der modernen biblischen Archäologie legen ein anderes Erklärungsmodell zur Deutung der patriarchalischen Geschichte Israels nahe. Man vermutet, dass drei ursprünglich verschiedene Überlieferungen von den Bibel-Redaktoren nachträglich zu einer Familiensage verwoben wurden, um begreiflich zu machen, wie sich einzelne, territorial unabhängige Gruppen zu einem Volk zusammenschlossen. Zahlreiche biblische Genealogien stecken Territorien ab, ordnen Zeiten: Man entwarf eine patriarchalische Ahnenreihe, die zwischen allen Stämmen ein Verwandtschaftsverhältnis herstellte, das wohl ursprünglich nicht existierte.

Gottes Verheißung an Abraham

Gott offenbart Abraham, dessen Nachkommen in einem blühenden Land zu einem großen Volk heranwachsen zu lassen: „Geh aus deinem Vaterland und von deiner Verwandtschaft und aus deines Vaters Hause in ein Land, das ich dir zeigen will. Und ich will dich zum großen Volk machen und will dich segnen und dir einen großen Namen machen, und du sollst ein Segen sein ... in dir sollen gesegnet werden alle Geschlechter auf Erden. Da zog Abraham aus, wie der Herr zu ihm gesagt hatte ....“

Moses und Esra

Eines der zentralen Themen der Thora ist die Rettung Israels durch den von Gott gesandten Befreier Moses. Das zweite Buch Mose schildert die Ereignisse von der „Volkwerdung“ Israels über den Auszug der Israeliten aus Ägypten unter Führung des Moses bis zum Bundesschluss am Berg Sinai. 430 Jahre soll der Aufenthalt der Israeliten in Ägypten gedauert haben, 40 Jahre die Wanderung der Israeliten durch die Wüste, bis sie Kanaan, das gelobte Land, erreichten.

Auszug aus Ägypten

Der Priester Esra soll im Jahr 398 v. Chr. im Auftrag der persischen Machthaber eine Schriftrolle aus jüdischen Lehrhäusern in Babel nach Jerusalem gebracht haben, um sie dort als ein „Gesetz“ zu verlesen, das von Gott gegeben worden war. Die Erzählung ist im Buch des Propheten Nehemia enthalten und gilt als Gründungslegende des Judentums: *„Und Esra, der Priester, brachte das Gesetz vor die Gemeinde, Männer und Frauen und alle, die es verstehen konnten, am ersten Tage des siebenten Monats und las daraus auf dem Platz vor dem Wassertor vom lichten Morgen an bis zum Mittag vor Männern und Frauen und wer's verstehen konnte.“*

Orthodoxie

Orthodoxe Juden beim Gebet

Das orthodoxe Judentum ist eine der Hauptströmungen des Judentums, es repräsentiert das „gesetzestreue" Judentum. Etwa ein Drittel der Juden bekennt sich zum orthodoxen Judentum, ihr Leben wird durch eine große Zahl religiöser Bestimmungen geregelt. Orthodoxe Richtungen sind all jene, die sich entschieden z. B. gegen gesellschaftliche Emanzipation, die Aufklärung und das Reformjudentum wenden. Die Bezeichnung „orthodox" kam allerdings erst im 19. Jh. auf, sie wurde vom Reformjudentum zur Bezeichnung ihrer traditionalistischen Gegner verwendet.

Ein grundlegender Unterschied zwischen orthodoxen und nicht orthodoxen Juden (im Sinne von fortschrittlich, liberal) besteht im Verständnis der göttlichen Offenbarung am Berg Sinai.

Während orthodoxe Juden davon überzeugt sind, die Offenbarung sei der direkte Wille Gottes, versteht man sie im nicht orthodoxen Judentum nicht als absolut, sondern als Aufforderung zum Dialog zwischen Gott und seinem Volk. Alle nicht orthodoxen Strömungen des Judentums entstanden im Kontext einer historisch-kritischen Exegese der göttlichen Offenbarung. Die Abgrenzung der verschiedenen Richtungen ist in vielen Bereichen fließend.

Strenge Gebote

Orthodoxe Juden halten an einer traditionellen Frömmigkeit und Lebensweise fest, sie gehen vom buchstäblichen Sinn der Thora als unbedingt gültige Weisung Gottes aus. Jüdische Vorschriften, die man als Mizwot bezeichnet, sind ein Bestandteil des jüdisch-orthodoxen Glaubens. Außer den Zehn Geboten sind weitere 613 Mizwot (365 Verbote und 248 Gebote) in der Thora überliefert, die ein frommer Jude in sein Leben integrieren soll. Bezeichnend ist die Vorstellung eines allmächtigen und universellen Gottes, der alles erschuf, am Leben hält und die einzige universelle Macht darstellt. Man achtet streng auf die Einhaltung aller Gebote, lehnt eine Emanzipation oder gar Assimilation mit anderen Kulturen ab und tritt für eine strikte Trennung zwischen religiösen und weltlichen Bereichen ein. Männer sollen täglich, möglichst mehrmals, den Gottesdienst in der Synagoge besuchen. Dort finden sie keine Orgel vor, jedoch eine strenge Trennung der Plätze von Männern und Frauen. Geburtenkontrolle wird abgelehnt, eheliche Beziehungen, Sexualität und Kindererziehung werden streng durch die Mizwot geregelt. Die einzige Kultsprache ist Hebräisch.

Kleiderordnung

Streng orthodoxe Juden sind ihrer Zahl nach eine kleine, aber auffällige Gruppe: Männer tragen schwarze Anzüge, schwarze Hüte, rituelle Fransen und Quasten. Auch Frauen und Mädchen halten sich an eine strikte Kleiderordnung: Ihre Kleider müssen die Knie und die Ellbogen bedecken, Kragen müssen stets geschlossen sein, immer sind Strümpfe zu tragen. Der übliche Brauch von Männern, ihre Schläfenlocken wachsen zu lassen, hat seinen Ursprung in der Bibel.

Begrenzter Einfluss

Das orthodoxe Judentum kennt einige Unterströmungen. Der Chassidismus entstand Ende des 18. Jh. mit dem Wirken von Rabbi Israel Baal Schem-Tov in Osteuropa (vor allem in Polen und Russland). Die Glaubensrichtung ist stark durch die mittelalterliche Mystik geprägt, Chassidim erstreben eine durch innere Erfahrung erlangte göttliche Erkenntnis. Gotteshingabe, verinnerlichte Lebensweise und soziales Engagement sind chassidische Grundprinzipien. Zentren des Chassidismus sind heute die USA und Israel. Neo-orthodoxes Gedankengut auf begrenzt aufklärerischer Basis ist seit der zweiten Hälfte des 19. Jh. hauptsächlich in Westeuropa (vor allem Deutschland, England und Frankreich) verbreitet und geht auf die Rabbiner Samson Raphael Hirsch und Ezriel Hildesheimer zurück. Auch wenn die Mizwot streng zu befolgen sind, öffnen sich die betreffenden Anhänger der westlichen Kultur und nehmen am öffentlichen Leben teil. Ultraorthodoxe Juden nehmen traditionell eine sehr konservative Haltung ein, ihre Hingabe an die Thora erfordert eine starke Absonderung von der Welt, weltliches Wissen gilt ihnen als unwesentlich.

Orthodoxer Junge liest in der Thora

In Israel konnten Orthodoxe viele ihrer Vorstellungen durchsetzen, z. B. koschere Verpflegung beim Militär und die Monopolstellung bei Eheschließungen und Scheidungen. Obwohl das orthodoxe Judentum keine einheitliche Bewegung mit einer zentralistischen Verwaltung, sondern in viele Gruppen zersplittert ist, üben Vertreter des orthodoxen Judentums in israelischen Koalitionsregierungen teilweise einen großen Einfluss aus. ■

Der Talmud

Der Tanach wird ergänzt durch eine bedeutende Schriftensammlung: den Talmud. Während man im Judentum die Bibel als schriftliche Offenbarung Gottes versteht, gilt ihm der Talmud, auch wenn er inzwischen in schriftlicher Form vorliegt, als mündliche Lehre. Der Talmud ist kein Bestandteil der Hebräischen Bibel, sondern eine Sammlung von Auslegungen der Schrift; er enthält Texte verschiedener literarischer Gattungen, u. a. religionsgeschichtliche Texte, Legenden, Gleichnisse, Erzählungen, Spruchweisheiten, Gebete, Klagen und Bibelauslegungen.

Die Texte entstammen einer mündlichen Tradition und wurden ca. ab dem 2. Jh. n. Chr. erarbeitet und zusammengetragen, schriftlich festgehalten und geordnet; die Entstehungszeit des Talmuds umfasst etwa die ersten sieben Jahrhunderte n. Chr.

Mündliche Lehre

Die Zeit von der Eroberung Jerusalems, der Zerstörung des Tempels und der gesamten Stadt durch den römischen Kaiser Titus im Jahr 70 n. Chr. bis zur Eroberung Palästinas durch die Araber im 7. Jh. n. Chr. wurde durch die Lehre der Rabbiner bestimmt. Das Judentum hatte endgültig seine staatliche Unabhängigkeit und sein Zentralheiligtum verloren, lebte in einer weitgehend feindlichen Umwelt, verstreut über die ganze damals bekannte Welt, war kaum noch in der Lage, seine kulturelle Einheit zu erhalten, und suchte seine Identität in den heiligen Schriften. Diese Epoche bezeichnet man daher auch als rabbinische bzw. talmudische Phase der israelischen Geschichte. Der Talmud wurde dem Tanach bis zum 5. Jh. als heilige Schrift zur Seite gestellt. Über die Jahrhunderte wurde er Grundlage jüdischen Glaubens und Lebens und gilt neben dem Tanach als eines der Hauptwerke des Judentums.

Der jüdische Tempel vor seiner Zerstörung

Schriftlicher Kommentar

Der Talmud gliedert sich in die Mischna (aus hebr. schana, „wiederholen"), die Tosephtha („Ergänzung"), die jerusalemische Gemara (aramäisch, „Vollendung") und die babylonische Gemara. Die Mischna wiederum ist in sechs Ordnungen und insgesamt 63 Traktate eingeteilt (1. Zeraim, „Aussaat":

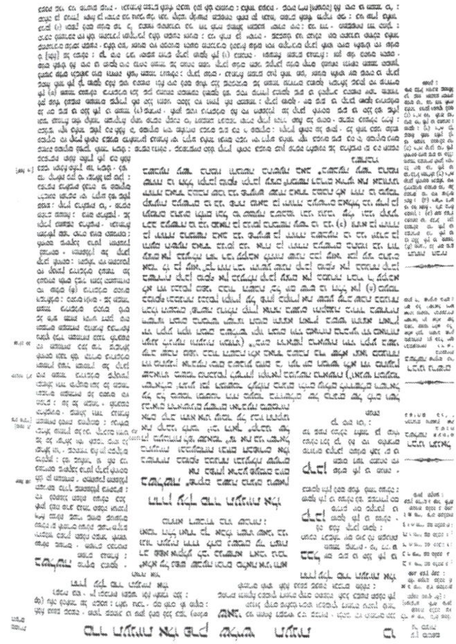

Seite aus dem Talmud

über die Landwirtschaft; 2. Moed, „Festzeiten“: über die Festzeiten, Fest- und Fasttage; 3. Nashim, „Frauen“: über Ehe- und Familienrecht; 4. Nesikin, „Schäden“: über Zivil- und Strafrecht, insbesondere Schadensersatzrecht; 5. Kodashim, „Heiligtümer“: über Opfer im Tempel; 6. Toharot, „Reinigungen“: über die Reinheitsgebote).

Die Mischna enthält gesetzliche Kommentare und Ergänzungen zur Thora. Die Tosephtha hat man nach dem Ordnungsmuster der Mischna erstellt, hat aber nie deren Rang erreicht. Später wurde die Mischna in den Lehrhäusern Palästinas und Babylons, den damaligen Zentren jüdischen Lebens, studiert, diskutiert und kommentiert. Schließlich entstand die Gemara gewissermaßen als Protokoll oder Ergebnis dieses Vorgangs. Sie ist teilweise in aramäischer und teilweise in hebräischer Sprache verfasst und enthält Diskussionen, erzählende Elemente und verbindliche Entscheidungen.

Babylonische Gemara

Im Lauf der Zeit setzten sich die Anhänger der großen beiden Schulen gegen andere durch und bildeten die Hauptstränge der talmudischen Tradition: Bis zum 5. Jh. n. Chr. entstand die jerusalemische Gemara (in unvollendeter Gestalt), bis zum 7. Jh. n. Chr. die wesentlich umfangreichere babylonische Gemara. Methoden der Entscheidungssuche und Rechtsfindung wurden laufend überprüft und überarbeitet, neue Erkenntnisse in die fortschreitende Kommentierung und Aktualisierung des Talmuds eingearbeitet. Während der Talmud der palästinensischen Schule nur in unvollständiger Gestalt vorliegt, bereits im 5. Jh. fixiert wurde und nie die Bedeutung des babylonischen erlangen konnte, unterliegt der babylonische Talmud weiterhin einem fortschreitenden Redaktionsprozess. ■

Layout des Talmuds

In den Jahren 1520–23 wurde der Talmud in Venedig erstmals gedruckt. Das Layout dieses Druckes ist bis heute verbindlich: in der Mitte der Seite der Mischna-Text, links unten am Innenrand in Winkelform die Gemara, am oberen Rand Kommentare des Rabbis Schlomo ben Jizchak (1040–1105), am äußeren Rand ggf. andere Kommentare. Die erste vollständige deutsche Ausgabe des Talmuds erschien als zwölfbändiges Werk von 1929–36 in der Übersetzung des Orientalisten Lazarus Goldschmidt (eigentl. Elieser ben Gabriel, 1871–1915).

Rituelle Gegenstände

Thorarolle

Auffälligste jüdische Symbole sind die Menora und der Davidstern. Wichtigster ritueller Gegenstand ist zweifellos die Thorarolle, die in der Synagoge in einem Thoraschrein aufbewahrt wird. Die Rolle aus großen, zusammengenähten Pergamentbögen ist bis zu 80 Zentimeter hoch und um zwei hölzerne Stäbe gewickelt, an denen sie gehalten wird. Zu rituellen Gegenständen in der Synagoge gehört das Widderhorn (Shofar), es wird z. B. am Neujahrsfest (Rosh Hashana) und am Versöhnungstag (Jom Kippur) geblasen. Das Judentum kennt neben den Gegenständen, die in der Synagoge aufbewahrt werden, eine Reihe von rituellen Objekten, die das individuelle und kollektive religiöse Leben begleiten oder die im häuslichen Bereich von Bedeutung sind.

Gebet

Fromme Juden sollen, wenn möglich, dreimal täglich beten: morgens, mittags und bei Sonnenuntergang. Beim Gebet tragen die Männer eine Kippa (rundes Käppchen), einen Tallith (Gebetsschal), die Zizijot (Schaufäden) und werktags einen Tefillin. Der Gebetsschal ist weiß mit blauen Schnüren, besteht aus Wolle oder Seide. Zizijot (Singular: Zizit), mehrfach geknotete, lange weiße Wollfäden, sind wie Quasten an jeder der vier Ecken des Tallith angebracht. Ein Tefillin ist ein Gebetsriemen aus Leder, den man siebenmal um den Arm, dreimal um die Hand und dann um den Mittelfinger wickelt. Als Tefillin bezeichnet man auch jene Kästchen, die auf der Stirn oder am Arm getragen werden und die handgeschriebene Texte aus der Thora enthalten. Denn im fünften Buch Mose heißt es, dass der Gläubige die Worte Gottes auf der Stirn tragen solle. Am Sabbat werden die Tefillin nicht getragen. Die Mesusa (hebr., „Türpfosten") ist ein kleiner Behälter, der zwar auch Thoraabschnitte enthält, aber zu rituellen Zwecken am äußeren Türpfosten eines jüdischen Wohneingangs befestigt wird.

Das „Schma Israel"

Das „Schma Jisrael" (hebr., „Höre Israel") ist das bekannteste jüdische Gebet an den einen Gott und zentrales jüdisches Glaubensbekenntnis (aus biblischen Texten und Texten der Mischna):
„Höre Israel: Er, unser Gott, Er ist einer! So liebe denn Ihn einen Gott mit all deinem Herzen, mit all deiner Seele, mit all deiner Macht. So seien diese Reden, die ich heute dir gebiete, auf deinem Herzen, einschärfe sie deinen Söhnen, rede davon, wann du sitzest in deinem Haus und wann du gehst auf den Weg, wann du dich legst und wann du dich erhebst, knote sie zu einem Zeichen an deine Hand, sie seien zu Gebinde zwischen deinen Augen, schreibe sie an die Pfosten deines Hauses und in deine Tore!" (Auszug)

Die Farbe Himmelblau ist die typische Farbe des jüdischen Volkes, sie soll den Menschen den Weg Gottes weisen. Sie erscheint sowohl auf der israelischen Nationalflagge als auch auf dem Gebetsschal. Die Wahl der Farbe geht auf eine Anweisung Gottes an Moses zurück: „... sprich zu ihnen, dass sie und ihre Nachkommen sich Quasten machen an den Zipfeln ihrer Kleider und blaue Schnüre an die Quasten der Zipfel tun ... sooft ihr sie anseht, sollt ihr an alle Gebote des Herrn denken."

Weitere wichtige rituelle Objekte sind zwei Kerzenhalter für den Sabbat, eine meist aus Zinn hergestellte Sederschüssel (das erste Passahmahl heißt Seder), ein Purimteller und den Kidduschbecher (Kelch für die beim häuslichen Ritus rezitierte Segnung des Weines). In der Sukka, einem „rituellen" Haus, kann die Familie während des einwöchigen Laubhüttenfestes Mahlzeiten einnehmen, können Männer und Kinder auch schlafen. Die Wände bestehen aus Holz oder Leintuch, das Dach aus Holzlatten, die mit Zweigen und Palmwedeln abgedeckt werden.

Menora und Magen David

Gott befahl Moses, einen siebenarmigen Leuchter anzufertigen, um dem Licht, das die Schöpfung hervorgebracht hat, eine Form zu geben. Die Menora ist göttliche Wohnstatt und geistige Leuchte zugleich. Die mittlere der sieben Kerzen soll die Thora, den Mittelpunkt der Welt, symbolisieren. Ein neunarmiger Leuchter bestimmt den Ritus des Chanukkafestes: An jedem Abend des achttägigen Festes wird eine Kerze angezündet (am ersten Abend eine, am nächsten Abend zwei usw.), die neunte dient zum Anzünden der anderen. Der Davidsstern, ein sechszackiger Stern, ist erst seit dem Mittelalter bekannt. Er wird auch als Davidsschild bezeichnet. Menora und Davidsstern sind heute Symbole des (wiedergeborenen) Staates Israel. ■

Menora

Die Stellung der Frau

Auch wenn die Synagoge die zentrale religiöse Einrichtung ist: Der einzelne Haushalt ist traditionsgemäß der Fixpunkt des religiösen Lebens. Der Talmud bestimmt, dass Frauen zwar alle Verbote zu beachten haben, bestimmte Gebote wurden jedoch gelockert. Nach jüdischer Überlieferung sind Frauen deshalb von fest vorgeschriebenen Pflichten, wie z. B. der Teilnahme am täglichen Gottesdienst, entbunden. Ihre Rolle als Hausfrau und Mutter steht im Vordergrund. Auch in Bezug auf Nahrung und Kleidung sind Frauen nicht so gebunden wie Männer.

Jüdische Familie

Beim Gebet sollen Frauen keinen Gebetsmantel (Tallith) und keine Gebetsriemen (Tefillin) tragen. In der Synagoge ist die Trennung von Männern und Frauen vorgeschrieben; Frauen werden nicht zur Thoralesung aufgerufen und beim Gebet ist die Frau Zuschauerin, hinter einem Vorhang, einer Wand oder auf einem Balkon. Frauen werden nicht zum Minjan gezählt. Im Haushalt allerdings ist sie maßgeblich verantwortlich für das Beachten der Tradition und das Einhalten religiöser Vorschriften – so weit ein jüdisches Rollenverständnis, wie es auch heute noch orthodoxen Vorstellungen entspricht.

Wertschätzung

„Gott hat die Mama geschaffen, weil er schließlich nicht immer und überall gleichzeitig sein konnte", heißt es in einem jüdischen Sprichwort. Neben aller traditionellen, scheinbaren Benachteiligung von Frauen, die einer patriarchalischen Kultur aus biblischen Zeiten entspringt, gibt es im Judentum auch eine Tradition der Wertschätzung von Frauen. In der Überlieferung hat man sie als „Krone des Mannes" oder „Licht der Familie" bezeichnet. Ihnen obliegt es, Haushalt und Familie rituell korrekt zu führen: Erziehung der Kinder, Weitergeben der Tradition an den Nachwuchs, Zubereitung der Speisen, Vorbereitung der Feste. Früher war es auch ihre Aufgabe, die Sprache der nicht jüdischen Gesellschaft, in der die Familie lebte, gründlich zu erlernen. Seit dem 11. Jh. bemühte man sich um eine Stärkung ihrer rechtlichen Stellung: Eine Ketubba („Schrift", hier: Ehevertrag) garantierte fortan ihre finanzielle Sicherheit, Frauen durften nicht mehr ohne ihren Willen vom Mann geschieden werden.

Emanzipation

Mit einer religiösen Liberalisierung im 19. Jh. ergaben sich auch Veränderungen für Frauen. Im Reformjudentum wurde die Trennung nach Geschlechtern in der Synagoge abgeschafft, Frauen nahmen fortan gleichberechtigt mit Männern am Gottesdienst teil. Auch im orthodoxen Judentum entstanden Frauenbewegungen. Eine religiöse Emanzipation ging mit einer gesellschaftlichen einher. Frauen begannen, selbst künstlerisch tätig zu werden oder die Künste zu fördern, seit Anfang des 20. Jh. gestattete man jüdischen Frauen und Mädchen auch das Thora- und Talmudstudium, Frauen übten in Gemeinden Vorstandsämter aus.

In einer von Männern dominierten religiösen Welt bestand für Frauen lange Zeit keine Möglichkeit, Talmud und Thora grundlegend zu studieren. Regina Jonas wurde 1935 die Ordination erteilt, sie war damit die erste Rabbinerin weltweit. Erst 1972 wurde mit Sally Priesand wieder eine Frau ordiniert (im Reformjudentum der USA), das orthodoxe Judentum folgte ein Jahrzehnt später. Inzwischen wurden weltweit mehr als 200 Frauen ordiniert (vorwiegend in angelsächsischen Ländern), Frauen werden zu Kantorinnen ausgebildet.

Welche Entfaltungsmöglichkeiten Frauen zugestanden wird, hängt insbesondere davon ab, welcher Strömung des Judentums sie sich zugehörig fühlen. ■

Berühmte jüdische Frauen

Hannah Arendt (1906–75): Publizistin und Gelehrte deutscher Herkunft, Lehrtätigkeit in den USA
Rose Ausländer (1901–88): deutschsprachige Lyrikerin
Bertha Falkenberg (1876–1946): Lehrerin, soziales Engagement im Jüdischen Frauenbund, Mitglied der Repräsentantenversammlung der Jüdischen Gemeinde zu Berlin
Regina Jonas (1902–44): weltweit erste ordinierte Rabbinerin, wirkte in Berlin, später in Theresienstadt, wurde in Auschwitz ermordet
Mascha Kaléko (1907–75): deutschsprachige Dichterin
Bertha Pappenheim (1859–1936): gründete den Jüdischen Frauenbund, übte Kritik am patriarchalischen System des Judentums, schrieb Novellen und Bühnenstücke sowie literarische Übersetzungen vom Jiddischen ins Deutsche
Nelly Sachs (1891–1970): ursprünglich deutsche Dichterin, erhielt den Nobelpreis für Literatur (1966)
Else Lasker-Schüler (1869–1945): deutsche Dichterin, führend im Expressionismus

Nelly Sachs

Jüdisches Leben

Bar-Mizwa in Jerusalem

Wie in anderen Religionen gibt es auch im Judentum neben den großen Festen im religiösen Kalender bestimmte Feiern, die als Übergangsriten das persönliche Leben eines gläubigen Menschen betreffen. Sie begleiten die Menschen in ihren verschiedenen Lebensphasen von der Geburt bis zum Tod und ermöglichen es ihnen, sich als Teil eines Volkes oder einer religiösen Gemeinschaft zu fühlen.

Mit 13 Jahren wird ein Junge zum Bar-Mizwa, einem „Sohn des Gebotes". Es bedeutet, dass der Vater nicht mehr länger für die Handlungen seines Sohnes verantwortlich ist. Er erreicht die religiöse Volljährigkeit. Den 13-Jährigen erwartet eine besondere Feier mit festlichem Essen, vielen Gästen und Geschenken.

Bar-Mizwa

Zum ersten Mal in seinem Leben wird der Junge am Tag der Feier in der Synagoge vor der Gemeinde aus der Thora lesen. Der Junge ist im religiösen Sinne volljährig, er hat fortan alle Rechte und Pflichten eines erwachsenen Mannes – und darf fortan in den Minjan treten, den Kreis von zehn erwachsenen Männern, deren Anwesenheit im Gottesdienst für das Rezitieren eines gemeinsamen Gebetes erforderlich ist.

Mädchen werden mit zwölf zur Bat-Mizwa („Tochter des Gebotes"). Es ist recht neu, aus diesem Anlass auch für Mädchen eine Feier auszurichten – und daher noch nicht in allen Familien üblich.

Heirat und Ehe

Die Hochzeitszeremonie wird in der Synagoge oder im Freien abgehalten. Unter einer Chuppa, einem an Stangen befestigten Hochzeitsbaldachin, der in der Regel von Freunden der Braut und des Bräutigams getragen wird, findet vor dem Rabbi und der Gemeinde die Zeremonie statt. Der Mann wird zur Braut geführt, über dem Wein werden Segenswünsche gesprochen, das Ehepaar trinkt aus demselben Becher. Früher übergab der Bräutigam der Braut etwas Wertvolles, die Braut willigte in die Hochzeit ein, heute tauscht das Paar wie bei christlichen Hochzeiten Ringe aus. „Siehe, du bist mir mit diesem Ring weihevoll verbunden nach dem Gesetz von Moses und Israel",

Begriffe aus dem jüdischen Leben

Kaddisch (aramäisch, „heilig"): Lobpreis Gottes, wird am Ende eines jeden Gottesdienstabschnittes gebetet und zum Gedenken an die Toten

Schadchan: in den Gemeinden und Dörfern Mittel- und Osteuropas (und im Getto) früher Bezeichnung für den jüdischen Heiratsvermittler (als Hochzeiten noch von den Eltern arrangiert wurden, die Liebesheirat setzte sich erst im 19. Jh. durch)

Schaddaj (hebr., „Allmächtiger"): kleines silbernes Täfelchen, auf dem der Name Gottes eingraviert ist; wird oft über der Wiege eines Neugeborenen angebracht

lautet die Formel, die man auf Hebräisch spricht.

Die Ketuba („Schrift"), ein seitenlanger Ehevertrag, wird vorgelesen; er enthält z. B. das Inventar der Mitgift der Braut, listet die gegenseitigen Verpflichtungen auf, nennt den Betrag, den der Mann im Fall einer Scheidung zu zahlen hat. Man spricht sieben Segnungen. Die Zeremonie endet damit, dass der Ehemann ein Glas mit seinem Fuß zerstampft. Die festliche Stimmung wird für einen Moment unterbrochen, um der Zerstörung des Tempels von Jerusalem zu gedenken.

Nach jüdischen Vorstellungen ist die Ehe weder ein Sakrament noch unauflösbar. Verschiedene Gründe (z. B. Kinderlosigkeit, Unvereinbarkeit der Charaktere) können zur Scheidung führen; sie muss vom Rabbinergericht (Betdin) in einer Urkunde, dem Get („Verstoßungsschrift"), festgestellt werden. Beide Parteien können die Scheidung einreichen.

Jüdischer Friedhof

Tod und Begräbnis

Verstorbene sollen der Tradition gemäß spätestens einen Tag nach ihrem Tod begraben werden, ein Leichnam gilt als unrein. Der Tote wird sofort mit einem Leinentuch, dem sogenannten Schweißtuch, bedeckt. Die jüdische Tradition kennt keine Zurschaustellung eines Verstorbenen. Er wird der Tradition gemäß nicht in einem Sarg bestattet, man hüllt seinen Leichnam in ein Totentuch (oder in einen Tallith) und übergibt ihn der Erde. Weil diese Form der Bestattung jedoch in den meisten Ländern nicht erlaubt ist, verwendet man, gewissermaßen als Kompromiss, einen einfach gezimmerten Sarg. Strenggläubige Juden kennen nur die Beerdigung und keine Leichenfeier. Die sterblichen Überreste eines Menschen dürfen nie mehr verlegt werden, damit am Tag der Wiederauferstehung jeder seine unversehrte sterbliche Hülle vorfindet. Bei Reformjuden sind Einbalsamierung und Verbrennung gestattet.

Speisevorschriften

Eines der jüdischen Konzepte ist die Unterscheidung zwischen rein und unrein. Der Zustand des Unreinen erlaubt keinen engen Kontakt mit dem Reinen und mit rituellen Vorgängen. Das Judentum kennt daher eine Reihe von Speisevorschriften (Kaschrut). Viele der Speisegebote finden sich in den Mizwot der Thora, andere stehen im Talmud, der über die Jahrhunderte gewachsenen Auslegung der Schrift durch Rabbiner.

Das Schwein gilt als nicht koscher

Man vermutet, dass die strengen jüdischen Speisevorschriften einer symbolischen Motivation und einem früher notwendigen Bedürfnis nach Hygiene entspringen. Tatsächlich enthält die Thora keine Erklärungen zu gesundheitlichen Gründen. Die tatsächlichen Ursprünge der Speisegebote liegen im Dunkeln. Wie das Konzept koscherer Ernährung zu verstehen ist, wird von den Gelehrten immer wieder diskutiert. Basis der Gebote und Verbote sind zwar die Listen im dritten Buch Mose (Kap. 11), manche der Tierbezeichnungen bereiten jedoch Identifizierungsprobleme.

Heute leben meist nur orthodoxe Juden streng nach den Kaschrut, im Reformjudentum befolgt man die Speisegebote nur noch eingeschränkt. Sie werden in der Öffentlichkeit am ehesten in Bezug auf den Genuss von Fleisch (insbesondere Schweinefleisch) eingehalten. In den USA tragen heute viele Produkte (z. B. Fertignahrungsmittel) ein Gütesiegel, das die Überwachung der Produktion durch eine religiöse Autorität garantiert.

Koschere Speisen

Die wichtigste Frage lautet: Welche Speisen sind koscher? Koscher bedeutet „tauglich“. Die Kaschrut schreiben frommen Juden genau vor, was sie essen dürfen und welche Speisen sie meiden müssen. Fromme Juden folgen den Gesetzen des koscheren Essens.

Koschere Speisen sind neben Milchprodukten, Gemüse, Eiern auch Fleischprodukte von Tieren, die sowohl Paarhufer als auch Wiederkäuer sind, also z. B. von Rind, Schaf, Ziege und Reh. Geflügel darf verzehrt werden, solange es sich rein vegetarisch ernährt hat. Auch Fische mit Schuppen und Flossen gehören zu den koscheren Lebensmitteln. Schweinefleisch, Fische ohne Flossen oder Schuppen, das Fleisch von Fleisch fressenden Tieren, Schalen- und Krustentiere gelten als nicht koscher.

Voraussetzung für einen späteren Genuss von Fleisch ist, dass das Tier vollkommen ausgeblutet ist, denn Blut gilt als Träger des Lebens und darf auf keinen Fall gegessen werden. Blutwurst z. B. wäre als jüdische Speise völlig undenkbar. Das Schächten ist heute umstritten: Gegner halten gerade diese Form der Tötung für grausam, Befürworter betonen, diese Form der Schlachtung vermeide unnötiges Leiden der Tiere.

Koscheres Tier: die Ziege

Trennung von Fleisch und Milch

Die Speisegesetze schreiben nicht nur vor, was gegessen werden darf, sondern auch, wie es zubereitet werden soll. Zu den Speisevorschriften gehört auch das Gebot, Fleisch- und Milchprodukte strikt voneinander zu trennen, sie dürfen nicht vermischt werden. In der Thora heißt es: „Du sollst ein Zicklein nicht in der Milch seiner Mutter kochen" (Dt 14,12). Orthodoxe jüdische Haushalte verfügen daher über zwei Kochgeschirre und doppeltes Küchenzubehör: ein Milchbesteck und ein Fleischbesteck. Häufig werden Geschirre, Bestecke und Küchengeräte gekennzeichnet, damit sie nicht verwechselt werden (z. B. mit unterschiedlichen Farben, den hebräischen Anfangsbuchstaben oder den Begriffen für Milch und Fleisch). In manchen Haushalten existiert auch ein doppelter Satz Tischdecken und Servietten, mitunter sogar Spülbecken und Kühlschränke. Milchprodukte dürfen auch nicht in Verbindung mit Fleischgerichten verzehrt werden, zwischen dem Genuss von Fleisch zu Milchprodukten soll ein zeitlicher Abstand von ca. 5 Stunden, von Milchprodukten zu Fleisch von ca. 2 Stunden liegen. ■

Das Schächten

Als Schächten bezeichnet man den Vorgang, bei dem die zum Verzehr bestimmten Tiere auf rituelle Weise geschlachtet werden. Vorschriften regeln, wie der ausgebildete Schächter vorzugehen hat. Ein schneller scharfer Schnitt mit einem speziellen Schächtermesser durch die Kehle des Tieres nimmt ihm sofort das Bewusstsein, man lässt es anschließend ausbluten. Der Genuss von nicht ritualgerecht geschächtetem Fleisch ist ebenso untersagt wie der Verzehr von gerissenem Fleisch oder Aas. Für das Schlachten von Fischen gibt es keine genauen Anweisungen.

Große jüdische Festtage

Sedermahl

Das jüdische religiöse Leben wird vom wöchentlich wiederkehrenden Sabbat und von den jährlich wiederkehrenden Feier- und Fastentagen beherrscht. Das religiöse Jahr beginnt im Herbst nach der Erntearbeit. Die jüdischen Feiertage fallen, ähnlich wie einige christliche Feiertage, nicht immer auf denselben Tag.

Alle jüdischen religiösen Feste knüpfen an die alttestamentliche Zeit an, man begeht sie zu Ehren und zur Verherrlichung Gottes oder im Gedanken an Ereignisse in der biblischen Vergangenheit.

Passah

Das Frühjahrsfest ist eines der jüdischen Hauptfeste (ab dem ersten Frühjahrsvollmond, ab dem 15. Nisan). Man feiert Passah („Überschreitung"), weil Gott über die Häuser der Israeliten „hinwegschritt", als er die erstgeborenen Ägypter tötete (zuvor hatte er den Israeliten geboten, die Türpfosten mit dem Blut eines Lamms zu bestreichen), und im Gedenken an den Auszug aus Ägypten. Während der sieben Festtage soll nichts gegessen werden, das mit Sauerteig oder Hefe zubereitet wurde (nur ungesäuertes Mazzen), weil am Tage vor dem Auszug aus Ägypten keine Zeit mehr war, einen Brotteig gehen zu lassen. In der ersten Nacht verzehrt man ein besonderes Passahmahl (Seder).

Schawuot

Schawuot („Wochen") feiert man sieben Wochen nach dem Passahfest (am 6. Sivan). Ursprünglich war es ein „Fest der Erstlingsfrüchte", besonders des Weizens. Seit rabbinischer Zeit ist es auch ein Fest der Erinnerung an den Empfang der Thora am Sinai.

Sukkoth

Im Herbst, fünf Tage nach Kippur, zu Beginn des Vollmondes (im September/Oktober, vom 15.–22. Tischri), feiert man das achttägige Laubhüttenfest. Es ist zugleich Erntedankfest, verbunden mit der Bitte um Regen, und Feier zur Erinnerung an die biblische Wüstenwanderung. Eine Laubhütte (eine provisorisch errichtete

Hütte), in der es gefeiert wird, soll die Erinnerung daran wach halten. In der Hütte sollten zumindest die Hauptmahlzeiten eingenommen werden. Man soll einen Feststrauß (Lulaw) binden, ein Büschel aus Palm-, Weiden- und Myrtenzweigen um eine Zitrone, einen Paradiesapfel oder einen Etrog (limonenartige Frucht), den man als Symbol des Herbstes in der Hand hält.

Rosch ha-Schana und Kippur

Das Neujahrsfest wird etwa im September (am 1. Tischri) begangen, ist zugleich Geburtstag der Welt und ein Tag der Musterung aller Menschen vor dem barmherzigen Schöpfer. Es dauert zwei Tage und leitet eine Zeit der Buße ein. Der Verzehr süßer Speisen soll Glück bringen.

Einige Tage danach beginnt Kippur (am Abend des 9. Tischri), ein Sühne-, Fasten- und Versöhnungsfest, das als der wichtigste Tag im liturgischen Jahr und als persönlichster Feiertag gilt. Persönliche Versprechen gegenüber Gott sind aufgehoben, die Menschen sollen ihre Streitigkeiten beilegen.

Der jüdische Kalender

Der jüdische Kalender orientiert sich an der Schöpfung der Welt, die auf das Jahr 3761 v. Chr. festgelegt wurde. Die jüdische Zeitrechnung beruht auf dem Mondkalender. Dieser wird nach dem Mond berechnet, die Monate entsprechen den Mondphasen. Zwölf jüdische Monate umfassen nur 354 Tage, die durch unregelmäßiges Einfügen eines 13. Monats (Schaltmonats) ausgeglichen werden. Die Monate erhielten in der Zeit des Exils babylonische Namen: Tischri (Sept.–Okt.), Heschvan (Okt.–Nov.), Kislev, Tevet, Schevat, Adar (plus evtl. Schaltmonat Adar II), Nisan, Ayyar, Sivan, Tammuz, Av, Elul.

Chanukka

Chanukkaleuchter

Das Lichterfest (Beginn am 25. Kislev) dauert acht Tage. Chanukka („Weihe") soll an den Makkabäeraufstand und die Neuweihe des durch hellenistische Kulte entweihten Jerusalemer Tempels im 2. Jh. v. Chr. erinnern. Man erzählt sich Geschichten und Märchen. Am neunarmigen Chanukkaleuchter wird bis zum achten Tag täglich mithilfe des neunten, des Dienstlichts, eine weitere Kerze entzündet. Weil dieses Fest in zeitlicher Nähe zum christlichen Weihnachtsfest liegt, werden an befreundete Christen auch Geschenke gemacht oder Grußpostkarten verschickt.

Purim

Im Februar/März (14. Adar) feiert man das karnevaleske Freudenfest in Erinnerung an eine vereitelte Verfolgung persischer Juden (im biblischen Buch Ester). Man versucht, den Namen des persischen Judenfeindes Haman mit allerhand Lärm symbolisch auszulöschen, man macht sich Geschenke, bereitet bestimmte Speisen zu; besonders Kinder feiern in Verkleidung und in großer Ausgelassenheit.

Der Sabbat

Eine der wichtigsten jüdischen Feiern ist der wöchentlich wiederkehrende Sabbat. Er soll der Ruhe und der Heiligung dienen. Die Sieben-Tage-Woche ist eine Gemeinsamkeit von Christen und Juden. Christen feiern den ersten Tag der Woche (Sonntag) als Gedenktag der Auferstehung Jesu, Juden feiern den letzten Tag der Woche (Sabbat). Der Sabbat fällt auf den Samstag, weil Gott nach biblischer Überlieferung in sechs Tagen Himmel und Erde erschuf und am siebten Tag ruhte. Nach jüdischer Vorstellung begann die Schöpfung der Welt an einem Sonntag. Die Wochentage haben im Hebräischen keine eigenen Namen, sie heißen erster Tag, zweiter Tag usw. Der siebte Tag jedoch heißt „Schabbat" und geht in seiner sprachlichen Wurzel auf „sich setzen", „sich ausruhen", „aufhören" zurück.

Sabbatfeier

Der Sabbat ist nicht nur ein Gedenktag an die Vollendung der Schöpfung, sondern auch ein wöchentlich wiederkehrender Höhepunkt der Verehrung Gottes. Die Achtung der Schöpfung äußert sich in der Achtung vor der unmittelbaren Umgebung. Es ist verboten, den bis zum siebten Tage hergestellten Zustand der Dinge, die hergestellte Ordnung zu verändern – gar das intakte Schöpfungswerk zu verletzen. Der Tag ist der Betrachtung, dem Studium und dem Gebet gewidmet.

Begrüßung

Der jüdische Tag beginnt grundsätzlich bei Sonnenuntergang und nicht bei Sonnenaufgang. Daher beginnt auch der Sabbat freitagabends bei Sonnenuntergang („Er tritt ein") und endet am Samstagabend („Er geht aus").

Der Freitag hat schon vorfestlichen Charakter. Man kauft feine Speisen und backt die Barches, ein ungesäuertes Weizenbrot in länglicher Zopfform. Das Brot soll an das in der Wüste verteilte Mazzen erinnern. Weil am Sabbat keiner Arbeit nachgegangen werden soll – es soll auch nicht gekocht werden –, müssen alle Speisen vorher zubereitet werden.

Es ist üblich, den Sabbat mit dem Anzünden von Kerzen zu begrüßen. Das Gebot soll an die Schaffung des Lichts als göttliches Geschenk erinnern. Der Frau

Der Sabbat – ein Ruhetag

Im Gedenken an den Ruhetag Gottes und aus Achtung vor der Schöpfung ist der Sabbat der Ruhetag schlechthin, Juden sollen sich jedweder Arbeit (Melaka) enthalten. Die mündliche Überlieferung listet 39 Kategorien von Tätigkeiten auf, die als Melaka, also im religiösen Sinne als Arbeit gelten: Anzünden von Feuer und daher auch das Anschalten von Licht, Transport eines Gegenstandes von einem öffentlichen an einen privaten Ort. Elektrogeräte müssen auf Zeitschaltuhr umgestellt werden, um das Verbot, am Sabbat „keine Zündhölzer anzuzünden", zu umgehen. Orthodoxe israelische Juden konnten durchsetzen, dass in ihrem Land am Sabbat keine öffentlichen Verkehrsmittel fahren.

Am Sabbat verboten: Anzünden eines Zündholzes

des Hauses fällt die fast priesterliche Rolle zu, die zwei Sabbatkerzen zu entzünden, die an die Erfüllung zweier Gebote erinnern sollen: „Gedenke des Sabbattages" und „Halte den Sabbattag ein". Nach jüdischer Auffassung vereint sich der Sabbat (im Hebräischen ein Femininum) als Feier- und Ruhetag wie eine Braut mit ihrem Geliebten, dem jüdischen Volk. Daher ist es üblich, den Sabbat mit einer verzehrenden alten Hymne (Lekha dodi) zu begrüßen: „Komm, mein Geliebter, der Braut entgegen, den Sabbat lass uns empfangen."

In der Synagoge wird an jedem Sabbat aus der Thora vorgelesen. Der gesamte Thoratext ist in Wochenabschnitte eingeteilt, sodass im Laufe eines Jahres die Thora vom Anfang bis zum Ende vorgetragen werden kann.

Verabschiedung

Wenn am Samstagabend am Himmel die ersten drei Sterne zu sehen sind, endet der Sabbat mit der Habdala-Zeremonie. Sie soll das Heilige vom Profanen trennen, sie markiert den Übergang vom heiligen Tag zum Alltagsleben. Man spricht einen Segen, löscht die Habdala-Kerze mit etwas Wein und reicht eine Besamin-Büchse (eine Gewürzdose) herum, die mit Nelken, Muskatblüten und Zimt gefüllt ist. Der Duft soll das Ende des heiligen Tages und den Beginn der neuen Arbeitswoche versüßen. Besamin-Büchsen sind z. B. mittelalterlichen Türmen nachempfunden, die Miniaturen sind mit Glocken und Fähnchen verziert oder sie haben die Form von Früchten, Blüten oder Fischen; der Duft der Gewürze entweicht durch kleine Öffnungen.

Konservatives Judentum

Vereinbarung von Tradition und Moderne: Synagoge in den USA

Ausgehend von Deutschland etablierte sich seit dem 19. Jh. eine jüdische Strömung, die man heute als konservatives Judentum bezeichnet. Sie bemüht sich zwar um eine Bewahrung der traditionellen jüdischen Bräuche, aber auch angesichts moderner Erkenntnisse und sich verändernder Lebensumstände um eine maßvolle Öffnung des jüdisch-religiösen Lebens gegenüber Weltlichem. Das konservative Judentum ist heute vor allem in den USA verbreitet, außerhalb der USA ist es kaum vertreten; der geistige Mittelpunkt des konservativen Judentums ist das Jüdisch-Theologische Seminar in New York.

Die verschiedenen Strömungen des Judentums entstanden jeweils als Antwort auf die Frage, wie das Verhältnis zwischen Tradition und Anpassung im täglichen Leben gestaltet werden könne. Das konservative Judentum öffnete sich wie das Reformjudentum einer weitgehenden kulturellen und nationalen Assimilation – soweit diese mit einem Bewahren der Tradition vereinbar war und ist. Konservative gestatten eine Veränderlichkeit des Judentums, sofern diese historisch bedingt ist, die übergeschichtliche jüdische Substanz (das Religionsgesetz) bleibt unangetastet. Zwischen orthodoxem und nicht orthodoxem Judentum nimmt das konservative Judentum eine Mittelstellung ein.

Merkmale

Die konservativen Vertreter positionieren sich ähnlich wie nicht orthodoxe Juden, betonen jedoch stärker die hebräische Sprache und die jüdische Kultur. Konservative wollen so viel wie möglich von ihrer religiösen Überlieferung bewahren. Ein zentrales Anliegen ist ihnen ein sorgfältiges Studium der biblischen und religiösen Überlieferung. Im Religionsgesetz sehen sie die Garantie für den Zusammenhalt des Judentums. Eine feste Bindung an die Halacha bleibt daher bestehen, Abweichungen von der Halacha sind nur auf Basis der jüdischen Rechtsliteratur gestattet. Überschneidungen mit der Orthodoxie bestehen in der

Rekonstruktionismus

Der Rekonstruktionismus ist neben Orthodoxie, konservativem und Reformjudentum die kleinste und jüngste der vier Hauptströmungen. Er entstand 1922 als jüdische Erneuerungsbewegung durch das Wirken des orthodoxen Rabbiners Mordechai Menahem Kaplan (1881–1983) und nimmt ähnlich wie das konservative Judentum zwischen orthodoxem und Reformjudentum eine Mittelstellung ein. Kaplan verfasste reformatorische Schriften zur jüdischen Theologie, jüdischen Philosophie, zu jüdischen Bräuchen und zum jüdischen Gemeindeleben.

Einhaltung der jüdischen Speisevorschriften (Kaschrut) und der Ruhevorschriften für den Sabbat, wobei manche Gebote weniger streng ausgelegt werden; Überschneidungen mit dem Reformjudentum bestehen z. B. in der Gleichberechtigung von Männern und Frauen. Das konservative Rabbinerseminar in New York lässt Frauen zum theologischen Studium (Rabbinerstudium) zu. Liberale und Reformjuden weisen aber im Glauben und in der Praxis beträchtliche Unterschiede auf.

Herkunft

Im 19. Jh. entstanden im Zuge der aufkommenden (zunächst christlichen) Bibelkritik und angesichts zunehmend besserer Möglichkeiten für Juden, sich in das gesellschaftliche Leben zu integrieren, neue Bewegungen. Als Begründer des konservativen Judentums gilt der Rabbiner Zacharias Frankel (1801–75). Er war Direktor des Jüdisch-Theologischen Seminars in Breslau (ab 1854), seinerzeit größte wissenschaftliche jüdische Einrichtung weltweit, und Herausgeber der *Monatsschrift für die Geschichte der Wissenschaft des Judentums*. Über Auswanderer kam die Strömung später in die USA. Dort gehört die Mehrheit der ca. 3 Mio. Juden, die sich einer Gemeinde angeschlossen haben, zu den Konservativen oder zu den Reformierten. Insgesamt leben in den USA ca. 5,7 Mio., in Israel 5 Mio., in Deutschland ca. 103.000 Juden. Nach der Schoah sind die Beiträge aus Deutschland zu einer Weiterentwicklung jüdischen Denkens und Geisteslebens unbedeutend. In Deutschland ist das konservative Judentum heute z. B. in Berlin vertreten, die konservative Gesa Ederberg ist seit 2006 dort als Rabbinerin tätig. ■

Erste Frau vor Gesa Ederberg im rabbinischen Amt: Bea Wyler

Reformjudentum

Das Reformjudentum, eine fortschrittliche Strömung des Judentums, entstand im 19. Jh. in Deutschland infolge von Aufklärung und gesellschaftlicher Emanzipation von Juden. Man setzte sich für Vielfalt, freies Denken und die Autonomie des Einzelnen ein. Das Reformjudentum hat sein Zentrum heute in den USA. In Europa wird es auch als liberales Judentum bezeichnet.

Reformkongregation in New York: Temple Emanu-El in der Fifth Avenue

In theologischer Hinsicht bezeichnend wurde der Verzicht auf eine messianische Hoffnung und auf die Bindung an Palästina. Reformjuden betonen den „ethischen Monotheismus" in der Thora. Bezeichnend wurde die Vorstellung von einer Thora, die, wenngleich sie von Gott angeleitet wurden, von Menschen verfasst wurde. Im Auferstehungsglauben überwiegt die Vorstellung eines geistigen ewigen Lebens.

Merkmale

Ein Anliegen des Reformjudentums wurde die Umgestaltung des Synagogengottesdienstes: Man verkürzte die traditionelle jüdische Liturgie radikal, der Gottesdienst wurde kürzer. In Reformsynagogen sind während des Gottesdienstes der Gebrauch von Musikinstrumenten (es wurden Orgeln installiert) und das Auftreten eines gemischten Chores gestattet. Es wurde üblich, in der Liturgie in mehr oder weniger großen Abschnitten die Landessprache zu verwenden (z. B. beim Gebet, in der regelmäßigen Predigt, beim Singen von Chorälen). Die Geschlechtertrennung wurde aufgehoben, Frauen und Männer dürfen nebeneinander sitzen. Eine Bat-Mizwa wird für Mädchen heute ebenso selbstverständlich gefeiert wie eine Bar-Mizwa für Jungen. Schon seit den frühen 1970er-Jahren wurden im Reformjudentum Frauen als Rabbinerinnen ordiniert, liberale und konservative haben sich der Praxis heute angeschlossen. Im Reformjudentum wurde die Gleichberechtigung der Frau schneller forciert als in anderen Strömungen des Judentums.

Einen Großteil der rituellen Vorschriften lehnt man als unzeitgemäß ab. Es werden nur solche jüdischen Bräuche und Regeln als bindend betrachtet, die in der

Jüdische Aufklärung

Moses Mendelssohn

Einflussreichster Denker der jüdischen Aufklärung (Haskala) war Moses Mendelssohn (1729–86). Er lehrte, dass sich mittels der Vernunft die „Existenz Gottes, seine Vorsehung und sein Geschenk der Unsterblichkeit" nachweisen ließe. Die religiöse Aufgabe der Juden bestehe darin, auf die Einzigartigkeit und Einheit Gottes aufmerksam zu machen. Mendelssohn plädierte für eine Freiheit der Gottesdienstausübung, förderte eine Modernisierung der jüdischen Ausbildung, veranlasste eine Thoraübertragung in die deutsche Sprache und förderte maßgeblich die Verbindung der jüdischen mit der weltlichen europäischen Kultur.

modernen Welt einen Sinn ergeben, mit Vernunft und modernen Anschauungen und Lebensweisen in Einklang stehen. Rituelle Gebote und Verbote werden zwar akzeptiert, sie gelten aber nicht mehr als absolut bindend, die Speisegebote sind gemildert und gelten als nicht verpflichtend.

Geschichte

In Deutschland wurden seit 1810, meist in privaten Zirkeln, erste reformierte Gottesdienste abgehalten, in Hamburg wurde 1844 der Neue Israelitische Tempel eingeweiht. Als deutsche Juden seit der Mitte des 19. Jh. in die USA auswanderten, wurden die USA zum Schauplatz der weiteren Reformbewegung, David Einhorn und Samuel Hirsch zu Vordenkern eines US-amerikanischen Reformjudentums. Man schrieb Prinzipien nieder, verfasste Erklärungen, gründete reformierte Organisationen (z. B. 1875 in Cincinnati/Ohio das „Hebrew Union College", 1926 die „World Union for Progressive Judaism"). Unter dem Eindruck des Nationalsozialismus schwand der Glaube an einen moralischen Fortschritt der Menschheit, in manchen reformierten Kreisen kam es zu einer Hinwendung zu Tradition und Zionismus.

Einer der bedeutendsten Vertreter des Reformjudentums war der deutsche Rabbiner Abraham Geiger (1810–74). Das Judentum galt ihm vorwiegend als Religion; er strebte danach, eine Assimilation der Juden an das Leben in seinem Heimatland voranzutreiben. Nicht die Geburt, sondern die Überzeugung mache einen Juden aus. Auch einen Unterschied in den Pflichten von Männern und Frauen vermochte er nicht mehr zu erkennen. Geiger war bis zu seinem Tod unermüdlich schriftstellerisch tätig, seine Ansichten über das Judentum fasste er in einer populären Reihe von Vorträgen zusammen (*Das Judentum und seine Geschichte*). ■

Halacha und Minhag

Mit dem Begriff „Halacha" („Weisung") bezeichnet man das gesamte gesetzliche System des Judentums. Die Halacha umfasst alle jüdischen Gebote und Verbote, wie sie schriftlich oder mündlich überliefert wurden: die schriftliche Thora (die Gebote des Pentateuch/der fünf Bücher Mose), die mündliche Thora (als deren Interpretation) sowie Vorschriften, die nicht in der Hebräischen Bibel enthalten sind. Ursprünglich bezeichnete Halacha nur ein bestimmtes Gesetz oder eine Entscheidung.

Um das Jahr 200 n. Chr. hielt Rabbi Jehuda ha-Nassi die Halacha schriftlich fest und schuf so eine übersichtliche und nachvollziehbare Darstellung der bis dahin für Juden verbindlichen Normen. Im heutigen allgemeinen Sprachgebrauch hat sich der Begriff an die Art und Weise gebunden, wie sich das jüdische Gesetz nach orthodoxer Sichtweise entwickelte, und wird – unzulässigerweise – meist mit den Prinzipien einer orthodoxen Halacha gleichgesetzt.

Alltag und Religiöses sind untrennbar miteinander verbunden

Verbindung zu Gott

Heute besteht die Halacha aus verschiedenen Komponenten: Manche haben ihren Ursprung in mosaischen Gesetzen am Sinai, manche sind rabbinischen Ursprungs. Die Halacha regelt den jüdischen Lebensinhalt und die Lebensführung. Dabei existiert keine Trennung zwischen Alltäglichem und Religiösem.

Jeden Tag, an jedem Tag der Woche, immer und überall begleiten einen gläubigen Juden die Vorschriften der Halacha. Wenn er die Halacha achtet, so bleibt nach jüdischer Vorstellung seine Verbindung zu Gott bestehen und das Heilige hält Einzug in seinen Alltag. Die Halacha bestimmt das Handeln in allen Lebensbereichen, sowohl im privaten als auch im gesellschaftlichen Bereich. Sie regelt z. B. das Verhalten gegenüber Freunden und Kollegen, Gebote beim Essen oder Beten. Die Bestimmungen der Halacha lassen aber auch Spielraum für Interpretationen; manche Bräuche haben sich über die Zeit

Halachische Texte

Bedeutende Sammlungen halachischer Texte sind aus rabbinischer Zeit die Mischna, die Tosephta, die babylonische und die jerusalemische Gemara, die halachischen Midraschim; aus der nachrabbinischen Zeit z. B. die Mischne Thora von Moshe Ben Maimon. Eine der bedeutendsten Sammlungen und für gläubige Juden bis heute verbindlich ist die Schuchan Aruch von Josef Karo.

Moshe Ben Maimon, auch Maimonides

gewandelt und sich verändernden Lebensumständen angepasst. Darum werden sie immer wieder von Gelehrten diskutiert. Die Verbindlichkeit einer halachischen Anweisung hängt von verschiedenen Faktoren ab: Maßgeblich bedeutend ist der Nachweis einer langen Tradition oder die Berufung auf eine anerkannte Autorität. Ein Brauch (Minhag) kann jedoch eine Halacha ersetzen.

Unterschiedliche Auslegungen

Für orthodoxe Juden ist die Halacha gottgegeben und muss befolgt werden. Das fortschrittliche Judentum betrachtet die Halacha zwar als Ausgangspunkt für die Entscheidungsfindung, aber nicht für jeden Aspekt des Lebens als bindend. Man öffnet sich neuen Situationen und Erkenntnissen, erkenntnistheoretischen Kriterien (dem Gewissen, der Vernunft, philosophisch-ethischen Überlegungen), orientiert sich am Forschungsstand der Natur- und Gesellschaftswissenschaften. So wurde im Reformjudentum z. B. die „Arbeit am Sabbat" neu definiert, Frauen wurden von Einschränkungen befreit, Gesetze über den Mamser (Kind, das aus einer illegitimen Beziehung hervorgeht) abgeschafft. Man führte, entgegen der bisherigen Tradition, in den 1980er-Jahren für die Beerdigung eines tot geborenen Kindes ein Trauerritual für die Eltern ein. Das jüdische Gesetz soll nach reformjüdischer Auffassung dem jüdischen Volk dienen, dessen Bedürfnissen entsprechen und eine seelenlose Gesetzlichkeit vermeiden.

Unter Minhag („Brauch") versteht man, in Ergänzung zur Halacha als allgemeines jüdisches Recht, die religiöse Praxis, wie sie von der Gemeinde in einem Ort oder in einer Region gewohnheitsmäßig seit Generationen angewendet wird. Manche biblisch fixierten Gesetze wurden in der mündlichen Tradition oder unter dem Einfluss regionaler Bräuche verändert oder außer Kraft gesetzt (z. B. die Stellung zu Tieropfern, Kapitalstrafen, Polygamie, Sklaverei). Unter gewissen Umständen kann ein Brauch, wenn er einer bestimmten Halacha widerspricht, diese ersetzen. Die Lösung von Konflikten zwischen Minhag und Halacha ist immer situationsabhängig, sie kann nicht beliebig auf andere Verhältnisse übertragen werden.

Die Beschneidung

Die erste Feier auf dem Lebensweg eines männlichen Juden ist gleich nach der Geburt die Beschneidung. Der jüdischen Tradition entsprechend findet der Eingriff am achten Lebenstag statt – sofern nicht gesundheitliche Probleme einen Aufschub erforderlich machen. Das Kind wird jedoch nicht durch die Beschneidung jüdisch, sondern nur deshalb, weil es von einer jüdischen Mutter abstammt. Kritiker sehen in der Beschneidung eine religiös motivierte Genitalverstümmelung.

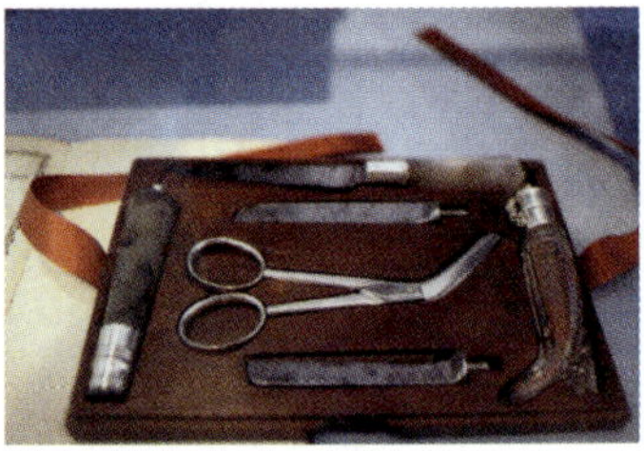

Beschneidungsinstrumente

Auch wenn die Geburt durch eine jüdische Mutter bereits Ausdruck und Bekräftigung der Abstammung und Zugehörigkeit zum israelitischen Volk ist: Um in den Bund einzutreten, den Gott in biblischer Zeit mit Abraham schloss, und um ein „Sohn Israels" zu werden, muss ein jüdischer Junge durch die Beschneidung ein zweites Mal geboren werden. „Das aber ist mein Bund, den ihr halten sollt zwischen mir und euch und deinem Geschlecht nach dir: Alles, was männlich ist unter euch, soll beschnitten werden; eure Vorhaut sollt ihr beschneiden", heißt es in der Bibel (1 Mose 17,10 ff). Als Ritus gilt die Beschneidung auch für jene, die zum Judentum konvertieren.

Göttlicher Bund

Die Brit Mila bedeutet die Aufnahme in die jüdische Gemeinschaft und wird als zweite Geburt angesehen. Mädchen werden nicht beschnitten, ihre Namensgebung findet im Sabbatgottesdienst nach ihrer Geburt in der Synagoge statt. Die Geburt der Tochter wird mit einer kurzen Segnung gefeiert.

Während die Neugeborenen früher meist in der Synagoge beschnitten wurden, findet das Ritual heute meist im häuslichen Kreis, manchmal in einem Festsaal oder in einem Krankenhaus statt. Vor der Zeremonie spricht der Vater die Worte: „Gesegnet seist du, oh Herr, unser König, König des Alls, der du uns durch deine Gebote geheiligt und uns geboten hast, unsere Söhne in den Bund Abrahams eintreten zu lassen." Die Beschneidung wird entweder von einem professionellen jüdischen Kultusbeamten, dem Mohel, der die Technik der Beschneidung erlernt hat, oder einem jüdischen Arzt vorgenommen. Bei der Beschneidung wird die Ei-

Beschneidung als Initiationsritus

Unter Beschneidung versteht man einen rituell vollzogenen, chirurgischen Eingriff an den äußeren männlichen Geschlechtsteilen, bei dem die Vorhaut entfernt wird. Die Beschneidung von Jungen oder jungen Männern ist weltweit verbreitet. Eine rein medizinische oder hygienische Begründung für den Ursprung der rituellen Beschneidung gilt als wenig plausibel, meist tritt sie im Zusammenhang mit Initiationsriten auf. Im Islam findet die Beschneidung zwischen dem siebten Tag nach der Geburt und dem 13. Lebensjahr statt, ist im Koran nicht als religiöse Pflicht geführt, wird in der Praxis jedoch an allen männlichen Muslimen vollzogen.
Die weibliche Beschneidung wird, obwohl seit 1995 als Verletzung der Menschenrechte verurteilt und trotz gesetzlichen Verbots, vor allem noch in (islamischen) afrikanischen Ländern praktiziert.

chel mit einem Messer völlig von der Vorhaut freigelegt. Weil Folgen von Traumata bei Kleinkindern bekannt sind, werden sie dabei vermehrt örtlich betäubt. Mit der Beschneidung ist auch die Namensgebung verbunden. Dem Säugling geben die Anwesenden bzw. gibt die Gemeinde einen Gruß mit auf den Weg: „Möge er heranwachsen zur Thora, zur Chuppa und zu guten Taten."

Hüter des Bundes

Während der Zeremonie bleibt ein Platz frei oder man stellt einen Stuhl bereit. Er ist für den Propheten Elia reserviert, der als Hüter des Bundes zwischen Gott und seinem Volk, als unsichtbarer Wächter der Beschneidung und als Beschützer der Neugeborenen gilt. Wenn ein Kind an einem Sabbat geboren wurde, darf es, obwohl der Vorgang mit Arbeit verbunden ist, auch an einem Sabbat beschnitten werden. Wenn der Neugeborene der Erstgeborene der Mutter ist, findet später eine weitere Zeremonie statt (Pidjon Haben). Traditionell gehört der Sohn Gott und muss durch eine symbolische Summe von den Eltern ausgelöst werden.

Beschneidung Jesu

In manchen deutschen Regionen war es bis zum Anfang des 20. Jh. Brauch, ein Thora-Band aus der Windel zu fertigen, die das Kind nach seiner Beschneidung trug. Man verzierte und beschriftete es mit einem in hebräischer Sprache verfassten Segensspruch, dem Namen des Kindes, dem Geburtstag und dem Namen des Vaters. Beim ersten Synagogenbesuch des Kindes übergaben es die Eltern der Gemeinde. ■

Synagogen

Neue Synagoge in Berlin

Mittelpunkte des jüdischen Lebens sind das private Haus und die Synagoge. Die Synagoge ist das jüdische Gotteshaus, auf Hebräisch heißt sie wie das Parlament Israels: Bet Knesset. Das Wort „Synagoge" selbst ist griechisch und geht auf das hebräische „eda" („die sich versammelnde Gemeinde") zurück. Die Entstehung von Synagogen ist eng mit der Zerstörung des ersten jüdischen Tempels verbunden. Erste Synagogen entstanden vermutlich in der Zeit des Babylonischen Exils nach der Zerstörung des ersten Jerusalemer Tempels (um 586 v. Chr.). Im 1. Jh. n. Chr. war die Synagoge im Judentum als religiöse Einrichtung fest institutionalisiert.

Viele der Bräuche und Rituale, die man aus dem Tempel kannte, wurden für den Gottesdienst in der Synagoge übernommen, die Synagoge übernahm fortan auch die Funktion eines Gemeindezentrums. In den USA werden architektonisch besonders beeindruckende Synagogen der Reformbewegung bisweilen als Tempel bezeichnet. In orthodoxen Synagogen wird dreimal täglich Gottesdienst gehalten, in den meisten Reformsynagogen finden keine täglichen Gottesdienste statt.

Ehrfürchtiges Verhalten

Während man nach christlicher Tradition eine Kopfbedeckung beim Betreten eines Gotteshauses abnimmt, setzt man sie beim Betreten einer Synagoge auf. Das Bedecken des Kopfes soll die ehrfürchtige Haltung des Gläubigen gegenüber Gott ausdrücken. Es gibt verschiedene Kopfbedeckungen, z. B. die Kippa (auf Jiddisch: Jarmulke), ein samtenes, kreisrundes Scheitelkäppchen. Orthodoxe Juden tragen es immer, fortschrittliche Juden meistens nur zum Gebet. Bei verheirateten Frauen gilt das Bedecken des Kopfes als sittsame Haltung gegenüber den Männern. Männer und Frauen sitzen üblicherweise getrennt, die Frauen auf einer Galerie oder hinter einer Abtrennung (Mechziah). In Reformsynagogen ist die Trennung nach Geschlechtern aufgehoben. Klatsch, Schlafen und das Abwickeln von Geschäften sind in der Synagoge ebenso verboten wie das Betreten in der Absicht, schlechtem Wetter zu entgehen.

Gottesdienst

Der jüdische Gottesdienst ist ein Laiengottesdienst, er erfordert die aktive Mitarbeit der Gemeindeglieder, insbesondere die Mitwirkung der Beter. Die Rabbiner rufen zum Besuch der Synagoge auf, denn es ist die Anwesenheit der sogenannten Minjan („Zahl") von mindestens zehn erwachsenen Männern erforderlich, um das kollektive Gebet zu sprechen. Nicht orthodoxe Juden vertreten die Gleichheit der Geschlechter und zählen die Frauen mit. Der Gottesdienst selbst ist nicht von der Anwesenheit eines Rabbiners abhängig.

Innenraum einer Synagoge

Feierlicher Moment des Gottesdienstes ist es, wenn ein Gemeindemitglied den Thoraschrein öffnet und die Thora, Grundlage der jüdischen Religion und Herzstück einer jeden Gemeinde, entnimmt. Das Lesepult, groß genug, um die Rollen darauf ausbreiten zu können, befindet sich auf einem erhöhten Podest (Bimah) in der Mitte des Gebäudes. Bei der Thoralesung wirken alle anwesenden männlichen Gemeindemitglieder der Reihe nach mit, im Reformjudentum werden auch die Frauen in die Lesung einbezogen. Den Kern der Liturgie bilden zwei Gebete: „Schma Jisrael" („Höre Israel") und das Amida („das Stehen"). Der Gottesdienst folgt dem Siddur, einer Art Gebets- und Gesangbuch, das Thoraabschnitte, Psalmen und Sprüche enthält. Ein ausgebildeter Kantor (Chazzan) erfüllt mit guter Stimme und großer Kenntnis der jüdischen Liturgie die Funktion des Vorbeters.

Traditionellerweise wurden in der Synagoge alle Gebete auf Hebräisch gesprochen. Aber mit Aufkommen des Reformjudentums im 19. Jh. bemühte man sich, den Gottesdienst für die Gläubigen verständlicher zu gestalten: In manchen deutschen Synagogen wurden fast alle Gebete auf Deutsch gesprochen, manche liberale Gemeinden kürzten den hebräischen Teil des Gottesdienstes und fügten deutsche Texte in die Liturgie ein. ■

Architektur und Gestaltung

Synagogen unterscheiden sich von christlichen Kirchen meist nur durch ihre größere Schlichtheit, dem Fehlen von Kreuzen und der Verwendung typisch jüdischer Ornamente (sieben- oder achtarmiger Leuchter, hebräische Inschriften, Davidsstern). In der Architektur der Synagogen orientierte man sich oft an den Sakralbauten der Umgebung. Mittelalterliche Synagogen wurden im romanischen oder gotischen Stil erbaut, als Ausdruck eines neuen Selbstbewusstseins wurden Synagogen im 19. Jh. häufig in einem orientalischen Stil erbaut.

Jüdische Mystik

Die Tradition der jüdischen Mystik ist in der Kabbala („Überlieferung") überliefert. Sie gilt vielen als Inbegriff esoterischer Bewegungen und theosophischer Spekulationen. Das Wort „Kabbala" bezeichnete ursprünglich eine zugelassene Tradition des Judentums: Rabbiner waren auch zuständig für die Geheimlehre, die sich mit den im Thoratext verborgenen Geheimnissen beschäftigte. Die Lehre wurde ursprünglich nur mündlich überliefert und war Bestandteil der Priesterausbildung. Später wurde „Kabbala" zum Synonym für die geheime, im Mittelalter entstandene jüdische mystische Tradition. Jüdisches Gedankengut verschmolz mit Spekulationen über den einzigen Gott und seine Welt.

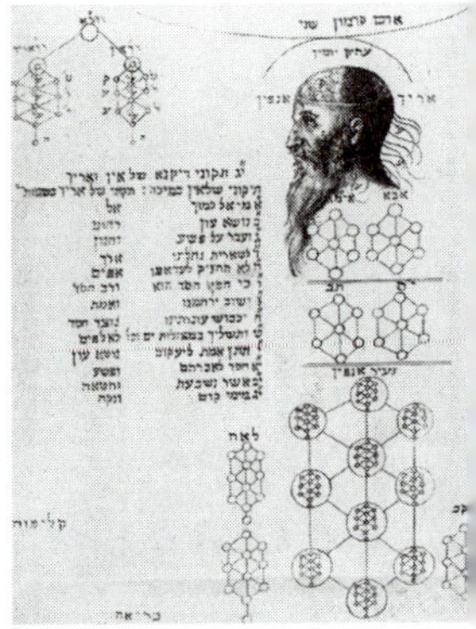

***Sohar*: älteste, erhaltene Schrift der Kabbala**

Seit dem Mittelalter versuchten Juden, die unübersichtliche Welt zu deuten und den Ort des Menschen in ihr zu finden. Dazu diente ihnen auch die Kabbala, die sich mit mythischen Wahrheiten beschäftigt. Sie beruht auf dem Bewusstsein, dass Gott erhaben und gleichzeitig in allen Dingen immanent ist. Die Kabbala entwickelte sich vor allem als Reaktion auf den philosophischen Rationalismus der jüdischen Oberschicht und gelangte im 11. und 12. Jh. vor allem in Südfrankreich und Spanien zu voller Blüte. In Deutschland war sie bis zum 13. Jh. die bedeutendste geistige Bewegung des aschkenasischen Judentums. Der deutsche Gelehrte und Judaist Gershom Scholem (1897–1982) stellte fest: „Die jüdische Mystik ist im wesentlichen Theosophie, Versenkung in die Geheimnisse der Welt der Gottheit, und ihres Wirkens in ihrer Verbindung mit der Schöpfung und mit dem Rätsel das Daseins in der Welt überhaupt."

Die Einheit

Die Kabbala stellt kein einheitliches System dar. Kabbalisten sehen in der Thora eine Offenbarung voller Geheimnisse, die sich z. B. durch Zahlensymbolik und Buchstaben-Transformationen entschlüsseln lassen, suchen nach einem Schema der spirituellen Welt und ersehnen sich die mystische Vereinigung mit Gott – einem Gott, der grenzenlos, außerhalb des Seins stehend und als für den menschlichen Verstand unfassbar angenommen wird. Er habe die Welt aus den Buchstaben des hebräischen Alphabets (Urzahlen und Verhältnisse, auf denen die Welt beruht) geschaffen, gleichzeitig Sphären der göttlichen Entfaltung, die z. B. im menschlichen Körper miteinander verbunden sind und eine Einheit bilden. Zu diesen Sphären, den sogenannten Sefirot (aus: en sof, „ohne Ende") gehören: Krone, Weisheit, Verstehen/Intelligenz, Gnade, Stärke/Gerechtigkeit, Schönheit, Beständigkeit, Majestät, Fundament, Königtum.

Kabbala

Als Hauptwerk der Kabbala und älteste erhaltene Schrift gilt das Buch *Sohar* („Buch des Glanzes") des spanischen Rabbis Moses de Leon (eigentl. Moshe ben Shem-Tov, 1250–1305) – zumindest beanspruchen große Teile des Buches seine Verfasserschaft. Der *Sohar* enthält Abhandlungen zur Auslegung der Thora, Berichte über mythische Gestalten des Judentums und allerhand Spekulationen über Buchstaben und Zahlen als Fundament der Welt. In weiten Kreisen des Judentums entwickelte sich das Werk zu einer Art zweitem Gesetz („zweiter Thora").

Das Böse

Im Sünder zerbricht diese göttliche Einheit, sündhaftes Tun bringt Unheil in die Welt. Das Böse selbst gilt nicht als Gegenspieler Gottes, sondern als Teil seiner Existenz. Die Verkörperung des Bösen ist Satan, er ist dem Erzengel Gabriel untergeben.

Neben der theoretischen entwickelte sich auch eine praktische Kabbala. Sie enthält volksnahe Elemente wie Zaubersprüche, Beschwörungen und andere Elemente des Aberglaubens. Aus dem praktischen Teil der Geheimlehre, die nur in wenigen Manuskripten überliefert ist, gingen z. B. das Tarot und die Zauberbücher des Mittelalters hervor.

Im 15. Jh. unternahmen christliche Theologen und Philosophen den Versuch, die Kabbala mit christlichem Gedankengut zu verbinden. Die Bewegung nannte man später „christliche Kabbala". Als Erster beanspruchte Giovanni Pico della Mirandola (1463–94), verschiedene philosophische Denkrichtungen und jüdische Mystik zu einer Einheit zusammengeführt zu haben.

Pico della Mirandola

Seit Anfang des 20. Jh. finden kabbalistische Lehren und Motive auch außerhalb des Judentums bei Theologen und Theosophen große Beachtung, zum Ende des 20. Jh. dehnte sich die Bekanntheit unter dem Einfluss von New-Age- und Esoterik-Bewegungen weiter aus. Thorakenntnisse und Thoradeutung bleiben dabei meist auf der Strecke.

Jiddische Sprache und Literatur

In der Diaspora übernahmen Juden meist die Sprache ihrer Umgebung. Manchmal jedoch übernahmen jüdische Gemeinschaften Sprachen aus verschiedenen Regionen und mischten sie aufgrund historischer Umstände zu neuen Sprachen. So entstand nicht nur das Jiddische, sondern auch andere Sprachen wie z. B. das Ladino oder Sephardische (Sprache der Sephardim) oder das Judeo-Berberisch (Sprache der jüdischen Berber in Marokko).

Bekannter Sephardim: Baruch Spinoza

Jiddisch ist eine Mischung aus mittelhochdeutschen Dialekten sowie aramäischen und hebräischen Elementen. Jiddisch und Deutsch sind eng miteinander verwoben. Etwa 1000 Jahre lang war das Jiddische die Umgangssprache der sogenannten aschkenasischen Juden (der Juden, die im Gebiet des heutigen Deutschlands und in Teilen von Italien und Frankreich lebten).

Sprache

Im Laufe des 19. und 20. Jh. gelangten die jiddische Sprache und die jiddische Kultur zu großer Blüte. Jiddische Intellektuelle und Künstler leisteten Beiträge zur europäischen Kunst und Literatur, das jiddische Theater entwickelte eigene Ausdrucksformen: Die jiddische Kultur verfügte über alle Elemente einer Nationalkultur – bis auf ein festes Territorium. Das Jiddische war sprachlicher Pfeiler einer eigenen Lebenswelt. Im Jahr 1933 gab es in Europa über zehn Millionen Menschen, die Jiddisch zu Hause als Muttersprache erlernt hatten, es sprachen und verstanden, heute sind es nur noch um die zwei Millionen, meist ältere Menschen. Die Verfolgung und Vernichtung des europäischen Judentums hat das Jiddische fast an den Rand des Untergangs gebracht. Viele Wörter und Redewendungen, die wir wie selbstverständlich in unserer Alltagssprache verwenden, sind jiddischen Ursprungs: Man redet Tacheles, man gerät in einen Schlamassel, etwas ist Ramsch, man kauft etwas in rauen Mengen, man fühlt sich mies, man kriegt eine Macke oder wird fast meschugge, etwas ist Stuss.

Literatur

Die jiddische Literatur, die von Juden in jiddischer Sprache verfassten Werke, lassen sich ihrer sprachgeschichtlichen Entwicklung nach drei Phasen zuordnen. Die altjiddische Phase dauerte von 1250–1800: Das Hebräische galt als „heilige Sprache", dem religiösen Leben vorbehalten, das Jiddische war die Sprache des täglichen Lebens. Die Literatur erhielt einen volkstümlichen Charakter, sie gründete sich auf geistlicher epischer Dichtung sowie Heldensagen und Ritterromanzen. Der Buchdruck förderte die Verbreitung von Werken wie z. B. das *Koie-Buch* (1595) oder das *Ajn schojn Ma'assebuch* (1602). Erst im 19. Jh. bildete sich eine Dichtersprache heraus. Die klassische Phase bis zum frühen 20. Jh. ließ die jiddische Literatur z. B. mit erzählerischen Werken aufblühen: Mendele Moicher Sforim (1835–1917), überzeugt von den Ideen der Aufklärung, erschloss sich mit dem Jiddischen ein breites Publikum (*Dos kleine Mentschele*); Itzhok Lejb Perez (1851–1915) betont das Jiddische als Bestandteil jüdischer Eigenständigkeit, zu seinen bedeutenden Werken gehören *Volkstümliche Geschichten* und *Chassidische Erzählungen*; Scholem Alechem (1859–1916) hoffte, die Volksmassen mit seinen Geschichten zu erziehen (*Tweje, der Milchmann* wurde zur Vorlage des erfolgreichen Broadway-Musicals *Fiddler on the Roof*).

Die neujiddische Phase umfasst die Zeit nach 1914: Kriege, Revolutionen, Verfolgung, Migration zerstreuen Juden über die ganze Welt. Die jiddische Literatur öffnet sich den Strömungen ihrer Umwelt. Wichtige Schriftsteller sind Abraham Reisen (1875–1953) und Schalom Asch (1880–1957). Isaac Bashevis Singer (1904–91) erhielt 1978 den Nobelpreis für Literatur.

Isaac Bashevis Singer

Hebräisch, Aramäisch und Iwrith

Älteste biblische Schriften wurden in Hebräisch verfasst. Hebräisch war auch die Umgangssprache der Israeliten zur Zeit ihrer antiken Unabhängigkeit. Später wurde das Hebräische vom Aramäischen verdrängt. Einige Passagen in Texten des Tanach sind ursprünglich in aramäischer Sprache verfasst. Jesus, seine Jünger und seine Landsleute sprachen wohl aramäisch. Hebräisch und Aramäisch waren lange Zeit religiösen und juristischen Zwecken vorbehalten. Beide Sprachen gehören zu den semitischen Sprachen. Das Hebräische ist bis heute Gottesdienst- und Gelehrtensprache geblieben. In Israel spricht man heute Iwrith, eine Form des antiken Hebräisch, das man um einen modernen Wortschatz erweitert und das grammatische Anpassungen erfahren hat.

Jerusalem

Jerusalem

Jerusalem ist zugleich jüdisches, muslimisches und christliches Heiligtum. König David machte die Stadt zur Hauptstadt des Königreichs Judäa, in Jerusalem endete der Leidensweg Jesu, von dort aus fuhr der Prophet Mohammed in den Himmel auf. Juden, Christen und Muslime haben in teils blutigen Auseinandersetzungen um die Vorherrschaft in der Stadt gestritten. Tausende von Pilgern besuchen die Stadt auf der Suche nach den Wurzeln ihrer Religion.

Jerusalem ist eine der ältesten Städte der Welt. Im Laufe seiner Geschichte wurde Jerusalem mehrfach geplündert, die Mauern eingerissen, die Stadt bis auf seine Grundmauern zerstört – und immer wieder aufgebaut.

Religiöses Zentrum

Heute ist Jerusalem die Hauptstadt des 1948 gegründeten Staates Israel, mit Sitz des Präsidenten und den Organen der Exekutive, Legislative und Judikative. In der Neustadt befindet sich die Knesset (das israelische Parlament). Die Neustadt breitete sich seit der Mitte des 19. Jahrhunderts im Norden, Süden und Westen der Altstadt aus, erstreckt sich über die umliegenden Hügel und weiter bis in das wüstenhafte Umland der Stadt. Jerusalem hat heute ca. 720.000 Einwohner.

Seit Israel im Sechstagekrieg (1967) Ostjerusalem von der jordanischen Arabischen Legion eingenommen und die Stadt später zur „ewigen und unteilbaren Hauptstadt Israels“ erklärt hat (1980), bestehen gegen dieses Gesetz internationale Vorbehalte (u. a. verurteilte der UN-Sicherheitsrat die Annexion Ostjerusalems mit einer UN-Resolution), weil die Palästinenser den Ostteil der Stadt als Hauptstadt eines zukünftigen Staates Palästina beanspruchen. Die Hauptstadt wird von der Staatengemeinschaft nicht anerkannt, weshalb sich alle diplomatischen Vertretungen (außer von Costa Rica und El Salvador) in Tel Aviv befinden.

Jerusalem ist für Muslime, Juden und Christen (mit ihren verschiedenen Konfessionen) bedeutend als geistliches Zentrum und Sitz verschiedener religiöser Institutionen: z. B. Sitz der beiden

Oberrabbiner des aschkenasischen und des sephardischen Ritus, Sitz des griechisch-orthodoxen, römisch-katholischen und armenischen Patriarchen von Jerusalem, verschiedener Bischöfe und Vikare. Der Imam der Al-Aksa-Moschee ist zugleich das geistliche Oberhaupt der Muslime Jerusalems und des Westjordanlandes.

Aufteilung der Stadt

Seit dem Mittelalter ist die Altstadt Jerusalems in vier Quartiere aufgeteilt, in das armenische, christliche, jüdische und das muslimische Viertel. Das jüdische Viertel beherbergt zahlreiche jüdische religiöse Institutionen. Fast den gesamten Ostteil der Stadt nimmt der Tempelberg ein, er steht unter islamischer Verwaltung. Dort befinden sich die beiden wichtigsten heiligen islamischen Stätten: der achteckige Felsendom (ältester islamischer Sakralbau aus dem 7. Jh.) mit seiner goldenen Kuppel und die Al-Aksa-Moschee (nach der Al-Haram-Moschee in Mekka und der Prophetenmoschee mit dem Grab des Propheten Mohammed in Medina drittwichtigste Moschee des Islam). Der Tempelberg ist auch der Ort des von König Salomon erbauten Tempels – einstmals religiöses und kulturelles Zentrum des israelitischen Volkes. Der Ölberg östlich der Altstadt dient schon seit dem Altertum als jüdische Begräbnisstätte, dort liegt auch der Garten Gethsemane. Den Christen ist die Altstadt heilig, weil sich dort biblische Orte der Leidensgeschichte, der Kreuzigung und der Auferstehung Jesu befinden. Bedeutende christliche Stätten sind die Grabeskirche Jesu und die Via Dolorosa.

Die Klagemauer

Klagemauer

Über den eigentlichen Tempelberg hinaus gibt es in Jerusalem nur eine weitere heilige Stätte, die Kotel ha-Ma'arawi, die ca. 400 m lange Klagemauer, auch „Westliche Mauer" genannt. Nachdem der römische Kaiser Titus 70 n. Chr. Jerusalem stürmen ließ, gab er den Befehl, die Stadt und den Tempel zu zerstören. Einzig der westliche Teil der Umfassungsmauer sollte erhalten bleiben. Nach der Zerstörung des Tempels wurde die Mauer zur heiligsten Stätte Jerusalems, sie dient gläubigen Juden als Ort des Gebetes, Männer und Frauen beten getrennt. Es ist üblich, Gebete auf kleine Papierschnipsel zu schreiben und sie in die Mauerritzen zu stecken – in der Hoffnung, dem Tempel von Jerusalem und Gott näher zu sein.

Diaspora

Das Jahr 70 brachte einen großen Einschnitt: Römische Soldaten eroberten Jerusalem, der zweite Tempel, Zentrum des religiösen Lebens in Jerusalem, wurde zerstört. Belagerung und Zerstörung markierten den Beginn der großen jüdischen Diaspora (griech., „Zerstreuung"): Das Judentum hatte seine politische Autonomie und nationale Unabhängigkeit verloren.

Geschichte vom Turmbau zu Babel: inspiriert von der Zeit im Babylonischen Exil

Eigentlich begann die Diaspora bereits mit der Verschleppung der Juden ins Babylonische Exil. Nicht nur Vertreibung und Gefangenschaft, sondern auch die Aussicht auf Handel und wirtschaftlichen Erfolg hatten Juden veranlasst, in Babylon zu bleiben. Schon in der Antike existierten große jüdische Gemeinden außerhalb der israelitischen Königreiche (z. B. in Alexandria und Babylon).

Neue Identität

Nach der Zerstörung des zweiten Tempels musste das Judentum neue Formen der Identität entwickeln. Rabbiner und Schriftgelehrten kam eine besondere Bedeutung zu, denn die Heilige Schrift wurde zur einstweiligen Heimat des Judentums. Akademien verlegte man von Israel nach Babylon. Dort entstand der große Babylonische Talmud, man verfasste bedeutende juristische Schriften und Bibelinterpretationen. Mittelpunkt des jüdischen Lebens wurde neben einem Lehrhaus die Synagoge als Gebets- und Versammlungsstätte.

Im Hochmittelalter verlagerte sich der Schwerpunkt der jüdischen Diaspora nach Westen in den islamischen Mittelmeerraum und nach Südeuropa. Nach der arabischen Eroberung im 8. Jh. entwickelte sich in Spanien eine vielseitige Kultur, in der Juden eine vorrangige Rolle spielten; zahlreiche jüdische Vertreter führten Dichtung, Kartografie, Astronomie und Philosophie zu großer Blüte. Das Leben in der Diaspora führte zu neuen Formen der inneren Organisation, jüdische Gemeinden wurden zur Institutionsform des Judentums. Neben den dem Gemeindeleben dienlichen Berufen wie Rabbiner, Synagogendiener, Schächter und Lehrer waren Juden seit dem Mittelalter vor allem als

Mediziner tätig, im Groß- und Kleinhandel, im Geldverleih gegen Pfand oder Zins (gemeinhin als „Wucher" bezeichnet) oder in bestimmten handwerklichen Berufen (z. B. als Färber oder Gerber). Juden wurden dort geduldet, wo sie zum wirtschaftlichen Nutzen ihrer Umgebung beitrugen, Grundbesitz und die Ausübung der meisten freien Berufe blieb ihnen bis zur Neuzeit untersagt.

Emanzipation

Mit dem 16. Jh. verschob sich das kulturelle Zentrum des Judentums mehr und mehr nach Osteuropa, vor allem nach Polen und Russland. Eine strenge Unterscheidung zwischen sephardischen (aus Spanien stammenden) und askenasischen (aus Deutschland stammenden) Juden wurde, ausgehend von Entwicklungen, die Tradition und die Liturgie betreffen, erst in der Neuzeit vorgenommen.

Im 19. Jh. werden der Chassidismus und die Haskala (die jüdische Aufklärung) zu bestimmenden sozialen, politischen und geistigen Bewegungen der Zeit. Die Haskala schafft die Grundlagen für folgenreiche jüdische Reformen. Eine nach der Französischen Revolution einsetzende, langsam sich vollziehende Emanzipation führte zur Gleichberechtigung gegenüber anderen Bürgern der verschiedenen europäischen Nationen, sie bedeutete den freien Zugang zu jedem Beruf und zu allen sozialen und politischen Bereichen. Im raschen wirtschaftlichen Aufschwung des 19. und 20. Jh. trugen jüdische Unternehmer in Deutschland maßgeblich zur Modernisierung in der Textilbranche, im Finanzwesen und in der Elektrotechnik bei. Der Einzelhandel erweiterte sich durch eine aus den USA übernommene Neuerung: die Warenhäuser. Mit Aufkommen eines rassistisch motivierten Judenhasses am Ende des 19. Jh. gewann der Zionismus („Rückkehr nach Zion") an Einfluss, der Israel zum wichtigsten Bezugspunkt für die politische und kulturelle Bewegung machte.

Israel

Seit 1946 gibt es wieder einen Staat Israel

Das Judentum in Zahlen

Von den weltweit ca. 14 Mio. Juden leben zurzeit ca. 5 Mio. (ca. 35 Prozent) in Israel, knapp 7 Mio. in Nord- und Südamerika (rund 50 Prozent), ca. 1,9 Mio. in Europa (ca. 14 Prozent), die anderen (ca. 0,1 Mio.) hauptsächlich in Südafrika und Australien. Mit Beginn der großen Einwanderungswellen seit Ende des 19. Jh. stieg ihre Zahl in Israel stark an (von etwa 24.000 im Jahr 1880). Vor 15 Jahren lebte eine Großteil der Juden noch in der Sowjetunion, nach deren Auflösung wanderten viele in die USA, nach Israel und Deutschland aus.

Antisemitismus

Von Kanaan (später Palästina) aus öffnet sich zur einen Seite Asien, zur anderen Seite Afrika. Damit wurde das Heilige Land zu einem Durchgangsgebiet, das über Jahrtausende im Einflussbereich fremder Mächte stand: Ägypten sicherte sich ab dem 2. Jt. v. Chr. Handelswege durch Palästina, später eroberten nacheinander Assyrer und Babylonier Israel (722 v. Chr.) und Juda (587 v. Chr.); schließlich existierte nur noch Juda und wurde zur Randprovinz im riesigen Perserreich (539 – 330 v. Chr.) und zum umstrittenen Besitz hellenistischer Reiche (der Ptolemäer und der Seleukiden). Später wurde Juda zum Aufmarschgebiet der Römer (ab 63 v. Chr.), denen nicht das Land selbst, sondern die Abwehr der Parther am Herzen lag. Immer wieder bekämpften fremde Machthaber die jüdische Religion. Mit der Zerstörung Jerusalems durch die Römer (70 n. Chr.) begann die große Diaspora.

Die ersten Juden kamen vermutlich mit römischen Legionären nach Deutschland. Als das Christentum im Römischen Reich zunächst toleriert, später zur Staatsreligion wurde, begannen mehr oder weniger restriktive Maßnahmen gegen Juden – Ausdruck einer schon lange währenden Judenfeindschaft. Erste jüdische Gemeinschaften entstanden im 9. Jh. in Städten am Rhein, z. B. in Köln, Mainz, Worms und Speyer. Die Juden lebten in eigenen Stadtvierteln, die Synagoge bildete den Mittelpunkt ihres Lebens.

Kreuzzug: Kampf um Jerusalem

Kollektive Schuldzuweisung

Mit Beginn der Kreuzzüge (ab 1096), die offiziell eine Befreiung Jerusalems von der islamischen Herrschaft zum Ziel hatten, setzte auch eine massive Verfolgung der Juden ein. Kreuzfahrer, die auf dem Landweg Richtung Jerusalem unterwegs waren, kamen entlang des Rheins, zerstörten Synagogen, verwüsteten jüdische Viertel und richteten unter den Juden ein Blutbad an. Aberglaube und Fremdenhass des Mittelalters schufen ein fruchtbares Klima für allerlei abstruse Gerüchte, mit denen Christen ihre Gewalt gegenüber Juden zu rechtfertigen suchten. So war man davon überzeugt: Juden fressen wehrlose christliche Kinder. In vielen deutschen Städten entstanden Gettos („Judengassen"). Und als ab 1348 die Pest durch Europa zog, war man sich sicher: Juden hatten die Brunnen vergiftet und so das Ausbreiten der Seuche begünstigt. Man suchte die Schuld bei Juden und meinte, sie dort zu finden. In über 300 Städten wurden Juden ermordet. Juden, die „nur" verjagt wurden, flüchteten aufs Land – nach Italien und nach Osteuropa. Am Ende des Mittelalters hatte man Juden aus fast allen deutschen Städten vertrieben.

Der Begriff

Der Begriff „Antisemitismus" geht auf den deutschen Journalisten Wilhelm Marr (1819–1904) zurück, der ihn in Abgrenzung zum traditionellen Judenhass aus religiösen Gründen geprägt hatte: eine politisch geprägte antijüdische Haltung, die auf rassistischer Grundlage beruht. Der Begriff ist ungenau, weil er sich im strengen Sinne nicht nur auf Juden, sondern auf alle Semiten bezieht. Heute wird der Begriff für verschieden motivierte antijüdische Einstellungen verwendet.

Vertreibung und Auswanderung

Pogrome in Osteuropa führten später zu Auswanderungswellen nach Westeuropa, nach Palästina und in die USA. Je weiter ein Sieg des Ersten Weltkrieges in die Ferne rückte, umso mehr warf man den Juden vor, sich vor dem Kriegsdienst zu drücken und übermäßig von der Kriegsindustrie zu profitieren. Das preußische Kriegsministerium veranlasste die sogenannte Judenzählung, um Drückeberger ausfindig zu machen. Die Emanzipation des Judentums in der Weimarer Republik war nur von kurzer Dauer. Mit der nationalsozialistischen Diktatur in Deutschland kam es ab 1933 zur systematischen Unterdrückung und Entrechtung jüdischer Mitbürger, mit Beginn des Zweiten Weltkrieges (1939–1945) zur systematischen Deportation und zum Mord an schätzungsweise sechs Millionen Juden.

Judenverfolgung im Warschauer Getto während des Dritten Reiches

Besonders seit dem Hochmittelalter riefen der exklusive Anspruch, das auserwählte Volk zu sein, und das Bestreben, die religiöse und kulturelle Identität auch in der Diaspora bewahren zu wollen, bei Nichtjuden Misstrauen, Diskriminierung und Verfolgung hervor. Christen machten Juden kollektiv für den Tod Jesu verantwortlich. Weil Juden aufgrund von Konzilsbeschlüssen der Erwerb von Grundbesitz, Ackerbau und die Ausübung vieler handwerklicher Berufe verboten, ihnen aber im Gegensatz zu Christen der Geldhandel erlaubt war, sahen sie sich dem Vorwurf des Wuchers ausgesetzt. ■

Der Stifter des Islam: Mohammed

Mohammed ist der Verkünder des Islam und letzter einer Reihe von Propheten, die den Monotheismus des Abraham wiederherzustellen versuchten. Das Leben und Wirken Mohammeds ist hinreichend bezeugt. Quellen sind der Koran, Überlieferungen von Handlungen und Aussprüchen des Propheten (Hadith) und frühislamische Zeugnisse wie Biografien.

Erzengel Gabriel erscheint Mohammed

Überlieferungen zeigen den Propheten nach islamischem Verständnis mit allen Stärken und Schwächen eines Menschen; man kennt Details seines Aussehens, seiner Persönlichkeit und seines Lebens. Dem Einzelnen ist er ein „gutes Vorbild" in der Lebensführung, die Gemeinschaft gewinnt durch seine Person ihre Identität.

Geburt in Mekka

Mohammed, eigentlich Abul Kasim, wurde der Überlieferung nach im Jahr 570 in Mekka geboren. Die Familie gehörte zum in Mekka sozial und wirtschaftlich bedeutenden Stamm Quraisch. Der Vater Mohammeds starb vor seiner Geburt, seine Mutter verlor er als Kind. Die ersten Lebensjahre (bis 576) verbrachte Mohammed bei einer Pflegefamilie in der Nähe von Mekka. Dann kam er zu seinem Großvater, nach dessen Tod zu seinem Onkel. Um 595 heiratete er die reiche Kaufmannswitwe Chadidja, die ihm zwei Söhne (die jung verstarben) und vier Töchter schenkte, darunter Fatima. Als Kaufmann begab sich Mohammed auf Handelsreisen und kam dabei vermutlich mit monotheistischem Gedankengut in Berührung. Um 610 zog sich Mohammed zurück und hatte seine erste Vision. Nach dem Tod Chadidjas (619) heiratete er neun weitere Male. Mohammed starb nach kurzer Krankheit 632 in Medina. Sein Grab befindet sich dort in der „Großen Moschee".

Göttliche Vision

Das Ereignis, das zu seinem Wirken führte, wird folgendermaßen beschrieben: Im Alter von ca. 40 Jahren hatte sich Mohammed in die Wüste zurückgezogen, um über den Sinn des Lebens nachzudenken. Dort erschien ihm der Erzengel Djibril (Gabriel) und befahl: „Ikra!“ („Lies!“, „Rezitiere!“). Dreimal soll sich Mohammed verweigert haben, dreimal soll der Engel ihn aufgefordert haben. Mohammed empfing und rezitierte aus einer göttlichen Quelle die Worte: „Lies! Im Namen deines Herren ...“ (Sure 96). Die Sure gilt als älteste Offenbarung des Korans. Die Verkündigung beschäftigte Mohammed den Rest seines Lebens, nach anfänglichem Widerstand nahm er die Berufung zum Gesandten Gottes an.

Neue Religion

Zur Anhängerschaft gehörten neben Verwandten zunächst nur einige einflussreiche Mekkaner. Man wertete den Angriff auf die polytheistische Religion als Gefahr, weil Einkünfte stark auf dem Kult um die Kaaba basierten. Obwohl sich ringsum monotheistische Vorstellungen fest etabliert hatten, war die arabische Welt des 6. Jh. noch von polytheistischem Glauben durchdrungen. Man rief Manaf, den Sonnengott, an, Nasr, den Adlergott, die Kaaba in Mekka war Hubal geweiht. Jeder Beduinenstamm verehrte seine eigenen Götter.

Größerer Erfolg stellte sich erst ein, als Mohammed nach Medina auswanderte (622), wohin er als Schlichter eingeladen wurde, um einen Konflikt zwischen zwei Stämmen beizulegen. Es gelang ihm nicht nur, den Streit beizulegen, sondern auch, dort Auswanderer aus Mekka anzusiedeln und jüdische Stämme zu vertreiben. In Medina entstand eine islamische Gemeinschaft (Umma), Mohammed übernahm

Große Moschee in Mekka

die religiöse, soziale und politische Leitung. Der Islam wurde eine Religion: Mohammed machte den Freitag zum Versammlungstag, führte anstelle eines Fastentages einen Fastenmonat ein, änderte die Kibla von Jerusalem auf Mekka, legte islamische Pflichten fest. Militärisch gelang es ihm, die Mekkaner zu schlagen und die Kaaba als zentrales Heiligtum der neuen Religion und Ziel des Haddsch in Besitz zu nehmen. ■

Strenger Monotheismus

Die Bezeichnung „Mohammedaner“ wird von den Muslimen abgelehnt, weil sie den Eindruck erweckt, Mohammed stehe im Zentrum der islamischen Religion. Der Islam ist nach dem Christentum mit heute ca. 1,3 Mrd. Anhängern die zweitgrößte Religion der Welt. Mohammed verkündete die Botschaft eines kompromisslosen Monotheismus: Allah ist der einzige, allmächtige, gerechte Gott. Der Islam setzt sich scharf vom Polytheismus und der christlichen Trinitätslehre ab. Eine weitere Erkenntnisquelle des Islam sind neben dem Koran die Worte und Taten Mohammeds (Sunna).

Der Koran

Koran

Der Koran ist die Offenbarungsschrift des Islam, er gilt als das unverfälschte Wort Gottes. Im Koran manifestiert sich der Wille Gottes, er macht Gott und seinen Willen für den Menschen erfahrbar. Er wurde dem Propheten Mohammed durch den Engel Djibril (Gabriel) überbracht. Mohammed empfing den Text des Korans über 22 Jahre hinweg (610 – 632), zuerst in Mekka, dann in Medina. Mohammed selbst war der Überlieferung nach Analphabet. Zunächst wurden die einzelnen Suren auswendig gelernt, mündlich weitergegeben, dann von Anhängern des Propheten oder Sekretären schriftlich festgehalten. Noch vor dem Tod Mohammeds soll die Schriftensammlung abgeschlossen worden sein und im 7. Jh. der erste offizielle Koran vorgelegen haben.

Der Koran berührt alle Bereiche menschlichen Lebens und Handelns. Er setzt ethische Maßstäbe (analog zu den Zehn Geboten des Judentums und des Christentums) und enthält juristische Anweisungen für das Strafrecht, das Prozessrecht, das Erbrecht sowie Vorschriften, die das alltägliche Miteinander der Menschen regeln sollen. Der inhaltlichen Vielfalt entspricht, obwohl komplett in Reimprosa verfasst, eine Vielfalt in den Gattungen.

Aufbau

Der Koran (arab., „Vortrag, Rezitation“) umfasst 114 Kapitel, die man als Suren bezeichnet. Von besonderer Bedeutung ist die erste Sure, die Eröffnungssure des Korans (al-Fatiha, „die Öffnende“). Man bezeichnet sie wegen ihrer Bedeutung im regelmäßigen Gebet – sie wird in jedem der täglichen fünf Gebete wiederholt und durch Teile anderer Suren ergänzt – auch als das Vaterunser des Islam: „Im Namen Allahs, des Erbarmers, des Barmherzigen! Lob sei Allah, dem Weltenherrn, dem Erbarmer, dem Barmherzigen, dem König am Tag des Gerichts ...“ Im Gebet folgt abschließend die Formel „Amen“.

Jede Sure beginnt mit der Anrufung (Basmala) „Im Namen Gottes, des Erbarmers, des Barmherzigen“. Es ist schwierig, eine Struktur auszumachen, denn der Koran ist nicht chronologisch oder thematisch aufgebaut. Die Suren sind in absteigender Länge angeordnet: Die zweite Sure ist die längste, am Ende des Korans stehen die vergleichsweise kurzen Suren, manche von ihnen umfassen nur wenige Verse (arab. Ayat, „Zeichen, Wunder"). Die Suren sind jedoch nummeriert und betitelt, manche Gelehrte ordnen ihnen Episoden aus dem Leben Mohammeds zu.

Bedeutung

Der arabische Text gilt als verbindlich, weil nur er die Fülle des göttlichen Textes zu transportieren vermag, Übersetzungen sind als Hilfsmittel einer Annäherung zu verstehen. In seiner arabischen Fassung ist der Koran daher heilig, man begegnet ihm mit Ehrerbietung und im Zustand ritueller Reinheit. Weil manche Themen und Stoffe nicht ausführlich dargestellt, nur angedeutet oder kurz zitiert werden, entwickelte sich aus dem Bedürfnis nach einem tiefen Verständnis der Offenbarung die Koranexegese (Ilm at-Tafsir). Der Text wird oft bis in jede Einzelheit hinein studiert, jeder Buchstabe, jeder Punkt gilt als Offenbarung Allahs. In den ersten Jahrhunderten des Islam bevorzugte man die glossierende Exegese (man gab kurze Erklärungen, nannte für schwierige Wörter Synonyme, paraphrasierte Passagen), heute ist der fortlaufende Kommentar die übliche Form der Exegese (Verse werden zitiert, anschließend erläutert). Im Unterschied zur Bibelexegese konzentrierte sich die Koranexegese auf den „äußeren Sinn" des Textes. Seit dem 8. Jh. entstanden umfangreiche Kommentarwerke. Eine textkritische Ausgabe des Korans existiert zurzeit noch nicht. Der Koran beeinflusste stark die Entwicklung einer arabischen Grammatik. Fragmente der Schriften vorislamischer Dichter und das Arabisch des Korans wurden zur Richtschnur eines guten arabischen Sprachstils.

Fassungen des Korans

Der Koran wurde in Dutzende von Sprachen übersetzt, z. B. im Mittelalter in das Lateinische, im 19. und 20. Jh. in zahlreiche moderne Sprachen. Frühe, handschriftliche Fassungen gelten mit ihrer kunstvollen arabischen Schrift und filigranen Verzierungen als Meisterwerke islamischer Kunst. Eine 45 Zentimeter dicke Fassung mit 1400 Seiten wird in der Al-Hussein-Moschee in Kairo aufbewahrt.

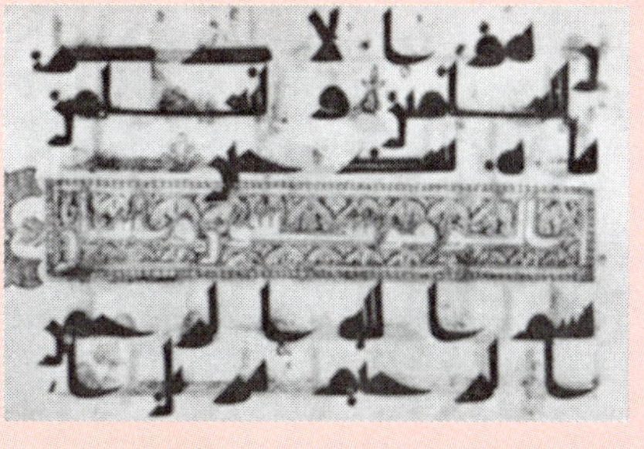

Koranhandschrift

Die fünf Säulen des Islam

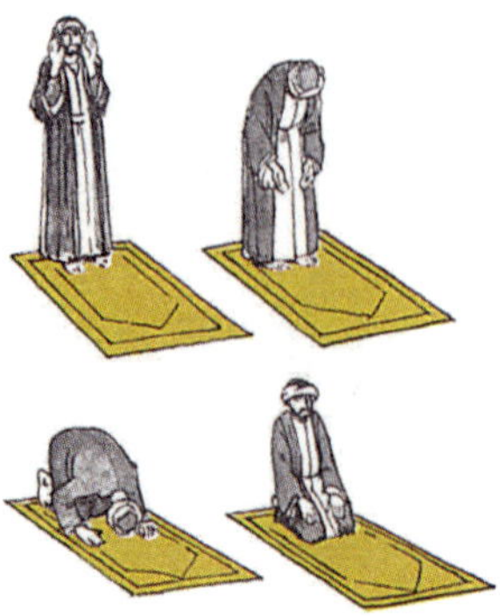

Gebet

Die gottesdienstlichen Verpflichtungen bezeichnet man im Islam als die fünf Säulen – fünf grundsätzliche Pflichten, die alle Muslime einzuhalten haben und die Grundlage ihres Glaubens sind. Sie sind ineinander verwoben, unterstützen sich gegenseitig und begründen den moralischen Charakter eines vorbildlichen Muslims.

Die erste Säule des Islam ist das Glaubensbekenntnis; die anderen wichtigsten rituellen Pflichten der Muslime sind das Gebet, das Almosengeben, das Fasten und die Wallfahrt nach Mekka.

Schahada

Erste Säule ist die Bekräftigung des Glaubens an Allah und an Mohammed als seinen Propheten, Schahada bedeutet „Zeugnis ablegen". Die zweiteilige islamische Glaubensformel (Glaubensbekenntnis) lautet: „Ich bezeuge, dass es keinen Gott gibt außer Allah, und ich bezeuge, dass Mohammed sein Diener und sein Gesandter ist" – jene Worte, die Gabriel in der Höhle am Berg Hira zu Mohammed sprach. Der erste Teil der Formel ist das Bekenntnis zum absoluten Monotheismus, es verbindet den Islam mit dem Judentum und dem Christentum, den beiden anderen monotheistischen Religionen. Der zweite Teil kennzeichnet das Besondere des Islam: Mohammed ist der Gesandte Gottes, seine Offenbarung, der Koran, wird als Äußerung göttlichen Willens anerkannt und befolgt.

Salat

Zweite Säule ist das Gebet bzw. die Verehrung. Ein Muslim darf beten, wo und wann er will, aber fünfmal am Tag (vor Sonnenaufgang, am Mittag, am Nachmittag, nach Sonnenuntergang und in der Nacht) sind besondere rituelle Gebete vorgesehen. Die Mitwirkung eines anderen, z. B. eines Imam, ist nicht erforderlich, die Gebete sind jedoch in besonderer Weise zu vollziehen. Die Gebete sollen dem Gläubigen die Gegenwärtigkeit und Allmacht Allahs bewusst und die Einheit und Einigkeit aller Muslime sichtbar machen.

Zakat

Die dritte Säule ist das Geben bzw. die Wohltätigkeit. „Siehe, diejenigen, welche Almosen geben, Männer und Frauen, und die Allah ein schönes Darlehen leihen, verdoppeln wird Er es ihnen, und ihnen wird edler Lohn", heißt es im Koran (Sure 57, 18). Muslime sollen geben, wann immer es ihnen möglich ist, pflichtgemäß einmal jährlich ca. 2,5 Prozent ihres Kapitalvermögens. Die Spenden an Arme, Notleidende und bedürftige Verwandte gelten als Mittel zur Läuterung der eigenen Seele und der Annäherung an Allah. Zakat ist als eine Art Vermögenssteuer bzw. Sozialabgabe eine von drei nach islamischem Recht erlaubten Steuerformen (außerdem: Grundsteuer und Kopfsteuer). Die fromme Handlung und religiöse Pflicht kann nur Muslimen zugutekommen, in manchen islamischen Staaten wird die Zakat als Steuer vom Staat eingezogen.

Der Halbmond

Algerische Flagge mit Halbmond

Während man das Kreuz mit dem Christentum und den Davidsstern mit dem Judentum in Verbindung bringt, gilt der Halbmond als Erkennungszeichen des Islam. Die islamische Zeitrechnung richtet sich am Mondjahr aus und die schmale Sichel eines neuen Mondes ist in der islamischen Lebenspraxis für die Bestimmung des Fastenbeginns und den Beginn der Wallfahrt von Bedeutung. Minarette und Kuppeln von Moscheen tragen Halbmonde, die dem Roten Kreuz entsprechende Institution der islamischen Welt heißt Roter Halbmond, manche islamischen Staaten zeigen in ihrer Nationalflagge einen Halbmond mit Stern. Mit dem Islam verbindet man auch die Farbe Grün: Wallfahrer tragen grüne Kopfbedeckungen, in der Mystik gilt sie als Farbe der Vollkommenheit.

Saum

Vierte Säule ist das Fasten während des heiligen Monats Ramadan (zusammenhängend ca. 29–30 Tage lang). Vom Beginn der Morgendämmerung (wenn „... ihr einen weißen Faden von einem schwarzen Faden in der Morgenröte unterscheidet ...", Sure 2, 187) bis zum Sonnenuntergang wird gefastet, nichts gegessen, getrunken oder geraucht, man soll Enthaltsamkeit üben. Der Gläubige soll seine Lust auf weltliche Dinge unterdrücken, die der Unterwerfung unter Gott im Wege stehen.

Haddsch

Fünfte Säule ist die Wallfahrt nach Mekka, die jeder Muslim, der dazu körperlich und finanziell in der Lage ist, einmal in seinem Leben absolvieren soll: „ ... und der Menschen Pflicht gegen Allah ist die Pilgerfahrt zum Hause, wer da den Weg zu ihm machen kann" (Sure 3, 97). Wenn ein Muslim die Pilgerfahrt absolviert hat, wird er mit dem Ehrentitel Haddsch angesprochen, eine Muslima mit dem Ehrentitel Haddscha. ■

Gesandte und Propheten

Zwei große prophetische Linien lassen sich im Koran verfolgen. Zum einen werden Patriarchen, Propheten und andere biblische Figuren des Judentums bzw. des Christentums im Koran erwähnt – die Stammväter des Volkes Israel Abraham (Ibrahim), Isaak und Jakob, die Könige David (Daud) und Salomo, selbst Jesus (Isa) –, zum anderen auch altarabische Propheten (Hud, Salih). Frauen spielen als Trägerinnen der Prophetie im Islam keine Rolle.

Im Islam ein Prophet: David

Auf eine Verfehlung des Menschen folgt nach islamischer Vorstellung die Entsendung eines Propheten durch Gott. Der islamische Begriff des Propheten unterscheidet sich damit vom jüdischen oder christlichen (dort gelten Propheten vor allem als Kritiker und Mahner, als soziales Gewissen). Der Islam unterscheidet zwei Arten von Propheten: Dem Rasul, einem Gesandten, ist eine heilige Schrift anvertraut, der Nabi ist jemand, der eine göttliche Botschaft empfängt und weitergibt. Moses empfing die Thora, David den Psalter, Jesus erhielt das Evangelium, Mohammed den Koran.

Die wiederholte Herabsendung der immer gleichen Botschaft wurde erforderlich, weil die religiösen Gemeinschaften den Sinn der Schrift nicht unverfälscht bewahrten. So kam es zu Schriftverheimlichung und Schriftverfälschung durch die Juden. Jesus wurde gesandt, um den Fehler zu beheben. Jedoch: Auch die Christen wichen von der Wahrheit ab und verfälschten die Schrift (insbesondere das Werk des Apostels Paulus und die frühchristlichen Konzilien). Schließlich sollte Mohammed als letzter und endgültiger Prophet das Fehlverhalten korrigieren und den Koran verkünden. Der Koran ist Gottes letztes Wort, Mohammed das Siegel der Propheten.

Abraham

Muslime fühlen sich auch dem biblischen Abraham verbunden, weil er auch der Stammvater der Araber ist. Aus der Verbindung mit Abrahams Frau Sara ging sein Sohn Isaak hervor, aus der Verbindung mit der Magd Hagar sein Sohn Ismael, auf den die Ismaeliten zurückgehen. Isaak wurde der Ahn einer Reihe weiterer Propheten bis hin zu Jesus, von Ismael stammt ein besonderer Prophet ab: Mohammed. Den Bau der Kaaba als ältestes Gotteshaus führt der Islam auf das Wirken Ibrahims und Ismaels zurück. Ibrahim ist Muslimen ein Vorbild in Glauben, Gebet, guten Werken und der Wallfahrt nach Mekka.

Moses

Neben Abraham und Jesus und abgesehen von Mohammed ist Moses (arab. Musa) der wichtigste Prophet des Islam. Moses ist die im Koran am häufigsten erwähnte Figur der Thora. Im Judentum nimmt er eine zentrale Stellung bei der Ausbildung des monotheistischen Glaubens, der Begründung einer israelitischen Rechtsordnung und als Mittler des zwischen Gott und den Israeliten geschlossenen Bundes ein. Der Islam erkennt im Wirken Mose eindeutige Parallelen zum Wirken Mohammeds: Moses kämpfte als Widersacher des ägyptischen Königs ebenso gegen den Polytheismus, das Motiv des Exodus zeigte sich in der Übersiedlung Mohammeds von Mekka nach Medina, auch Moses erlangte seine Bedeutung als Empfänger einer göttlichen Offenbarung. Das islamische Mosesbild greift stark auf die jüdische Thora zurück.

Jesus

Der arabische Name Jesu lautet Isa ibn Maryam („Jesus, Sohn der Maria"). Zwar ist der Islam neben dem Christentum die einzige Religion, die eine prophetische Rolle Jesu und die Jungfrauengeburt bejaht, wesentliche Unterschiede bestehen jedoch in der Vorstellung von der Empfängnis Jesu (er ist, ohne den Willen Marias, durch Gottes Wort erschaffen worden wie der erste Mensch) und vom Sohn Gottes (der Islam lehnt sowohl den Kreuzestod als auch die Auferstehung Jesu ab). Jesus gilt im Islam als bedeutender Prophet. Der Koran legt ihm Ehrentitel bei (wie Messias, Wort Gottes, Geist Gottes), ohne einen christlichen Bezug herstellen zu wollen. Maria gehört neben Aischa, Fatima und Chadidja zu den am meisten verehrten Frauen des Islam. ■

Auch im Islam verehrt: Maria

Die Namen Gottes

Die 99 schönsten Namen Gottes haben islamische Gelehrte dem Koran entnehmen können: z. B. der Großzügige, der Liebevolle, der Erhöher, das Licht, der Ewige ... Die Namen lassen sich in vier Gruppen einteilen, die auf seine Einzigartigkeit (der Eine, der Einzige), seine Schöpferkraft (Erhalter, Beschützer), seine Herrschaft (König, Verleiher des Friedens) und seine Eigenschaften hinweisen. Kunstvoll gestaltete, mit Kalligrafien verzierte Tafeln mit den Namen Gottes schmücken Moscheen und Privaträume.

Religiöse Oberhäupter

Im Islam gibt es keine Priester. Der Islam begreift sich nicht als Kirche und kennt keine Sakramente. Eine Mittlerschaft zwischen dem einzelnen Gläubigen und Gott lehnt der Islam ab, eine Weihe bestimmter Personen existiert nicht. Jeder ist für sein Tun und Nichttun selbst verantwortlich. Für eine Hierarchie von Klerikern ist – zumindest im sunnitischen Islam – kein Platz. Die Gläubigen benötigen jemanden, der Gebete leitet, und niemanden, der den Segen Gottes vermittelt oder anstelle Gottes handelt. Im Prinzip kann jeder Muslim beim Gebet die Rolle des Imam (Vorbeter) einnehmen.

Freitagsgebet in einer türkischen Kölner Moschee

Der Islam besitzt kein allgemein anerkanntes Oberhaupt, keine höchste Lehrautorität, er hat keine kirchenähnliche Struktur und besitzt keinerlei feste, institutionalisierte Organisationsform und damit auch keine feste Mitgliedschaft. Höchste Autorität hat neben dem Koran die Sunna. Im Laufe der Zeit haben sich nur wenige islamische Berufe herausgebildet.

Imam

Wenn der Imam seinen Umhang anlegt und seine Kopfbedeckung aufsetzt, ist damit kein geistliches Amt verbunden, es soll lediglich die Konzentration auf das Gebet erhöhen. Der Imam ist ein Experte in religiösen Angelegenheiten, in kleineren Gemeinden sind seine Aufgaben vielfältiger. Im schiitischen Islam ist die Rolle des Imam eine andere, dort gilt er als begnadet und unfehlbar. „Imam“ ist auch ein Ehrentitel, den man hervorragenden Theologen und Juristen verleiht.

Als Nachfolger des Propheten ist der Imam das Oberhaupt der Gemeinschaft

Gebetszeiten

Weil sich die Gebete nach dem Stand der Sonne richten, verschieben sich die Zeiträume, in denen die Gebete zu verrichten sind, täglich um wenige Minuten. Der Muezzin informiert die Gläubigen vom Minarett der Moschee aus über den Beginn der Gebetszeit. Sie rufen überall auf der Welt in arabischer Sprache. Bei feierlichen Anlässen fügt man dem Gebetsruf auch Lobpreisungen hinzu.

aller Muslime (Umma). Über die Rechtmäßigkeit des Imam kam es in der frühen muslimischen Gemeinschaft zum Streit, sie spaltete sich in Sunniten (der Kalif ist zugleich Imam) und Schiiten (nur Ali ibn Abi Talib, der Cousin und Schwiegersohn Mohammeds, sein Sohn Husein und dessen Nachfahren gelten als Imame). Verschiedene schiitische Gruppen haben über Zahl und Namen der Imame verschiedene Auffassungen. Herrscher aus der Nachkommenschaft Mohammeds tragen heute oft den Titel „Imam“.

Khatib

Der Prediger begleitet das kollektive Gebet. Prinzipiell kann die Predigt von jedem Muslim gehalten werden, sie wird aber möglichst vom Imam oder von einer besonderen Person, dem Prediger, von einer Kanzel (Minbar) in der Moschee aus gehalten. Predigten enthalten Gebetsformeln, Ermahnungen, Geschichten. Traditionellerweise hat die Predigt auch politische Funktion, der Prediger kann sich zu politischen oder sozialen Umständen äußern.

Ayatollah

Der Begriff „Ayatollah“ (wörtlich „Zeichen Gottes“) ist ein Ehrentitel für eine Gruppe von Gelehrten, den es nur im schiitischen Islam gibt. Sie beherrschen das Prinzip der Rechtsfindung aufgrund eigener intellektueller Anstrengung. Ein Rechtsgelehrter kann unter Berücksichtigung von Koran und Sunna in religiösen Angelegenheiten zu eigenständigen Entscheidungen kommen. Bekannteste Ayatollahs sind Alama Al-Hilli (1250–1325), der die theoretischen Grundlagen schuf, und Ayatollah Khomeini (1902–89), der 1979 die Führung des Iran übernahm. Der sunnitische Islam schaffte die Methode im 9. Jh. ab, im schiitischen Islam (z. B. im Iran) ist sie erhalten geblieben.

Ayatollah Khomeini, Plakat

Mufti

Gelehrte, die dazu ausgebildet sind, ein islamisches Rechtsgutachten (Fatwa) zu erstellen, bezeichnet man als Muftis. Ein Mufti soll Rechtsfragen klären, die mit den Regelungen der Scharia, dem islamischen Recht, nicht eindeutig geklärt werden können. Einzelne Gläubige, Gruppen oder Institutionen können ein Gutachten in Auftrag geben. Der schiitische Mufti bindet den Auftraggeber an die Entscheidung, der sunnitische Auftraggeber ist im Umgang mit dem Ergebnis freier und darf gegebenenfalls bei einem anderen Mufti eine zweite Meinung einholen.

Qadi

Die Autorität des Richters nach islamischem Recht beruht auf der Beachtung des religiösen Rechtssystems. Wegen der Konkurrenz des staatlichen Rechtssystems beschränkt sich die Gerichtsbarkeit des Qadi heute vorwiegend auf das Ehe-, Familien- und Erbrecht. ■

Sunna und Hadithe

Aussprüche und Gewohnheiten des Propheten, alltägliche und außergewöhnliche, sind für einen Muslim von Interesse, denn wegen seiner vorbildlichen Lebensart ist der Prophet Orientierung für die Lebensführung aller Gläubigen. Wie sich Mohammed in bestimmten Situationen verhielt, wie er bestimmte Fragen des Glaubens und der Lebenspraxis beurteilte (Sunna), hat man in Hadithen schriftlich festgehalten. Die großen Hadith-Werke sind für engagierte Muslime neben dem Koran die Grundlage ihres Denkens und Handelns.

Mohammed

Der Begriff „Sunna" stammt noch aus vorislamischer Zeit und bezeichnete ein modellhaftes, vorbildliches Verhalten. Heute verwendet man den Begriff für das normative Verhalten des Propheten oder auch für allgemein empfohlenes Handeln (z. B. bei freiwilligen Gebeten). Die Grundlage, warum die Sunna neben dem Koran zur zweitwichtigsten Quelle der islamischen Glaubens- und Sittenlehre wurde, liefert der Koran: „So ihr Allah liebet, so folget mir ... Gehorchet Allah und dem Gesandten ..." (Sure 3, 31–32). Sunna (eher das Handeln betreffend) und Hadith (eher den Bericht betreffend) sind heute weitgehend identisch verwendete Begriffe.

Vorbild

Die Sunna („Tradition, „Brauch") ist die Gesamtheit der Aussprüche, Entscheidungen und Verhaltensweisen Mohammeds. Sie enthält zahlreiche Vorschriften für das tägliche Leben des Gläubigen, die ebenso bindend sind wie jene, die im Koran enthalten sind. Viele der islamischen Elemente des Glaubens, der Sitten und des Rituals sowie auch in vielen Fällen das Verständnis des Korans beruhen auf der Sunna. Die Sunna soll den Koran ergänzen und erläutern, soll ihn keineswegs abändern. Falls es zu Widersprüchen zwischen beiden kommt, bricht der Koran die Sunna, nicht umgekehrt. Die Sunna enthält keine göttlichen Offenbarungen, sie erhält ihre Autorität dadurch, dass Mohammed den Koran vorlebte und den Muslimen geboten wurde, ihrem Propheten in religiösen und moralischen Dingen nachzufolgen. Mohammed selbst soll von einer Verschriftlichung der Sunna abgeraten haben, um eine Verwechslung mit dem Koran auszuschließen. Aus diesem

Gebote

Arabische Suren

Die islamische Theologie kennt keine Zehn Gebote, jedoch Suren, die eine ähnliche Liste enthalten: „Kommet her, verkünden will ich, was euer Herr euch verboten: Ihr sollt ihm nichts an die Seite stellen, und den Eltern sollt ihr Gutes tun; und nicht sollt ihr eure Kinder aus Armut töten, Wir werden euch und sie versorgen; und nähert euch nicht Schändlichkeiten, den öffentlichen und geheimen, und tötet kein Leben ...“ (Sure 6, 151f).

Grund wird in Koranschulen nur der Koran und nicht die Sunna unterrichtet. Die Sunna wurde erst nach dem Tod des Propheten aufgezeichnet.

Überlieferung

Überlieferungen über Mohammed und Erinnerungen an ihn wurden weitererzählt. Tausende der Einzelüberlieferungen dessen, was der Prophet gesagt, getan oder erduldet hat, wurden nach dem Tod Mohammeds in Hadith-Überlieferungen zusammengefasst. Im 9. und 10. Jh. fertigten sechs Gelehrte, die man auch als die „sechs Richtigen“ bezeichnet, Hadith-Sammlungen an, die einen quasi kanonischen Status besitzen. Weil es sich bei den Ausgaben um mehrbändige Werke handelt, sind die großen Sammlungen eher für das Gelehrtenstudium geeignet. Für den gewöhnlichen Gläubigen sind kleine Ausgaben mit ausgewählten Hadithen verfügbar. Beliebt ist die Sammlung von 40 ausgewählten, auch kommentierten Hadithen des Muhiuddin Abu Zakariya an-Nawawi. An den Abschluss der großen Sammlungen schloss sich eine systematische Hadith-Forschung an (vom 11.–16. Jh.), für den zeitgenössischen Islam ist die Hadith-Forschung wieder von Interesse (u. a. zur Kritik an traditionellen Strukturen, Rechtsschulen und mystischen Bruderschaften).

Für die Gelehrten ist nicht nur der Inhalt des Hadith interessant (der Inhalt darf nicht im Widerspruch zum Koran stehen), es sind auch die Menschen, die ihn überliefert haben: Männer und Frauen müssen zuverlässige Persönlichkeiten sein, es muss sichergestellt sein, dass sich die Überlieferer tatsächlich begegnet sind. Hadithe werden, entsprechend ihrer Glaubwürdigkeit, verschiedenen Kategorien zugeordnet: von gesund über schön und gut bis schwach. Bei der Rechtsfindung werden nur gesunde und schöne Hadithe berücksichtigt.

Die Scharia

Scharia-Kommission in Kano, Nigeria

Auf der Grundlage des Korans erarbeiteten Gelehrte im Mittelalter eine islamische Pflichtenlehre, die Scharia. Sie ist das islamische Recht und soll den Gläubigen helfen, alle Bereiche des Lebens nach dem Glauben auszurichten. Manche Regelungen wurden in vielen Ländern zur Grundlage der staatlichen Gesetzgebung (z. B. zum Ehe-, Familien- und Erbrecht). Die Scharia umfasst nicht nur das Strafrecht. Das in der Scharia festgelegte Recht gilt grundsätzlich nur für Muslime.

Auch wenn der Koran in erster Linie eine religiöse Schrift ist, enthält er ca. 200 Verse, deren Inhalt normativer Natur ist. Sie befassen sich insbesondere mit erb- und familienrechtlichen Angelegenheiten, enthalten auch Verfahrensregeln zum Zivil- und Strafprozessrecht, einige wenige beziehen sich auf das Staats- und Wirtschaftsrecht.

Grundlagen

Die Bestimmungen der Scharia wurden im Mittelalter von islamischen Rechtsgelehrten ausformuliert. Unter den Sunniten erlangte die Lehrmeinung von vier verschiedenen Rechtsschulen (Schule der Hanbaliten, Hanefiten, Malikiten und Schafiiten) eine bis heute anerkannte Gültigkeit. Die sogenannten Zwölferschiiten (hauptsächlich im Iran verbreitet) folgen einer eigenen Rechtsschule. Alle Schulen stimmen im größten Teil der Rechtsvorschriften überein, alle akzeptieren für deren Herleitung die vier „Grundlagen der Rechtskenntnis". Quellen des islamischen Rechts sind: die göttlichen Normen des Korans (ein Siebtel des Textes besteht aus Rechtsvorschriften) und die Prinzipien des Korans; das Vorbild und die Lehren des Propheten Mohammed (die in den Sammlungen niedergelegten Hadithe); die von Juristen im Analogieschluss (Kijas, Übertragung der Ergebnisse eines Falles auf einen ähnlichen anderen) entwickelten, in Koran und Hadithen enthaltenen Normen sowie der Konsens (Idschma) der Rechtsgelehrten und der Glaubensgemeinschaft.

Die Morallehre des Islam unterscheidet zwischen Verhalten, das erlaubt (halal) und verboten (haram) ist. Außerdem unterscheidet man zwischen Handlungen, die obligatorisch (notwendig),

Scharia damals und heute

Noch bis in das 19. Jh. hinein galt das islamische Recht in der gesamten islamischen Welt als das einzig verbindliche Recht. Als sich unter dem Einfluss moderner Denkweisen das Rechtsbewusstsein zu wandeln begann, wurde es allmählich durch Rechtssysteme nach europäischem Vorbild ersetzt. Die Scharia gilt in der Mehrzahl der islamischen Staaten nur noch im Familien- und Erbrecht. In der Türkei wurde sie 1926 abgeschafft, im Oman, in Saudi-Arabien, Pakistan und neuerdings in Afghanistan gilt das islamische Recht fast uneingeschränkt noch heute. Die traditionelle Überzeugung, die Scharia sei ein zentraler und unverzichtbarer Bestandteil des islamischen Glaubens, wird heute nicht mehr von allen Muslimen geteilt. Die Wiedereinführung der Scharia ist eine der Hauptforderungen des islamischen Fundamentalismus.

Afghanische Frauen: Die Taliban machten das Tragen der Burka zur Pflicht

empfohlen (erwünscht), erlaubt und zu missbilligen (möglichst zu meiden) sind. Grundsätzlich gilt alles als erlaubt, was nicht ausdrücklich verboten ist.

Bestimmungen

Im Strafrecht unterscheidet die Scharia drei Kategorien: Für bestimmte Kapitalverbrechen ergehen sogenannte drakonische Hadd-Strafen (arab. Hadd, „Grenze"), bei Tötungsdelikten und Körperverletzung gilt das Prinzip der Vergeltung, bei dem der Täter derselben Verletzung ausgesetzt werden soll wie sein Opfer. Bei nicht durch die Scharia geregelten Delikten wie Eigentums- oder Betrugsdelikten werden Züchtigungs- und Ermahnungsstrafen im Ermessen des Rechtsprechenden verhängt. Das Familienrecht ist zugunsten des Mannes geregelt, die Frau ist unter seine Vormundschaft gestellt und unterliegt dem Gehorsam. Das Erbrecht unterscheidet sich nach sunnitischer und schiitischer Lesart: Sunniten stellen die männliche, Schiiten die weibliche Verwandtschaft eines Verstorbenen günstiger. Die Rechtsfähigkeit erlangen Frauen und Männer, wenn sie urteilsfähig sind, üblicherweise also mit Eintritt in die Pubertät.

Die Rechtsprechung liegt traditionellerweise in der Hand eines Einzelnen, des Qadi. Bei einem Rechtsgelehrten, dem Mufti, kann vom Richter oder einer anderen Einzelperson ein Rechtsgutachten (Fatwa) eingeholt werden. Kläger und Beklagte treten meist persönlich auf, gegebenenfalls sind die Aussagen von Zeugen erforderlich.

Gebetsteppich

Das Gebet

Zum Gebet kann jeder reine Ort dienen, sei es auch nur ein Teppich oder ein Tuch auf dem Boden. Am besten betet der gläubige Muslim in der Moschee, dort findet er Ausstattungen zum Vollzug der rituellen Waschungen und einen Gebetsraum vor. Eine Tafel zeigt ihm die Gebetsrichtung nach Mekka an. Betet der Gläubige außerhalb einer Moschee, muss er die Richtung schätzen.

In der ganzen Welt ruft der Muezzin die Gläubigen fünfmal am Tag zum Gebet – so wie es schon der erste Muezzin, Mohammeds Vertrauter Bilal, während des großen Haddsch tat (632). Die fünf täglichen Gebete sind kein bloßer Gottesdienst, sie sollen dem Gläubigen helfen, sich ständig der Gegenwart und Allmacht Allahs bewusst zu sein, sie dienen der Meditation ebenso wie einer Festigung des Charakters.

Rituelle Gebete

Die Gebete sind jeweils im Zustand ritueller Reinheit, zu bestimmten Tageszeiten, in arabischer Sprache und nach Mekka gerichtet zu vollziehen. Der Gebetsraum in einer Moschee ist mit Teppichen ausgelegt und darf nicht mit Schuhen betreten werden. Die Gebetszeiten richten sich nach dem Stand der Sonne: morgens kurz vor Sonnenaufgang, nach der Mittagszeit, am Nachmittag, kurz nach Sonnenuntergang, das letzte Gebet soll ca. 90 Minuten später erfolgen. Die Zeiten werden durch den Gebetsruf des Muezzins vom Minarett angekündigt. Reisende dürfen ihre Pflichtgebete kürzen und miteinander verbinden. Das rituelle Gebet wird ausschließlich in arabischer Sprache gesprochen, nicht weil der Islam eine Religion nur für Araber wäre, sondern weil das Arabische die Sprache ist, in der Gott sich seinem Propheten gegenüber offenbarte. Jeder Muslim soll die arabische Sprache daher wenigstens in Grundzügen erlernen.

Der Imam nimmt vor der Tafel, die die Gebetsrichtung anzeigt, Aufstellung, die männlichen Gläubigen hinter ihm in Reihen geordnet. Frauen beten in einem gesonderten Teil des Gebetsraumes, für sie sind auch gesonderte Waschgelegenheiten vorgesehen. In manchen Kulturen beten die Frauen allein, während die Männer in die Moschee gehen. Beim Gebet sitzt ein Muslim nicht auf einer Bank, er steht, verbeugt sich, kniet, beim kollektiven Gebet in Körperkontakt zum linken und rechten Nachbarn.

Die Gebete bestehen aus einer festgelegten Anzahl von Gebetseinheiten, je nach Tageszeit aus zwei, drei oder vier, die der Betende (oder Vorbeter) durch selbst gewählte Koran-Rezitationen ergänzt. Der Betende (oder Vorbeter) beginnt jeden Teil des Gebetes mit dem Ruf „Allahu akbar!" (wörtlich: „Gott ist größer", tatsächlich: „Gott allein ist groß!"). Zu jeder Einheit gehört zunächst das Zitieren der Fatiha, der den Koran öffnenden ersten Sure.

Kollektives Gebet

Freitagsgebet

Freitags findet anstelle des Mittagsgebetes das sogenannte Freitagsgebet statt. Während die Gläubigen die Woche über allein beten dürfen, soll das Freitagsgebet in der Gemeinschaft stattfinden. Zum Freitagsgebet ruft der Muezzin dreimal: zum Versammeln, vor Beginn der Predigt und vor Beginn des rituellen Gebetes. Die zweiteilige Predigt wird vom Prediger, der meist mit dem Vorbeter identisch ist, von der Kanzel aus gehalten. Außerhalb der arabischen Welt findet der größte Teil der Predigt in der Landessprache bzw. der Sprache der Anwesenden statt. Die Predigt enthält Geschichten, Ermahnungen, früher wurde auch der Name des regierenden Herrschers genannt. Die Predigt hat daher traditionell auch eine politische Bedeutung, heute prangert man „unislamisches Verhalten" an oder ruft zu oppositionellem Verhalten auf. Die Predigten bedeutender Gelehrter sind in Sammlungen zusammengefasst.

Wie gebetet wird

Nach der rituellen Waschung nimmt der Gläubige wie der Imam die Gebetsrichtung nach Mekka ein, spricht eine Absichtserklärung („Allahu akbar!"), dann ein Gotteslob, mit dem er in einen geweihten Zustand eintritt. Er rezitiert die Fatiha und andere Verse (mit erhobenen Händen), wirft sich nieder, richtet sich wieder auf. Ein Muslim betet mit Geist und Körper: Ritualisierte Niederwerfungen (auf die Knie, auf den Boden) sind der körperliche Ausdruck einer inneren Hingabe. Zum Pflichtgebet gehören mehrere Niederwerfungen. Den Abschluss bilden das Glaubensbekenntnis, ein Segenswunsch über Mohammed und ein Friedensgruß nach links und rechts (in der Moschee zu den Mitbetenden, zu Hause zu den jeden Menschen begleitenden Engeln).

Der Haddsch

Betender Pilger

Die Pilgerfahrt (arab. Haddsch) ist eine der Grundpflichten eines jeden Muslims, eine der fünf Säulen des Islam. Jeder Muslim soll sie einmal in seinem Leben absolvieren. Bis zu 2,5 Millionen Pilger aus aller Welt, verschiedener Völker, verschiedener Sprachen strömen jährlich nach Saudi-Arabien – der Haddsch soll auch das Zusammengehörigkeitsgefühl aller Muslime demonstrieren. Wichtigstes, aber nicht einziges Ziel der Wallfahrt ist die Kaaba im Hof der Hauptmoschee zu Mekka.

Meist machen sich die Pilger in Gruppen auf den Weg. Vor der Reise soll sich der Pilger in den Zustand der rituellen Weihe versetzen. Äußeres Zeichen ist die aus weißen Tüchern bestehende Kleidung. Das weiße Gewand soll während aller Pilgerriten getragen, zudem Nägel und Schnurrbart geschnitten und Körperhaare entfernt werden. Nur in geweihter Verfassung ist die Pilgerfahrt gültig.

Hinwendung zu Gott

Mohammed führte 2000 Pilger nach Mekka, umrundete die Kaaba siebenmal auf seinem Kamel, berührte den Stein jedes Mal mit seinem Kamelstock, sprach einen Koranvers und ließ alle 360 Götzenbilder im Heiligtum zerstören.

Heute warten Hunderttausende von Pilgern an der Kaaba, bis sie an der Reihe sind. Während des Haddsch sollen die Pilger die Kaaba in Mekka wie Mohammed siebenmal umrunden. Das Umschreiten ist obligatorisch, gehört aber nicht zum einzigen Ritus des Haddsch.

Am achten Tag des Pilgermonats (Dhu l-Hiddscha) versammeln sich die Pilger in einem Ort namens Mina, der wenige Kilometer östlich von Mekka liegt. Dort verbringen sie die Nacht, wandern am nächsten Tag zum Berg Arafat, der in der Nähe in der gleichnamigen Ebene liegt, wohnen einer Predigt bei und beten mehrere Stunden lang – so wie es Mohammed auf seiner „Abschiedswallfahrt" (632) tat. Nach einer Übernachtung in Muzdalifa sammelt man im Heiligen Tal von Muzdalifa mindestens sieben Steine, denn in Mina wird die Schmähung des Teufels stattfinden: Bei der Steinigung des Satans werfen die Gläubigen ebendiese Kiesel auf eine Stele. Am zehnten Tag des Pilgermonats beginnt ein dreitägiges Opferfest: Jeder Muslim, ob Pilger oder nicht, soll an diesem Tag in Erinnerung an den gehorsamen Abraham ein Tier opfern. Den Abschluss der obligatorischen Riten bildet eine weitere Umrundung der Kaaba.

Aufgaben des Haddsch

Der Haddsch erfüllt mehrere Aufgaben: a) Er soll dem Gläubigen wichtige Stationen aus dem Leben Abrahams, seiner Nebenfrau und seines arabischen Sohnes Ismail (des Bruders Isaaks), den er nach islamischer Auffassung zu opfern bereit war, nachvollziehbar machen (Sure 37, 102); b) der Gläubige soll Riten, wie sie Mohammed vollzogen hatte, nachvollziehen. Dazu gehört auch das Warten in der Ebene von Arafat, wo der Pilger, wie am Tage der Auferstehung in Leichentücher gehüllt, Gott versichert: „Hier stehe ich zu Deiner Verfügung!"; c) der Haddsch ist Ausdruck einer beispiellosen Bruder- und Schwesternschaft unter Millionen von Gleichgesinnten aus aller Welt; d) nachdem der Gläubige die überaus anstrengende Pilgerfahrt, alle vorgeschriebenen Riten zur rechten Zeit am rechten Ort absolviert hat, wird sie zu einem Neuanfang. Für viele Muslime stellt der Haddsch den Höhepunkt ihres Lebens dar, die Pilgerfahrt bedeutet die wahre Hinwendung zu Gott.

Der jährliche Ansturm der Pilger erfordert von den saudischen Behörden große organisatorisch-logistische Anstrengungen. Der Zustrom der Pilger wird stark begrenzt, Visa werden kontingentiert. Die Pilger lagern in einer riesigen Zeltstadt. ■

Die Kaaba

Die Kaaba (Bait Allah, „Haus Gottes"), ursprünglich älter als der Islam, ist das zentrale muslimische Heiligtum in der Großen Moschee zu Mekka: ein 12 x 17 Meter großer Würfel, nordöstlich, in einer Ecke der Kaaba befindet sich ein schwarzer Stein. Der Innenraum kann nur während des Haddsch betreten werden. Über dem Bau liegt ein riesiges Tuch aus schwarzer Baumwolle und Seide, das mit dem Glaubensbekenntnis und Koranversen bestickt ist. Der Überlieferung nach war der in der Kaaba gehütete schwarze Stein ein weißer Hyazinth, den die Sünden der Menschen schwarz färbten. Wahrscheinlich handelt es sich um einen Meteoriten, den man als Himmelsgabe verehrt.

Siebenmal umrunden die Pilger die Kaaba

Ramadan

Im Monat Ramadan, dem neunten Monat des islamischen Mondjahres, erfüllen die Gläubigen eine Grundpflicht des Islam: Männer und Frauen ab der Geschlechtsreife sollen den Monat (mal 29, mal 30 Tage) lang fasten und sich von Sonnenaufgang bis Sonnenuntergang aller leiblichen Genüsse enthalten. Der Ramadan ist eine Zeit der Hinwendung zu Gott. Sie soll sich nicht nur im Fasten ausdrücken, sondern auch in der Reue, im Gebet, im Rezitieren von Koransuren, dem Almosengeben und der Beilegung von Streit und Zwietracht. Von Sonnenaufgang bis Sonnenuntergang ist die reine Fastenpflicht ausreichend, die übrige Zeit ist dem Essen und dem Gebet gewidmet.

Freitagsgebet während des Ramadan

Die Praxis des Fastens geht auf einen vorislamischen Brauch zurück. Mohammed erhielt in einer der letzten Nächte des Ramadan, in der „Nacht der Bestimmung“, die erste der göttlichen Offenbarungen. Muslime erwarten den Anbruch dieses Tages am 27. Tag des Fastenmonats und feiern den Tag, mit dem die Herabsendung des Korans begann, mit einem Fest. Der Fastenmonat Ramadan wird mit dem Fest des Fastenbrechens, dem großen „Zuckerfest“ beendet. Der Ablauf und die Regeln des islamischen Fastens wurden durch den Koran und die Praxis des Propheten (arabisch: Sunna) definiert.

Rituelle Pflicht

Muslime fasten zwar nicht nur während des Fastenmonats, aber in diesem Monat ist das Fasten Pflicht. Der Ramadan beginnt mit dem Sichtbarwerden der Mondsichel. Das Fasten selbst beginnt mit der Morgendämmerung und endet abends bei Sonnenuntergang. Tagsüber soll sich der Gläubige aller Speisen und Getränke enthalten, nicht rauchen, nicht sexuell aktiv sein. Wer fastet, soll tagsüber auch keine Medikamente einnehmen, keine Infusionen bekommen, keine Zahnpasta benutzen. Nach Sonnenuntergang trifft man sich zum gemeinsamen Fastenbrechen.

Ramadan im Mondkalender

Weil die Daten des Ramadan wie die anderer islamischer Feste selbstverständlich nach dem Mondkalender ermittelt werden und das Mondjahr kürzer ist als das Sonnenjahr, verändern sich in jedem Jahr Anfang und Ende des Fastenmonats. Der Ramadan wandert jedes Jahr um elf Tage nach vorne durch das Sonnenjahr (z. B. 2007: 1. Ramadan am 13. September, Fastenbrechenfest am 13. Oktober; 2008: 1. Ramadan am 1. September, Fastenbrechenfest am 1. Oktober). Gemäß der prophetischen Anweisung ergibt sich das einmonatige Fasten jeweils vom Sonnenaufgang bis zum Sonnenuntergang (Sure 2, 184 u. a.): „Der Monat Ramadan, in welchem der Koran herabgesandt wurde als eine Leitung für die Menschen ... – wer von euch den Mond sieht [gemeint ist die Mondsichel, Hilal], der beginne das Fasten in ihm ... und brecht das Fasten erst, wenn ihr sie (wieder) seht ...“

Muslime sind während des Ramadan gehalten, die Gefühle anderer zu respektieren: Streit, Schimpfen, Beleidigungen, Verleumdungen gelten als Herabsetzung. Jeder Fastende solle versuchen, einen Zustand der Gelassenheit und der Ausgeglichenheit zu erreichen. Das Fasten soll Türen zu einer sozialeren und rücksichtsvolleren Gemeinschaft öffnen. Mit der Zakat (soziale Abgabe) soll die Aufmerksamkeit auf die Armut und Not anderer gelenkt werden. Die pflichtmäßige Spende wird üblicherweise im Ramadan, spätestens am 1. Schawwal, dem Folgemonat, gegeben.

Nachts finden nicht nur private Festlichkeiten, sondern auch öffentliche Andachten und eine zusätzliche Koranlesung in der Moschee statt. Man gedenkt auch der Offenbarung des Korans, er wird während des Ramadan in Abschnitten komplett rezitiert oder gelesen.

Fastenpflicht und Ausnahmen

„Ramadan“ stammt aus dem Arabischen und bedeutet „Hitze“, „Staub“ („heißer Monat“). Man vermutet, dass der Ausdruck den Durst beschreibt, den die Gläubigen während des Fastens empfinden – oder die Hitze, die die Sünden des Gläubigen verbrennt, sodass er gereinigt wird. Damit niemand Schaden nimmt, sieht der Islam eine Reihe von Ausnahmeregelungen vor: Kinder sollen langsam an das Fasten herangeführt werden, Kranke, Alte, menstruierende, schwangere, stillende Frauen, Menschen, die unter extremen Bedingungen arbeiten, und Reisende sind von der Fastenpflicht befreit.

Ende des Ramadans: das Zuckerfest

Die sechs Glaubensartikel

„Allah", Monogramm

Der Islam kennt sechs Glaubensgrundsätze: den Glauben an den einzigen Gott (Allah), seine Engel, seine Offenbarung, seine Gesandten, den Tag des Jüngsten Gerichts und die göttliche Vorsehung. Die Glaubensartikel werden im Koran und in den Hadithen erwähnt.

Die Offenbarung Gottes ist ausschließlich der Koran, Muslime halten die Texte der Thora und der Bibel für verfälscht. Neben jüdischen Propheten und Jesus kennt der Islam die arabischen Propheten Hud, Salid, Schuaib – und natürlich Mohammed. Insgesamt nennt der Koran 25 Propheten, 21 von ihnen sind aus der Bibel bekannt.

Der einzige Gott (Allah)

„Gott ist Einer. Er ist der Ewige. Er ist nicht gezeugt und er hat nicht gezeugt. Ihm gleich ist keiner", heißt es im Koran. Der Islam versteht sich als die einzige monotheistische Religion. Er lehnt die christliche Vorstellung einer Dreifaltigkeit vom Vater, dem Sohn und dem Heiligen Geist (Trinitätslehre) entschieden als polytheistisch ab, außerdem jede Personifizierung oder bildliche Darstellung Gottes. Es gibt einen Unterschied zwischen dem Schöpfer und dem, was er geschaffen hat. Die Schöpfung weist darauf hin, dass es etwas gibt, das größer ist als sie selbst.

Engel

Engel sind aus Licht (Nur) erschaffen, rein von Sünden und frei von körperlichen Bedürfnissen. Bedeutendster Engel

Glaubensartikel im Koran

„O ihr, die ihr glaubt, glaubet an Allah und Seinen Gesandten und an das Buch, das Er auf Seinen Gesandten herabgesandt hat, und die Schrift, die Er zuvor herabkommen ließ. Wer nicht glaubt an Allah und seine Engel und die Schriften und Seine Gesandten und an den Jüngsten Tag, der ist weit abgeirrt" (Sure 4, 136).

ist Djibril (Gabriel), durch den Mohammed zum Propheten berufen wurde und der ihm den Koran brachte. Engel nehmen mit den Menschen am Gebet teil, überbringen göttliche Botschaften, wirken als Schutzengel, bewachen Himmel und Hölle, notieren sehr genau die guten und schlechten Taten eines jeden Menschen – und tragen am Jüngsten Tag Gottes Thron. Viele meinen, die zwei Schreiberengel säßen auf der linken und rechten Schulter eines Gläubigen und der Friedensgruß am Ende eines jeden Gebetes gelte ihnen. Der Islam kennt nicht nur Engel, sondern auch andere Geistwesen: die Dschinn. Sie entstanden aus Feuer (Nar), sind intelligent, unsichtbar, sie können gläubig oder ungläubig, gutmütig oder böswillig sein – wie die Menschen.

Erzengel Gabriel

Das Jüngste Gericht

Vor dem Jüngsten Gericht wird es eine Endzeit geben, in der kosmische Veränderungen zu erkennen sind, besonders durch Erscheinen eines apokalyptischen Wesens (Daschal). Mit einem ersten Trompetenstoß des Engels Israfil werden Mikro- (Mensch) und Makrokosmos vernichtet, mit einem zweiten werden die Toten in ihren Gräbern auferweckt. Am Tag des Jüngsten Gerichts wird Gott alle Menschen, Dämonen und Engel in absoluter Gerechtigkeit nach ihrem Glauben und nach ihren Taten richten, die in einem Buch verzeichnet sind. Nach islamischer Überlieferung werden alle Taten eines Menschen gegen ein Stück Papier gewogen, auf dem das Glaubensbekenntnis niedergeschrieben ist. Es kann alle Sünden eines Menschen aufwiegen, jeder gläubige Muslim kann auf Fürsprache hoffen. Das Paradies, den Ort sinnlicher Freuden, erreicht er über eine Brücke, schärfer als ein Schwert und dünner als ein Haar. Ungläubige stürzen ins Höllenfeuer.

Göttliche Vorsehung

Nach islamischer Vorstellung sind wichtige Ereignisse in der Menschheitsgeschichte bereits von Gott vorherbestimmt. Gott ist allmächtig und unabhängig – und kann in die Zukunft sehen. Gott weiß, was passiert, noch bevor ein Ereignis eingetreten ist. Mit Beginn der Schöpfung wurden alle zukünftigen Ereignisse in einem Buch niedergeschrieben: „Kein Unheil geschieht auf Erden oder euch, das nicht in einem Buch stünde, bevor Wir es geschehen ließen“ (Sure 57, 22). Auch wenn der Mensch einen freien Willen besitzt, auf von Gott vorherbestimmte Ereignisse hat er keinen Einfluss. Ali ibn Abi Talib, vierter Kalif der Muslime (656–661), entwarf eine Allegorie auf das menschliche Leben und verglich es mit einer Schiffsreise, auf der der Mensch keinen Einfluss darauf hat, in welchen Häfen das Schiff anlegt.

Islamische Glaubensrichtungen

Streit um Mohammeds Nachfolge

Weil Mohammed keinen Nachfolger bestimmt hatte (und keiner seiner Söhne hatte ihn überlebt), kam es infolge seines Todes zu einer Auseinandersetzung um seine Nachfolge. An der Frage, wer befähigt und berechtigt sei, die Nachfolge des Propheten anzutreten und die Gläubigen zu lenken, spaltete sich die islamische Gemeinschaft in verschiedene Richtungen auf. Zu den ältesten Richtungen gehören die Sunniten, die Schiiten und die Charidschiten.

Die Spaltung hatte weniger religiöse, sondern vor allem politische Ursachen. Die Gemeinschaft der Muslime war nicht als religiöses, sondern auch als politisches Gemeinwesen gegründet worden und expandierte nach dem Tod des Propheten rasch. Machtkämpfe schlugen sich in der religiösen Opposition gegen eine bestimmte politische Richtung nieder.

Sunniten

Die Mehrheit der Muslime war mit den Kalifen („Nachfolger“) als religiöse und politische Führer einverstanden. Nach sunnitischer Auffassung kommt der Titel „Imam“ (Leiter der islamischen Gemeinde und Wahrer der göttlichen Gebote) nur den ersten vier „rechtgeleiteten“ Kalifen nach Mohammed zu. Die Sunniten erkennen auch jene Nachfolger des Propheten Mohammed als rechtmäßige religiöse Nachfolger an, die nicht zu dessen direkter Familie zählen. Die Bezeichnung der Sunniten leitet sich von der Sunna ab, der Überlieferung vom Leben, Wirken und der Aussprüche Mohammeds. Sunnitische Gelehrte, die in der Handhabung der Sunna geübt sind und ein stark juristisch geprägtes Studium absolviert haben, können z. B. als Richter, Prediger und geistige Lehrer auftreten, ihre wichtigste Funktion ist jedoch die des Muftis. Zum sunnitischen Islam gehören heute ca. 90 Prozent der Muslime.

Schiiten

Die Schiiten, deren Name sich von „Shiat Ali“ („Partei Alis“) ableitet, fanden auf die Frage nach der religiösen Autorität eine andere Antwort. Sie halten nur die leiblichen Nachkommen des Propheten als Oberhäupter der islamischen Gesamtgemeinde für legitim: Ali ibn Abi Talib, Schwiegersohn und Vetter des Propheten, wurde zwar vierter „rechtgeleiteter" Kalif, nach seinem Tod lehnten die Schiiten das Kalifat jedoch ab.

Die Söhne Alis folgten ihm als Imame nach – bis ihre Reihe mit dem zwölften Imam endete. Bezeichnend für die Schiiten wurden ihr Glaube an die zwölf Imame (und an die Wiederkehr des verschollenen zwölften) und eine starke Passionsbereitschaft. Der zwölfte Imam soll verschollen sein, seit seinem Verschwinden in der Abwesenheit verweilen, um eines Tages wieder glorreich zu erscheinen und dem wahren Islam zum Durchbruch zu verhelfen. Dieser verschollene zwölfte Imam ist der „Rechtgeleitete", dessen Ankunft die Schiiten herbeisehnen. Seitdem der letzte leibliche Nachkomme verschwand und bis zu dessen erwarteter Wiederkehr, nehmen islamische Gelehrte die Belange der Muslime wahr. Im Iran übernahmen Ayatollahs als höchste religiöse Autoritäten eine führende Rolle und bestimmen seither auch das politische Geschehen. Seit dem 16. Jh. ist das Kerngebiet der Schiiten der Iran. Man schätzt, dass etwa zehn Prozent aller Muslime Schiiten sind. Die schiitische Glaubensrichtung teilt sich noch in weitere Strömungen.

Mohammed, Fatima und Ali

Weitere islamische Gruppen

Weitere islamische Gruppen sind die Aleviten in Anatolien und die Ahmadiyya, eine messianische Strömung. Aus dem schiitischen Islam haben sich weitere eigenständige Religionen entwickelt: die Drusen (eine aus Ägypten stammende Gemeinschaft), der Babismus, der sich 1848 vom Islam lossagte, und die daraus hervorgehende Baha'i als Universalreligion. Der Volksislam kennt noch weitere, regional sich unterscheidende Formen der Frömmigkeit, die sich zumeist in Heiligenverehrung, Schutz- und Schadenszaubereien, Orakelbefragungen und mystischen Bruderschaften äußert.

Charidschiten

Die Charidschiten („die Ausziehenden") traten schon im 7. Jh. als Abspaltung der Gefolgsleute Alis im Irak auf. Sie vertraten die Ansicht, jeder habe das Recht, das Imamat oder Kalifat zu übernehmen. Der beste und frömmste Muslim sei durch Wahl zu bestimmen, an die Spitze der Gemeinschaft zu stellen und – im Falle des Scheiterns – wieder abzuwählen. Einziger bis heute existierender Zweig der Strömung sind die Ibaditen im Oman und in Nordafrika. Im Mittelpunkt steht eine strenge Auslegung der islamischen Pflichtenlehre.

Heilige Stätten

Felsendom in Jerusalem

Muslimen ist eine Vielzahl von Stätten heilig, drei Städten kommt eine besondere Bedeutung zu: Mekka, Medina und Jerusalem. Ihre Bedeutung ist unangefochten, weil in ihnen die wichtigsten Ereignisse während der Entstehung des Islam stattfanden. Neben diesen drei Städten kennt der Islam eine große Zahl von Wallfahrtsorten mit unterschiedlicher Bedeutung. Wichtigste Stätte ist Mekka.

Mekka (arab. Al-Makka) liegt im Westen Saudi-Arabiens und ist der symbolische religiöse Mittelpunkt aller Muslime: Die Hinwendung zur Stadt bestimmt die Gebetsrichtung aller Muslime, die Wallfahrt führt nach Mekka, dort wurde der Prophet Mohammed geboren. Wallfahrtsstätten in der Stadt sind die Kaaba im Hof der Hauptmoschee, der Brunnen Semsem, das Grab Chadidjas, der ersten Frau Mohammeds und die Gräber seiner Gefährten auf dem Friedhof Al-Mala.

Mekka

Der islamische Glaube verbindet die Stadt Mekka nicht nur mit dem Leben und dem Wirken Mohammeds, die Kaaba im Zentrum der großen Moschee von Mekka gilt als Zeugnis einer Geschichte des Glaubens, die weit in die Frühzeit der Menschheit zurückreicht. Nach vorislamischer Auffassung ist die Kaaba das älteste Gotteshaus, das je auf Erden errichtet wurde, es soll auf Adam zurückgehen und von Abraham erneuert worden sein (Sure 3, 96–97). Mekka war auch aufgrund dieser religiösen Anziehungskraft zu einem Zentrum des Karawanenhandels geworden und erlangte durch das Wirken Mohammeds als Mittelpunkt der islamischen Welt auch politische Bedeutung. Die Stadt und ihre Umgebung sind Nichtmuslimen nicht zugänglich.

Medina

Medina (arab. Al-Madina) liegt ca. 450 Kilometer nördlich von Mekka. Die Stadt beherbergt das Grab Mohammeds. Es ist nach der Kaaba in Mekka die wichtigste islamische Wallfahrtsstätte.

Schiitische Heiligtümer

Spiralminarett der Moschee von Samarra

Schiitische Heiligtümer sind die Mausoleen des ersten schiitischen Imams Ali in Nadschaf (Irak), des dritten Imams Hussein in Kerbela (Irak) sowie die Stadt Kazimiyya bei Bagdad (Ruhestätte von Musa al-Kazim, siebter Imam, und seinem Enkel Mohammed at-Taqi, neunter Imam der Schiiten). Im Februar 2006 wurde eines der wichtigsten Heiligtümer der schiitischen Muslime im Irak bei einem Sprengstoffanschlag schwer beschädigt.
Die Goldkuppel der „Goldenen Moschee" in Samarra am Tigris, 125 Kilometer nördlich von Bagdad, wurde zerstört. Die Moschee beherbergt die Schreine der von Schiiten verehrten Imame Ali Ibn Mohammed Al-Hadi und seines Sohnes Hassan Al-Askari, außerdem sind zwei weibliche Angehörige des Propheten Mohammed in dem Heiligtum begraben.

Medina bildete als Zentrum des von Mohammed geschaffenen Gemeinwesens die Grundlage für das islamische Weltreich. Kalif Walid I. ließ im 8. Jh. am Ort des ehemaligen Hauses, der Grabstätten Mohammeds und seiner Tochter Fatima, die „Große Moschee" errichten. Unter der Kuppel birgt sie das Grab des Propheten. Die Stadt trägt noch heute seinen Namen: Vor der Einwanderung Mohammeds von Mekka (622) aus hieß sie Yathrib (schon in vorislamischer Zeit eine bedeutende Stadt an der Weihrauchstraße), später erhielt sie den Namen Madinat an-Nabi („Stadt des Propheten").

Jerusalem

Die beiden wichtigen islamischen Stätten Jerusalems sind der Felsendom und die Al-Aksa-Moschee. Der Felsendom, ein achteckiger Kuppelbau, ist über einem Felsen errichtet worden, der sowohl bei Juden als auch bei Muslimen als Stätte des Abrahamopfers Verehrung findet. Der Fels lag im Bezirk des ersten Tempels, der von König Salomon errichtet, später zerstört, wieder aufgebaut und 70 n. Chr. von den Römern endgültig zerstört wurde. Muslime verbinden den Felsen mit der Himmelfahrt Mohammeds. Der Felsendom heißt nach dem Kalifen, dem der Bau zugeschrieben wird, auch Omar-Moschee. Die Al-Aksa-Moschee wurde auf den Trümmern des jüdischen Tempelberges erbaut, sie wird mit der Nachtreise Mohammeds von der Kaaba nach Jerusalem in Verbindung gebracht: „Preis dem, der Seinen Diener des Nachts entführte von der heiligen Moschee zur fernsten Moschee [Al-Aksa] ..." (Sure 17, 1). Die Moschee wurde im 8. Jh. erbaut, mehrfach umgestaltet und nach der israelischen Besetzung Ostjerusalems (1967) mehrfach das Ziel von Anschlägen.

Islamische Feste

Der Islam kennt nur zwei allgemeine religiöse Feste: das Fest des Fastenbrechens als Abschluss des Fastenmonats Ramadan und das Opferfest zum Ende der Pilgerzeit am zehnten Tag des Pilgermonats. Sie sind für alle Völker verbindlich und richten sich nach dem islamischen Mondkalender.

Ein Schüler bereitet während der Abenddämmerung das Essen im Innenhof einer Moschee. Nach Sonnenuntergang dürfen die wartenden Gläubigen das Fasten brechen.

In einigen muslimischen Ländern feiert man seit dem Hochmittelalter den Geburtstag des Propheten Mohammed. Kritiker missbilligen die überhöhte, christusgleiche Stellung des Propheten. Das Fest ist jedoch, wie bestimmte Heiligentage auch, fester Teil des Brauchtums geworden.

Fastenbrechen

Ein wichtiger Tag des islamischen Kalenders ist der erste Tag des Fastenbrechens (am ersten Tag des Schawwal, des Monats, der auf den Ramadan folgt). Er markiert das Ende des Fastenmonats Ramadan. Das Fest dauert drei bis vier Tage und heißt auch „Zuckerfest", weil man den Kindern Süßigkeiten schenkt. Auch Erwachsene machen sich gegenseitig Geschenke. Man besucht Verwandte, Freunde, Bekannte und sucht die Moschee zum gemeinsamen Gebet auf. Der Tradition nach hat jeder Muslim die Pflicht, ein Almosen zu geben. Der Brauch geht auf Mohammed zurück und wird noch heute eingehalten. In islamischen Ländern ist am Fest des Fastenbrechens in der Regel arbeits- und schulfrei.

Opferfest

Das Opferfest am zehnten Tag des Pilgermonats ist zwar als eine der abschließenden Zeremonien der Pilgerfahrt zunächst ein Ritus des Haddsch, wird aber nicht nur von Wallfahrern, sondern von allen Muslimen weltweit gefeiert. In Erinnerung an den Widder, den Abraham statt seines Sohnes opferte, ist es üblich, ein Tier zu schlachten (z. B. eine Ziege oder ein Schaf). Ein Drittel des Fleisches spendet man an Bedürftige, ein Drittel an Verwandte, ein Drittel behält die Familie selbst. Es sind auch Geldspenden an soziale Einrichtungen üblich.

Geburtstag des Propheten

Seit dem 12. Jh. begeht man am 12. Tag des Monats Rabi al-Awwal den Geburtstag Mohammeds (Maulid). Weil der genaue Geburtstag unbekannt blieb, erklärte man den Todestag auch zu seinem Geburtstag. In vielen islamischen Ländern ist der Tag offizieller Feiertag. Er soll mit Prozessionen, Predigten und Gebeten begangen werden, in Andachten rezitiert man Gedichte über Mohammed. Die Moscheen sind mit zahlreichen Lichtern feierlich erleuchtet. Kritiker missbilligen die Neuerung und verweisen auf die Gefahr einer Vergöttlichung nach christlichem Vorbild, Befürworter verweisen auf eine Stärkung der Frömmigkeit in weiten Kreisen der Bevölkerung. Ein weiterer Feiertag zu Ehren Mohammeds ist der Tag seiner „Himmelsreise“ am 27. Radjab. Der Prophet soll nach der „Himmelsreise“, auf der ihn der Engel Gabriel führte, von Jerusalem aus in die Gegenwart Gottes erhoben worden sein.

Umstrittene Heiligenfeste

Umstritten sind im Islam die überall in der islamischen Welt gefeierten Heiligenfeste, z. B. zu Ehren des Mystikers Ahmad al-Badawi (um 1199–1276). Man glaubt, dass von sogenannten Gottesfreunden eine besondere Segenskraft ausgehe. Sie könnten – lebendig oder tot – Wunder bewirken und Menschen bei ihren persönlichen Problemen beistehen. Es hat sich ein Grabeskult und ein eigenes Pilgerwesen entwickelt, das Ähnlichkeiten zum Katholizismus aufweist.

Aschura

Im schiitischen Bereich wird der zehnte Muharram (erster Monat des islamischen Kalenders) als „Aschura“-Tag begangen – dem Todestag Huseins, des Enkels des Propheten, der bei Kerbela in der Nähe von Bagdad in einer Schlacht getötet wurde. Alle Muslime empfinden das Ereignis als Katastrophe, aber Schiiten gilt der gesamte Monat als Trauerzeit. Die islamischen Passionsspiele entwickelten sich im 16. Jh. im Iran und gelangten von dort z. B. nach Indien und in schiitisch geprägte Regionen der islamischen Welt. Der Ablauf der Trauerfeierlichkeiten folgt einem genau festgelegten Schema. Wesentliche Bestandteile sind, die Versammlung der Gläubigen während der ersten zehn Tage in Moscheen, um der Leidensgeschichte des Prophetenenkels zu gedenken; Prozessionszüge, die ihren Höhepunkt am Aschura-Tag finden, dem Tag der symbolischen Beerdigung Huseins, mit Geißelung durch z. B. Ketten oder Säbel; Nachstellung der Ereignisse von Kerbela in einem Passionsspiel; Beköstigung Bedürftiger durch wohlhabende Gemeindemitglieder.

Schiiten feiern Aschura

Der Sufismus

Anhänger des Sufismus

Eine mystisch-asketische Richtung des Islam ist der Sufismus. Die Mystiker bezeichnet man als Sufis, sie wurden vermutlich nach ihrem wollenen Büßergewand (arab. Suf, „Wolle") benannt. Die islamischen Mystiker predigen die Liebe zwischen Gott und den Menschen und streben Armut und Askese an. Über innere Reinigung und asketische Übungen wollen sie auf einen mystischen Pfad gelangen, der sie vom eigenen Ich löst und eine Verbindung zu Gott herstellt.

Der Sufismus ist seit dem 8. Jh. bezeugt. Schon seit seinen Anfängen war er eine vielfältige Bewegung, geprägt sowohl durch eine schlichte Frömmigkeit und eine subtile Ethik als auch durch ekstatisch-mystisches Gedankengut und verschiedene Formen der Askese.

Lehre

Der Sufismus ergänzte die sehr gesetzestreuen Richtungen und bereicherte den Islam um die Gottesliebe. Diese Liebe führt zur vertieften Hingabe, die bis in einen spirituellen Zustand reichen kann, in dem der eigene Wille zugunsten eines absoluten Vertrauens zu Gott aufgegeben worden ist. Der Sufi versteht sein Leben als Weg, auf dem er alles überwindet, was ihn von Gott trennt: Gottesliebe hat Vorrang vor Gottesfurcht. Sein Ziel erreicht der Sufi im Zustand der Ekstase (Ghaiba) und im Zustand mystischer Auflösung des Selbst (Fana).

Der Sufismus legt vermindert Wert auf die Erfüllung der Gesetze, er strebt eine über den Islam als Gesetzesreligion hinausgehende individuelle Verinnerlichung an und wendet sich gegen die Autorität der Imame ebenso wie gegen eine absolute Gehorsamsforderung gegenüber Gott, wie sie z. B. die Sunniten erheben – und ruft so die Ablehnung der orthodoxen islamischen Theologen und Rechtsgelehrten hervor. Insbesondere die Lehre von der Einswerdung mit Gott gilt Orthodoxen als Angriff auf das Prinzip von der unantastbaren Einheit Gottes. Manche Muslime kritisieren die Praktiken des Sufismus, weil sie nicht aus Koran und Hadith abgeleitet wurden. Denn alles Handeln soll sich nach orthodoxer Vorstellung auf einen der beiden Grundtexte des Islam beziehen.

Derwische

Tanzende Derwische

Der türkische Mevlevi-Orden, bekannt durch seine in weiße Gewänder gekleideten „wirbelnden" (oder sich drehenden) Derwische, geht auf den persischen Sufi Dschalad ad-Din Rumi (1207–73) zurück. Das Gebet der Derwische besteht darin, sich durch kreisende Bewegungen der Welt zu verschließen, in Ekstase zu geraten und Gott näher zu kommen. Die rechte Handfläche der Sufis zeigt nach oben (um den Segen Gottes zu empfangen), die linke nach unten (um den Segen Gottes in der Welt zu verteilen).

Mittel

In seiner Entwicklung, die sich vor allem in Iran vollzog, ging der Sufismus mit Ordensgründungen einher. Seit dem 12. Jh. entstanden aus Kreisen von Schülern, die sich um anerkannte Sufis gebildet hatten, ordenartige Vereinigungen. Die Ordensbrüder des Sufismus werden Derwische genannt, sie wollen die mystische Ekstase mit Hilfsmitteln wie Musik und Tanz erreichen. Um sich zu versenken, benutzen die Sufis seit ca. dem 10. Jh. die Kraft der Musik: Lyrische Gesänge und rhythmisches Trommeln sollen sie in tranceartige Zustände versetzen, spezielle Atemtechniken und Tänze die Konzentration auf Gott und Gebetsformeln erhöhen. Die Trance kann sich bis zur Ekstase steigern. So wie der Lebensstil der Orden eine große Vielfalt hervorgebracht hat, unterscheiden sich auch die Praktiken der verschiedenen Orden. Manche leben auch streng nach den Gesetzen der Scharia, dem islamischen Recht, andere leben sehr verinnerlicht. Neben den in Konventen oder Bruderschaften zusammengefassten Gemeinschaften führen freie Wanderderwische ein ungebundenes Leben.

Wirkung

Der Sufismus breitete sich in der gesamten islamischen Welt aus und spielte eine bedeutende Rolle für die Volksfrömmigkeit: Einerseits prägte er vor allem den volkstümlichen Islam, andererseits nahm er Elemente aus dem Volksislam auf. Sufis werden als wundertätige Heilige verehrt, manche ihrer Grabstätten wurden zu Wallfahrtsorten. In der Dichtung findet sufisches Gedankengut Ausdruck (bedeutend u. a. Djalal od-Din Rumi). Der soziale und politische Einfluss des Sufismus war noch bis ins 19. Jh. hinein beträchtlich. Sufische Bruderschaften prägen heute den Islam vor allem in Afrika. Während manche Muslime den Sufismus als überkommen ablehnen, versuchen andere, ihn für eine Erneuerung des Islam nutzbar zu machen. ■

Die Moschee

Moschee in Isfahan

Das Wort „Moschee" geht unmittelbar auf den arabischen Ausdruck „Maschid" zurück („Ort, an dem man niederkniet"). Nach islamischer Vorstellung gab Gott selbst die Erlaubnis, Moscheen zu errichten, um in ihnen seiner zu gedenken. Die Moschee ist kein Sakralbau im engeren Sinne, sondern in erster Linie ein Versammlungsraum. Man kommt nicht nur zum obligatorischen Gebet in die Moschee, sondern auch zur individuellen Andacht, um sich auszuruhen oder um mit anderen Gläubigen zu plaudern oder zu diskutieren.

Wenn auch jeder Muslim der Pflicht zu täglichen rituellen Gebete allein nachkommen darf, soll man das Freitagsgebet in der Gemeinschaft anderer Gläubiger verrichten. Das Besondere am Freitagsgebet besteht darin, dass in dessen Verlauf eine Predigt gehalten wird. In größeren Städten gibt es eine oder mehrere Freitags- bzw. Versammlungsmoscheen, die man Dschami („Versammlungsort") nennt, einfache oder kleinere Moscheen heißen Maschid. Im Innern einer Moschee findet man keinerlei Bilder oder Kultgegenstände. Zur Ausstattung gehören Koranständer, Leuchter und Teppiche bzw. Matten. Schmuck beschränkt sich auf Kalligrafien (Koransprüche) und Ornamente.

Aufbau

Eine Moschee hat meist einen quadratischen oder rechteckigen Grundriss mit einem oder mehreren Türmen (Minaretten). Von einem Minarett aus werden die Gebetszeiten durch einen Muezzin angekündigt. Im Inneren der Moschee gibt es eine „Waschanlage", um sich durch eine Waschung in den Zustand ritueller Reinheit versetzen zu können. Der Betsaal bietet eine freie Fläche, auf der die Gläubigen in Reihen neben- und hintereinander gemeinsam das Gebet verrichten können. Sie ist mit Matten oder Teppichen ausgelegt, Bänke gibt es in einer Moschee traditionellerweise nicht. Es gibt eine Kanzel (Minbar), von der aus gepredigt wird. Mindestens drei Stufen führen zur Kanzel hinauf. Um zu wissen, in welche Richtung man sich wenden muss, um nach Mekka zu beten, ist die Gebetsrichtung an der sogenannten Kiblawand durch eine Gebetsnische (Mihrab) angezeigt, die oft reich mit Koranversen verziert ist. Sie hat auch eine praktische Bedeutung, weil sie die

Stimme des Imam verstärkt. Der Imam betet vor den Gläubigen, sein Platz kann leicht erhöht sein, damit die Gläubigen seinen Bewegungen gut folgen können.

Weil die Moschee auch ein Ort der religiösen Bildung ist, können der Moschee eine Bibliothek und Unterrichtsräume (Koranschule) angeschlossen sein, eine Teestube als Treffpunkt der älteren Männer oder von Frauen, soziale Institutionen. Sie kann in nicht islamischen Ländern auch Anlaufstelle für den Kauf von Lebensmitteln sein, die den islamischen Speisevorschriften entsprechen.

Betsaal der Moschee in Córdoba

Architektur

Die „Große Moschee" in Medina ist der älteste Typ der Moschee und wurde wegweisend für die Architektur der islamischen Moschee schlechthin. Sie umfasst zusätzlich zu einem rechteckigen Betsaal einen quer dazu gelegten Lichthof mit umlaufenden Arkaden. Manche Moscheen legen auch Zeugnis ab von großen Leistungen der Architektur. Zu den bedeutenden Moscheen außerhalb der Wallfahrtsorte Mekka und Medina gehört in der islamischen Welt die Al-Azhar-Moschee in Kairo („die Strahlende"). Sie ist zugleich theologische Hochschule und die heute älteste und bedeutendste sunnitische Universität. Von ebensolcher Bedeutung ist die Sultan-Ahmed-Moschee („Blaue Moschee") in Istanbul. Alle Wände des riesigen Innenraumes sind mit blau-grünen Kacheln (Fayencen) verziert. Manche Bauten machen Anleihen bei der Architektur des 20. Jh., z. B. die Faisal-Moschee in der pakistanischen Hauptstadt Islamabad. Sie gehört zu den größten Moscheen in Asien. Die „Mezquita", die große Moschee in Córdoba (Spanien), ist eine der wenigen bedeutenden historischen Moscheen in Europa. Sie wurde ab 785 errichtet, ihr Betsaal wird von 540 Säulen und Doppelbögen gestützt, die den Blick in Richtung Himmel lenken.

Großzügiger Ausbau

Die beiden Hauptmoscheen in Mekka und Medina wurden von Saudi-Arabien inzwischen großzügig ausgebaut: Die Grabmoschee in Medina fasst knapp 500.000 Besucher, die Große Moschee in Mekka ca. 650.000 Besucher. Die Al-Haram-Moschee in Mekka weist neun Minarette mit einer Höhe von 89 Metern auf, hat elf Treppengänge und sieben Rolltreppen. Zusammen mit dem Flachdach, das mit Steinplatten ausgelegt ist und das sich zu den Gebetszeiten ebenso mit Gläubigen füllt, ist die Moschee dreistöckig.

Islamische Zeitrechnung

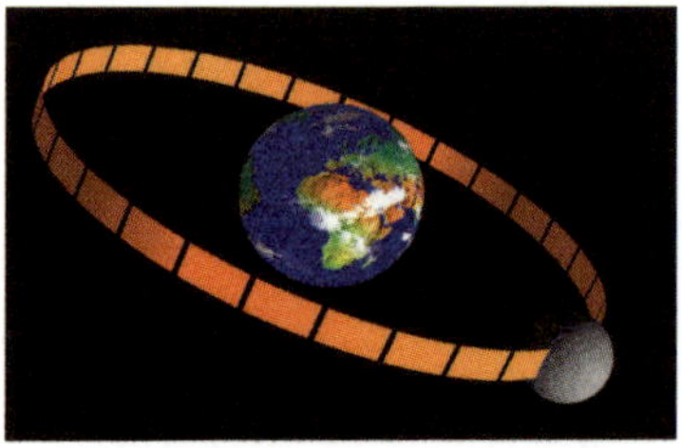

Umlaufbahn des Mondes um die Erde

Als man in Mekka Mohammeds Lehre ablehnte, wanderte er mit Anhängern nach Yathrib, später Medina, aus. Dieser Auszug des Propheten aus Mekka (Hidschra) im Jahr 622 markiert den Beginn der islamischen Zeitrechnung, weil Mohammed danach in Medina ein islamisches Gemeinwesen aufbaute. Unter dem Kalifen Umar I. (634 – 644 n. Chr.) wurde nach dem Tod des Propheten eine eigene islamische Zeitrechnung eingeführt. Das islamische Jahr eins ist nach christlicher Zeitrechnung das Jahr 622.

Der islamische Kalender ist ein Mondkalender, er wird bestimmt durch den Umlauf des Mondes um die Erde. Gerechnet wird nach dem Mondjahr und dem Mondmonat. Das Jahr besteht aus zwölf Monaten, die abwechselnd eine Dauer von 29 und 30 Tagen haben. Das Mondjahr besteht aus sechs Monaten mit 30 Tagen und sechs Monaten mit 29 Tagen, hat also 354 Tage, das Sonnenjahr, der Zeitraum, in dem die Erde einmal um die Sonne wandert, hat 365 Tage und alle vier Jahre einen zusätzlichen Tag. Zwischen dem Mond- und dem Sonnenjahr besteht demnach eine Differenz: Das Mondjahr ist ca. elf Tage kürzer.

Mond- und Sonnenjahre

Die Differenz zwischen Mond- und Sonnenjahr, astronomische Feinheiten, Reformen und Varianten machen die Umrechnung des Kalenders von der islamischen in die christliche Zeitrechnung und umgekehrt nicht einfach. Für die Umrechnung von einem Mondjahr in ein Sonnenjahr und umgekehrt gibt es z. B. diese Formeln:

(islamisches Jahr x 32 : 33) + 622 ≈ christliches Jahr

(christliches Jahr – 622) x 33 : 32 ≈ islamisches Jahr

Inzwischen stehen im Internet entsprechende Umrechnungsprogramme zur Verfügung.

Erkennen der Mondsichel

Der Koran bestimmt, dass der Beginn eines Monats vom Erkennen der ersten Mondsichel (Hilal) nach Neumond abhängig ist, astronomische Berechnungen sollen erst dann erfolgen, wenn eine Sichtung nicht möglich ist. Der Beginn eines Jahres oder eines Monats kann in verschiedenen Regionen der Erde zu verschiedenen Zeitpunkten stattfinden. Weil aber die Bestimmung der Monatsdaten aus religiösen Gründen erforderlich ist, gibt es überall auf der Welt Einrichtungen, die sich mit der genauen Festlegung der Jahre und Monate befassen. In Deutschland ist dafür der Deutsche Islamwissenschaftliche Ausschuss der Neumonde (DIWAN) zuständig.

Die Monate

Die islamischen Monate heißen: Muharram, Safar, Rabi al-Awwal (Rabi I), Rabi al-Thani (Rabi II), Djumada al-Ula (Djumada I), Djumada al-Akhira (Djumada II), Radjab, Schaban, Ramadan, Schawwal, Dhu l-Qada und Dhu l-Hiddscha. Von diesen Monaten gelten vier als heilig: Muharram (mit Neujahrstag), Radjab, Dhu l-Qada und Dhu l-Hiddscha (Monat der Wallfahrt nach Mekka). Ein Mondmonat hat 29 Tage, zwölf Stunden, 44 Minuten und 2,8 Sekunden. Daher kann ein islamischer Monat 29 oder 30 Tage lang sein. Weil ein Mondjahr kürzer ist als ein Sonnenjahr, verändern sich in jedem Jahr Anfang und Ende der Monate: ein muslimischer Monat wandert also gewissermaßen jedes Jahr um elf Tage nach vorne durch das Sonnenjahr. Damit wandern auch die islamischen Feiertage: Maulid, der Geburtstag des Propheten Mohammed, wird z. B. am 20. März 2008 sowie am 9. März 2009 gefeiert; das islamische Neujahrfest am 1. Muharram 1429 entspricht dem 10. Januar 2008, der 1. Muharram 1430 dem 29. Dezember 2008. Ein wichtiger Monat wie der Fastenmonat Ramadan kann also einmal im Winter liegen und ca. 15 Jahre später im Sommer.

Die Wochentage beginnen – wie z. B. im Judentum – mit dem Sonntag und enden mit dem Samstag. Der Freitag ist zwar der wöchentliche islamische Feiertag, aber nicht der letzte islamische Wochentag.

Um deutlich zu machen, dass es sich bei einer Jahreszahl um die Angabe nach islamischer Zeitrechnung handelt, stellt man der Jahreszahl die Angabe „vor der Hidschra" (v. H.) oder „nach der Hidschra" (n. H.), „Anno Hidschra" (AH) nach. Die islamische Zeitrechnung begann also mit dem 1. Muharram 1 AH.

Während sich der westlich-christliche Kalender (gregorianischer Kalender) im Alltags- und Wirtschaftsleben fast aller islamischen Länder durchgesetzt hat, ist der islamische Kalender zur Berechnung und Festsetzung wichtiger religiöser islamischer Feste, insbesondere des Fastenmonats Ramadan, unerlässlich. Nationalfeiertage, andere nationale Gedenktage, Neujahr, internationale Feier- und Gedenktage werden nach dem gregorianischen Kalender gefeiert.

Islamische Rituale

Neben den Pflichten der „fünf Säulen" existiert eine Reihe von Ritualen, die das alltägliche Leben eines Muslims bestimmen.
Im Islam gibt es keinen Initiationsritus, der mit der Taufe vergleichbar wäre. Von Mohammed ist überliefert, dass jeder Mensch als Muslim geboren wird. Denn es gehört zur natürlichen Anlage eines jeden Menschen, Gott ergeben zu sein (= Islam): Es sind die Eltern, die einen Menschen zum Angehörigen einer anderen Religion machen. Konvertiert jemand zum Islam, kehrt er nach islamischer Vorstellung lediglich zum Islam zurück.

Lebenslauf

Die Beschneidung wird in der Praxis an allen männlichen Muslimen vollzogen. Sie wird nicht im Koran erwähnt, ist keine bindend religiöse Pflicht und gründet sich im Wesentlichen auf das vorbildhafte Verhalten Abrahams und Mohammeds. Ein bestimmtes Datum ist nicht vorgesehen, meist findet die Beschneidung am siebten Tag nach der Geburt oder zwischen dem fünften und dem siebten Lebensjahr statt. Von Konvertiten wird erwartet, dass sie sich beschneiden lassen.

Zu den islamischen Begräbnisritualen gehören die Waschung des Leichnams, das Einhüllen in ein Leichentuch, ein Totengebet und die Grablegung auf einem Friedhof. Wer morgens stirbt, soll noch am selben Tag, wer abends stirbt, am Folgetag bestattet werden. In den islamischen Ländern wird der Verstorbene im Leichentuch ohne Sarg beigesetzt. Das Grab ist im rechten Winkel zur Kibla angelegt, der Körper wird auf die Seite gedreht, damit die Augen des Verstorbenen nach Mekka gerichtet sind.

Gebet

Muslime verwenden, ähnlich dem christlichen Rosenkranz, auch eine Gebetskette (Misbaha) mit üblicherweise 99 Perlen. Beim Abzählen der Perlen werden Koranverse, Gebete und Lobpreisungen Gottes rezitiert – oder die 99 schönsten Namen Gottes (Sure 7, 180) als Gebet gesprochen. Das Beten mit der Misbaha ist vor allem in Übungen der Sufis verbreitet, sie wird aufgrund der ihr innewohnenden Segenskraft gerne gebraucht. Männer tragen

Muslimische, katholische und buddhistische Gebetsketten

Abbildungsverbot

Im Islam herrscht ein strenges Bilderverbot: Gott, Engel, Menschen und Tiere dürfen in einem religiösen Kontext nicht abgebildet werden. Ist der Prophet Mohammed dennoch auf einem Bild zu sehen, ist sein Gesicht verhüllt oder mit einem weißen Farbfleck abgedeckt. Die Kalligrafie („Kunst des Schönschreibens") gilt im Islam als Königin der Künste und ersetzt die Ausgestaltung mit Bildern. Kunstvoll kalligrafisch gestaltete Wörter und Sätze zieren Koranausgaben und Bauwerke.

Kalligrafische Ornamente an einer Moschee

die Misbaha häufig als Schmuck. Vermutlich war die islamische Gebetskette das Vorbild für den Rosenkranz.

Nur im Zustand ritueller Reinheit darf ein Muslim die Moschee betreten, dort beten oder im Koran lesen (Sure 5, 6). Muslime bereiten sich mit einem Reinigungsritual, der Waschung, auf das Gebet vor. Unrein sind Frauen während ihrer Menstruation, nach der Geburt und im Wochenbett, alle Gläubigen nach einer Ohnmacht, nach Geschlechtsverkehr und durch jede Art von Körperausscheidungen. Bei der rituellen Waschung zum Gebet reicht meist das Waschen von Händen, Unterarmen, Ellbogen, Gesicht, Ohren und Füßen aus, die Haare sollen zumindest mit Wasser benetzt werden. „Große Unreinheiten" (z. B. infolge von Geschlechtsverkehr) sollen durch eine Ganzkörperwaschung beseitigt werden. In allen Moscheen sind Waschräume, mindestens Brunnen installiert. Steht z. B. auf Reisen kein Wasser zur Verfügung, darf die Reinigung auch mit Sand durchgeführt werden.

Speisevorschriften

Wie das Judentum kennt auch der Islam Bestimmungen bezüglich dessen, was als rein oder unrein, was als erlaubt (halal) oder als verboten (haram) gilt. Die islamischen Speisevorschriften gestalten sich einfacher als die jüdischen: Sie regeln, welches Fleisch verzehrt werden darf und was bei der Schlachtung zu beachten ist. Aus dem koranischen Weinverbot (Sure 5, 90) ergibt sich gleichzeitig ein Alkoholverbot. Es besteht ein Verbot aller Nahrungsmittel, die vom Schwein stammen. Im Islam ist die Schächtung des Tieres erforderlich, der Koran fasst eine Reihe von Regelungen zum Verzehr von Fleisch zusammen (Sure 5, 3ff). Wer keine Möglichkeit hat, sein Überleben zu sichern, darf auch zu verbotenen Speisen greifen (Sure 5, 3).

Ausbreitung des Islam

Nach dem Tod Mohammeds breitete sich der Islam explosionsartig aus. Nach einem Jahrhundert dehnte sich der Islam vom Indischen Ozean bis zum Atlantik und weiter in Richtung Mitteleuropa, von Arabien über Persien bis nach Zentralasien aus.

Kalifen

Unter den „rechtgeleiteten" Kalifen Abu Bakr (632–634) und Umar I. (634–644) setzte eine Eroberungswelle ein, die schon nach einem Jahrzehnt große Teile des Nahen Ostens erschlossen hatte: 633 das südliche Mesopotamien, 636 Syrien, 641 Ägypten, 642 Persien, 674 belagern Muslime Konstantinopel, 711 gelangen Muslime (Berber) über Gibraltar nach Spanien, 732 stehen Muslime vor den Toren der französischen Stadt Tours.

Islamische Expansion

Geschwindigkeit und Ausdehnung der islamischen Expansion lassen sich nicht ausreichend militärisch erklären, denn das bescheidene militärische Potenzial hätte nicht ausgereicht, um Weltreiche zu erobern. Die Bevölkerung des Nahen Ostens, Persiens, Nordafrikas und Spaniens stand der neuen Religion aus verschiedenen Gründen aufgeschlossen gegenüber: Viele Christen (z. B. Arianer, Nestorianer) standen der Christologie skeptisch gegenüber. Viele christianisierte Stämme betrachteten Jesus seit jeher nicht als Gott, sondern ebenfalls als Propheten. Die islamische Dogmatik schien einfacher zu erfassen zu sein als die christliche Trinitätslehre. Die islamische Steuerverwaltung schien milde und berechenbar.

Später verbreiteten die Türken den Islam in neuen Eroberungswellen: Um 1000 führte der türkische Heerführer Mahmud von Ghazni erfolgreiche Eroberungszüge in den Panjab und den Nordwesten Indiens (Ausdehnung seines Reiches über Nordindien, die Gebiete der heutigen Staaten Afghanistan, Iran, Pakistan). Seit Mitte des 14. Jh. eroberten Osmanen die Balkanhalbinsel. Die Einnahme Konstantinopels (1453) unter Sultan Mehmet II. beendete nicht nur das Byzantinische Reich, sondern hatte auch eine große Signalwirkung nach Europa. Konstantinopel wurde zur Hauptstadt des riesigen Osmanischen Reiches. Im Laufe seiner Geschichte erreichte es seine größte Ausdehnung von Ägypten zu den heiligen Städten Mekka und Medina, im Westen bis nach Mitteleuropa: 1529 und 1683 gelangten die Türken bis vor Wien. In Schwarzafrika (im 9. Jh.) und in Südostasien (malaiischer Archipel, 12.–15. Jh.) wurde der Islam vorwiegend durch Händler verbreitet. Nachdem sich im Iran um 1500 schiitische Einflüsse durchgesetzt hatten, breitete sich der Islam im 15./16 Jh. weiter in den indisch-indonesischen Raum aus. Der Islamisierungsprozess wurde erst durch den erstarkenden Einfluss von Hindus und Sikhs sowie der englischen Kolonialherrschaft gebremst. Trotz Gebietsverlusten, politischen Verfalls und geistiger Stagnation im 17.–19. Jh. breitete sich der Islam in zentralasiatischen Staaten und China wie auch in West- und Ostafrika weiter aus.

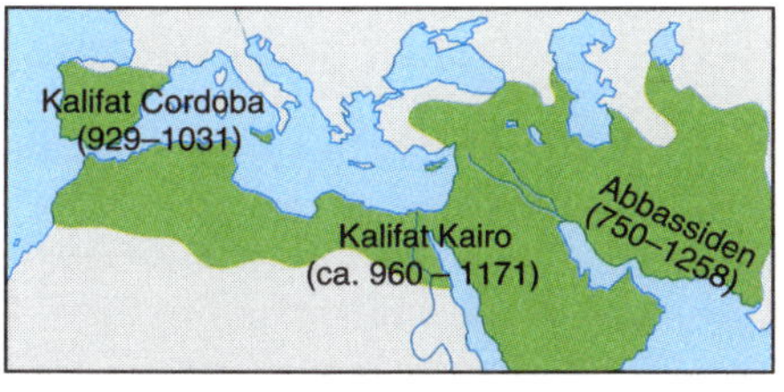

Ausbreitung des Islam im Mittelalter

Heutige Ausbreitung

In Reaktion auf die christliche Mission setzte im 20. Jh. auch eine islamische Mission ein, die in den nur oberflächlich islamisierten Regionen Südostasiens und Afrikas tätig wurde. Ihr Erfolg beruht insbesondere auf den folgenden Faktoren: Der Islam gilt den Menschen als zukunftsweisende Religion der Dritten Welt, als Ersatz oder Stütze für die nach dem Kolonialismus zerbrochene Identität. Sie lehnen das Christentum als mit den europäischen Kolonialmächten verbundene Religion ab. Die Verbreitung des Islam wird in neuerer Zeit durch Wanderung islamischer Bevölkerungsgruppen in nicht islamische Länder gefördert (z. B. Migration indischer Arbeitnehmer nach Südafrika). In den Ländern Westeuropas ist der Islam insbesondere wegen der Auswirkungen der Kolonialzeit und der Migrationsbewegungen der letzten Jahrzehnte präsent.

Der Islam in Zahlen

Länder mit der in absoluten Zahlen größten muslimischen Bevölkerung liegen in Südostasien und Südasien. Heute leben in Indien, Pakistan und Bangladesch mehr Muslime als im gesamten Nahen Osten. Indonesien ist das Land mit der größten muslimischen Bevölkerung, dort bekennen sich 87 Prozent der Bevölkerung zum Islam. Von den weltweit knapp einer Milliarde Muslimen leben in Asien 637 Mio., in Afrika 278 Mio., in Ländern der ehemaligen Sowjetunion 39 Mio., in Europa 13 Mio., in Angloamerika 3 Mio., in Lateinamerika 1 Mio.

Die Stellung der Frau

Iranische Schulmädchen

Mann und Frau sind gleichwertige Geschöpfe, weil sie aus einer Seele erschaffen worden sind. Sie werden im Koran gleichermaßen angesprochen: „Siehe, die muslimischen Männer und Frauen, die gläubigen, die gehorsamen, die wahrhaftigen, standhaften, demütigen, Almosen spendenden, fastenden, ihre Scham hütenden und Allahs häufig gedenkenden Männer und Frauen, bereitet hat ihnen Allah Verzeihung und gewaltigen Lohn" (Sure 33, 35). Auf Erden haben Männer und Frauen die gleiche islamische Berufung: Sie sollen ihre Hingabe an den einen Gott verwirklichen.

Im Hinblick auf die gesellschaftliche Stellung und juristische Positionierung der beiden Geschlechter räumt der Islam dem Mann jedoch eine vorrangige Stellung ein. Der Mann gilt wegen seiner körperlichen Kraft und wegen seines Vermögens meist als überlegen. Die islamische Gesellschaft ist patriarchalisch organisiert.

Religiöse Rechte und Pflichten

Mann und Frau haben die gleichen religiösen Rechte und Pflichten: Sie beten, fasten und pilgern auf die gleiche Weise und zahlen Steuern. Die Teilnahme am Freitagsgebet ist Frauen aus Gründen familiärer und häuslicher Verpflichtungen

Frauen im Koran

„Die Männer sind den Weibern überlegen wegen dessen, was Allah den einen vor den andern gegeben hat und weil sie von ihrem Geld (für die Weiber) auslegen. Die rechtschaffenen Frauen sind gehorsam und sorgsam in der Abwesenheit (ihrer Gatten), wie Allah für sie sorgte. Diejenigen aber, für deren Widerspenstigkeit ihr fürchtet – warnet sie, verbannet sie in die Schlafgemächer und schlagt sie. Und so sie euch gehorchen, so suchet keinen Weg wider sie; siehe, Allah ist hoch und groß" (Sure 4, 34).

freigestellt. Weil sich Mann und Frau ergänzen, wird Ehelosigkeit als eine nur scheinbare Form der Gottgefälligkeit missbilligt Die islamische Ethik empfiehlt – auch den Gelehrten – ausdrücklich die Ehe. Beide Ehepartner behalten ihren Geburtsnamen und das Recht auf berufliche Entfaltung, beide sind zur Verfügung über ihr eigenes Vermögen berechtigt.

Aus einer religiösen Gleichwertigkeit der Geschlechter lässt sich jedoch nicht immer eine Gleichberechtigung in allen Lebensbereichen ableiten – auch wenn die Verhältnisse, in denen Menschen leben, nicht ausschließlich durch die Religion, sondern auch durch andere Faktoren (z. B. soziale und wirtschaftliche) bestimmt werden.

Traditionelle Rollen

Die traditionellen gesellschaftlichen Rollen sind klar zugewiesen. Der Mann ist für den Schutz und den Unterhalt der Familie, die Frau für das Haus und den Haushalt zuständig. Sie versorgt und erzieht die Kinder. In ihrer Rolle als Mutter ist die Frau hoch geachtet (das „Paradies liegt zu Füßen der Mütter"), sie ist zugleich Trägerin der Familienehre, die sie stets zu bewahren hat.

Trotz der religiösen Gleichwertigkeit besteht zwischen Frauen und Männern ein Rangunterschied, der auch im Koran zum Ausdruck kommt – bezeichnenderweise in Sure 4 mit dem Titel „Die Weiber". Aus den Hadithen, den Berichten über das Leben Mohammeds, lassen sich jedoch unterschiedliche Haltungen herauslesen. Der in zahlreichen islamischen Ländern verbreitete „Jungfräulichkeitskult", der die Ehre der Familie an die Jungfräulichkeit der Töchter und Bräute bindet, hat im Leben des Propheten kein Vorbild. Mohammed begegnete seinen Frauen mit Zuneigung und Achtung, unter seinen Frauen waren wiederverheiratete Frauen und Witwen.

Das Tragen des Schleiers galt im antiken Orient zunächst als Privileg, denn nur ehrbare Frauen durften – im Gegensatz zu Sklavinnen und Tänzerinnen – einen Schleier tragen. Er wird noch heute von vielen Frauen als ein Zeichen der Ehre betrachtet, gilt auch als Zeichen der Frömmigkeit und schützt die Frau vor Blicken und Zudringlichkeiten. Manche emanzipierten Frauen in islamischen Ländern sehen den Schleierzwang jedoch als Ausdruck einer männlichen Dominanz über Frauen, die nicht naturgegeben ist.

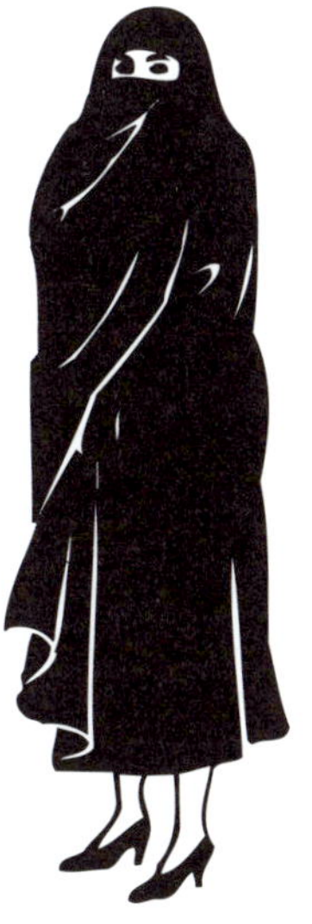
Tschador

Möglicherweise ist die Denkweise, nach der die Frau schwach sei und der männlichen Kontrolle unterworfen werden müsse, keine typisch islamische, sondern eine Eigenart aller patriarchalischen Gesellschaften. Rechtliche Neuordnungen im Islam zielen seit dem 19. Jh. auf eine Besserstellung der Frau, ohne diese bereits erreicht zu haben.

Muslime in Europa

Der „europäische Islam" ist kein Phänomen des 20. Jh. Manche Länder des Balkans gehörten lange Zeit zum Osmanischen Reich, z. B. Bosnien bis 1877 und Albanien bis 1913. In beiden Ländern gibt es bereits seit Jahrhunderten islamische Gemeinschaften, die eigene religiöse Formen entwickelt haben.

Minarett in Pristina

In der postkolonialen Zeit bestanden weiterhin Kontakte zwischen freigegebenen Ländern und ehemaligen Kolonialstaaten. Im Zuge des Aufbaus von Bildungs- und Verwaltungssystemen kamen auch Bildungsmigranten nach Europa, viele blieben und etablierten sich. In den 1960er-Jahren löste der wirtschaftliche Aufschwung und ein damit einhergehender Arbeitskräftemangel eine Welle der Arbeitsmigration aus.

Europa

Die Mehrheit der europäischen Muslime stammt aus dem Nahen Osten, Nordafrika und Asien. Sie kamen in den letzten 50 Jahren und wurden zu einem festen – wenn auch nicht immer respektierten – Bestandteil verschiedener europäischer Gesellschaften. Meist suchten sie die Länder ihrer ehemaligen Kolonialherren auf: So kamen Bewohner Südwestafrikas und des Maghreb nach Frankreich, Inder und Pakistani nach Großbritannien, Indonesier in die Niederlande. Aber auch Länder, die keine nennenswerten kolonialen Besitztümer hatten, wurden das Ziel der Migrationsströme (in Deutschland sind zwei Drittel der Muslime Türken, in den USA leben ca. sechs Millionen Muslime aus verschiedenen Ländern). Viele Migranten blieben dauerhaft, mit der Zeit bildeten sich stabile muslimische Gemeinschaften heraus. In den Städten entstanden Siedlungsschwerpunkte, islamische Verbände und Institutionen. Die Religionsausübung wurde durch die Gründung zahlreicher Moscheen und Schulen unterstützt.

Die muslimischen Gruppen weisen eine große religiöse Vielfalt auf. Zwar ist die Mehrheit sunnitisch, aber viele religiöse Minderheiten sind weniger als in ihren Herkunftsländern einer religiösen Verfolgung ausgesetzt und können religiöse und soziale Aktivitäten entfalten. In manchen Ländern traten (und treten) extreme Richtungen des Islam auf (in Deutschland z. B. der „Kalifatsstaat“ oder Milli Görüs).

Seit einiger Zeit beobachtet man Bestrebungen zur Entwicklung eines „europäischen Islam“. Vertreter sprechen sich für eine Harmonisierung des islamischen Rechtsverständnisses mit den europäischen Rechtsnormen aus.

Deutschland

Nach Katholiken und Protestanten sind Muslime in Deutschland die drittgrößte Religionsgemeinschaft. Die meisten der ca. 3,3 Millionen deutschen Muslime stammen aus der Türkei. Während die sogenannten „Gastarbeiter“ zunächst ihre Familien zurückließen, ist inzwischen ein großer Teil der türkischstämmigen Muslime in Deutschland geboren.

Der Islam in Europa

Unter den 455 Mio. Einwohnern in der EU leben ca. 15 Mio. Bürger und Bürgerinnen muslimischen Glaubens.
Frankreich: 5 Mio. (ca. 10 %), mehrheitlich Algerier und Marokkaner
Deutschland: 3,3 Mio. (ca. 3,2 %), mehrheitlich Türken
Großbritannien: 2 Mio. (ca. 3,4 %), mehrheitlich Pakistani
Niederlande: 1 Mio. (5,6 %), mehrheitlich Türken und Marokkaner
außerdem Belgien: 380.000 (3,7 %), Griechenland: 380.000 (3,6 %), Österreich: 340.000 (4,2 %)

In Deutschland haben sich inzwischen mehrere muslimische Dachverbände etabliert: z. B. der Zentralrat der Muslime in Deutschland und der Islamrat der Bundesrepublik Deutschland, beide wurden 1986 gegründet. Die Räte vertreten zwar nicht alle Muslime in Deutschland, sie können jedoch für eine große Zahl muslimischer Vereinigungen sprechen und sich um eine Sicherung der muslimischen Religionsausübung bemühen.

In Deutschland wird das Recht auf freie Religionsausübung (Grundgesetz, Artikel 4) zum Ausgangspunkt gemacht, wenn es darum geht, die Probleme der Muslime in einer nicht vom islamischen Recht geprägten Rechtsordnung zu lösen. Ein noch ungelöstes Problem stellt der schulische Religionsunterricht dar; an einer deutschen Universität existiert noch kein Lehrstuhl für Islamische Theologie; heftige Diskussionen entzünden sich an der Frage, ob Lehrerinnen ein Kopftuch tragen dürfen (eine einheitliche Regelung besteht bislang noch nicht). Problematisch ist, dass im Islam keine religiöse Hierarchie existiert wie im Christentum. Zur Lösung vieler Probleme bedürfte es eines muslimischen Gesprächspartners, der beanspruchen kann, für möglichst alle Muslime in Deutschland zu sprechen.

Sehitlik-Moschee in Berlin

Sanatana Dharma: Die ewige Religion

Die indische Eigenbezeichnung für den Hinduismus lautet „Sanatana Dharma" (Sanskrit, „die ewige Religion"). Der Hinduismus ist ewig, nicht weil er – von der sogenannten vedischen Religion ausgehend – Tausende von Jahren alt ist, sondern weil er eine auf ewigen Wahrheiten beruhende Religion ist. Nach Auffassung der Hindus entstand ihre Religion mit der Schöpfung und wurde ihnen von Gott gegeben.

Hinduistisches Symbol

Die ursprüngliche vedische Religion entwickelte sich zu dem, was wir heute als Hinduismus bezeichnen; in ihm vermischen sich vielfältige kulturelle Elemente, die eine verwirrende Vielschichtigkeit vermitteln. Die Bezeichnung „Hinduismus" geht auf das Wort „Hindu" zurück, das Muslime im Mittelalter zur Bezeichnung der im Gebiet des Flusses Sindu (Indus) lebenden Bevölkerung verwendeten. Seit dem 18. Jh. wurden die verschiedenen Religionen auf dem indischen Subkontinent vom Westen unter dem Oberbegriff „Hinduismus" zusammengefasst. Der Hinduismus wird zwar als der einheimische indische Glaube verstanden, umfasst aber verschiedene regionale Traditionen, die sich in Indien entwickelten. Die Verschwommenheit des Begriffes erlaubt es, unter ihm ca. 80 Prozent der vielfältigen religiösen Traditionen der Bevölkerung Indiens zusammenzufassen (außer z. B. Buddhismus, Jainismus).

Grundzüge des Hinduismus

Der Hinduismus ist keine einheitliche Religion, er kennt keinen Religionsstifter (wie z. B. Christus für das Christentum, Moses für das Judentum, Mohammed für den Islam) oder ein Gründungsereignis und hat keinen einheitlichen Kanon heiliger Schriften: Es gibt keinen für alle Traditionen und Richtungen geltenden Grundtext, es gibt kein Glaubensbekenntnis und es gibt auch keine „Kirche" oder eine vergleichbare Organisationsform des Hinduismus, die ihn repräsentieren könnte.

Der Glaube an Gott (oder an Götter) ist das Kennzeichen der meisten Religionen (außer z. B. Buddhismus, Jainismus), Gott und Welt stehen in einer engen Beziehung

Der Hinduismus in Zahlen

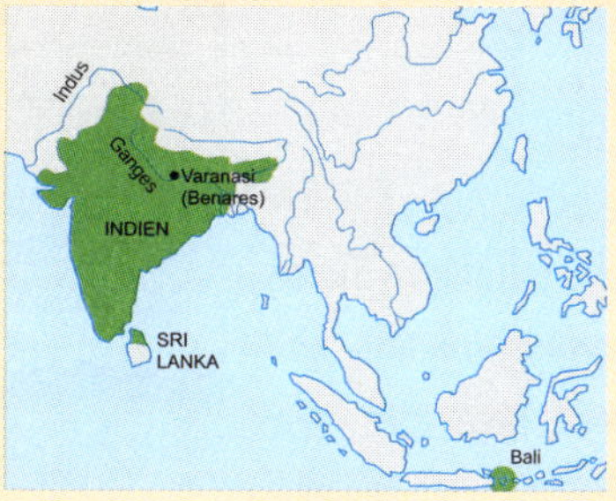

Verbreitung des Hinduismus

Der Hinduismus ist die drittgrößte Religion der Welt: ca. 870 Mio. Hindus leben in über 90 Ländern der Welt (in Indien ca. 672 Mio., d. h. 82,8 Prozent der Bevölkerung), z. B. in Nepal, Bangladesch, Indonesien. In Europa leben gegenwärtig ca. 1,5 Mio., in Deutschland 0,09 Mio. Hindus. Hindus bezeichnen sich als „jene, die an die Veden glauben", oder als „jene, die den Weg (Dharma) der vier Klassen (Warnas) und Lebensstadien (Ashramas)" befolgen.

zueinander. Gott wird je nach Richtung innerhalb des Hinduismus als Schöpfer der Welt, als die Welt selbst oder als die Vorstellung, die wir als „Welt" bezeichnen, definiert. Während aber die Buchreligionen monotheistisch sind (Judentum – Thora, Christentum – Bibel, Islam – Koran), ist der Gottesglauben im Hinduismus vielfältiger. Er ist polytheistisch: Himmel und Erde sind voller Götter und Göttinnen, daneben gibt es auch Pflanzen, Tiere, Berge und Flüsse, die dem Hindu göttlich und heilig sind.

Der Hinduismus kennt keinen Teufel, keine ausschließliche Verkörperung des Bösen und keine Erbsünde. Dämonen, die bisweilen das Leben von Menschen und die Existenz von Göttern gleichermaßen bedrohen, unterscheiden sich vom „christlichen" Teufel. Auch sie sind Kinder eines Schöpfers, ergebene Diener und große Verehrer eines Gottes (z. B. war der zehnköpfige Dämon Ravana ein Diener Vishnus, dem Erhalter des Universums). Die Trennung zwischen dem Guten und dem Bösen verläuft im Hinduismus weit weniger radikal als z. B. im Christentum.

Nach hinduistischer Auffassung ist die unsterbliche Seele der wesentliche Teil des Menschen, sein vergänglicher Körper und seine körperlichen Bedürfnisse sind lediglich Hindernisse auf einem spirituellen Weg. Die Verkörperung einer Seele ist jedoch nicht einmalig, mit dem Tod verlässt sie einen Körper, um sich wieder zu inkarnieren – immer wieder, bis sie Erlösung findet und sich aus dem Kreislauf der Wiedergeburten löst.

Der Hinduismus ist eine Bilder verehrende Religion. Bilder, Statuen und Statuetten der Götter und Göttinnen werden nach Beschreibung in heiligen Schriften angefertigt und in Tempeln verehrt. Mit Mantras (mystischen, formelhaften Hymnen und Aussprüchen) kann man sie zum Leben erwecken. Erst durch die Zeremonie wird in den Bildern oder Statuen Gott zum Leben erweckt, sie werden ein Stück Gott und erst dann verehrungswürdig.

Die vier Veden

Seite aus den Veden

Der Hinduismus entstand aus der vedischen Religion, die von den Ariern nach Indien gebracht wurde. Diese Religion erhielt ihren Namen nach den vier Veden, die als die ältesten erhaltenen religiösen Texte Indiens gelten. Anders als das Judentum, das Christentum und der Islam kennt der Hinduismus eine ganze Reihe heiliger Schriften (neben den Veden z. B. die Upanischaden). Die Veden sind gewissermaßen die Urschriften des Hinduismus. Die Veden sind Hymnen und Mantras auf Götter und deren Heldentaten oder Eigenschaften.

Das Wort „Veda" bedeutet „Wissen" oder „Ansammlung von Wissen". Das in den Veden dargelegte Wissen gilt als unzerstörbar. Nach hinduistischer Überlieferung werden die Veden selbst noch dann bestehen, wenn sogar die Götter entschwunden sind. Die Texte wurden vermutlich in der Zeit von 1000 bis 200 v. Chr. von verschiedenen Autoren zusammengestellt. Zu ihnen gehörten Mitglieder der Brahmanen- oder Priesterkaste ebenso wie Angehörige anderer Kasten. Der Veda enthält daher durch Abfassungszeit, Form und Inhalt bestimmte, unterschiedene Schichten. Die Veden sind in einer noch älteren Sprachform als das Sanskrit, nämlich in Vedisch abgefasst.

Älteste Schriften

Zu den ältesten Schriften gehören der Rigveda, der Samaveda, der Yajurveda, der Atharvaveda: 1. Der Rigveda („Veda der Verse") enthält Hymnen, die dazu dienen, die Götter anzurufen (die Gottheit zum Opfer einzuladen) und zu preisen. Der Veda ist von allen der älteste, die drei anderen greifen teilweise auf Inhalte des Rigveda zurück. Der Rigveda beschreibt die Götter teilweise als personifizierte Naturkräfte, seine Hymnen wenden sich an einzelne Götter (z. B. Indra, Varuna), aber auch an Dämonen, Könige und Ahnen. Er gilt als wertvolle Quelle für die Erforschung von Sprache und Kultur des frühen Indiens; 2. Der Samaveda („Veda der Gesänge") enthält Gesänge, die Opferrituale musikalisch begleiten sollen; 3. Der Yajurveda („Veda der Sprüche") enthält Opferformeln, Mantras und Prosaverse, die Opferpriester bei Opferritualen rezitieren; 4. Der Atharvaveda („Veda des Hauspriesters") enthält Mantras und Beschwörungsformeln, die in der Hauptsache der schwarzen und weißen Magie dienen und die gegen Feinde und Krankheiten helfen sollen, sowie Gebete, deren Rezitation Fehler bei den Opferritualen ausgleichen soll. 5. Die Aranyakas („im Wald zu studierende Werke“) handeln ebenfalls von Opfer und Ritus, enthalten jedoch keine Vorschriften, sondern sind philosophisch-spirituelle Auslegungen. Sie werden teilweise als eigenständige Literatur betrachtet, erscheinen jedoch über die vier Veden verteilt.

Mündliche Überlieferung

In den Veden werden bereits Götter verehrt, die in vedischer Zeit zwar nicht zu den Hauptgottheiten zählten, die heute im Hinduismus aber sehr bedeutend sind (z. B. Brahma, Vishnu, Sarawati).

Genau genommen handelt es sich bei den Veden nicht um heilige Schriften. Die Veden wurden ursprünglich nur mündlich überliefert, das Aufzeichnen der Texte war streng verboten. Sie boten einen spirituellen Verdienst nur, wenn sie aus dem Gedächtnis heraus zitiert wurden. Das Verbot war in den Veden selbst enthalten; alle, die sie niederschrieben, waren zur Hölle verdammt. Die Priesterkaste konnte sich das Wissensmonopol auf die Veden sichern.

Die Veden markieren den Beginn der indischen Literatur, deren mystische, religiöse und philosophische Themen und Motive sich lange Zeit aus ihnen herleiteten. Für Laien sind die Veden heute kaum noch von Bedeutung, vedische Verse werden von Priestern bisweilen bei verschiedensten Zeremonien rezitiert.

Die heilige Sprache Sanskrit

Sanskrit

Die Sprache, in der die meisten heiligen Schriften des Hinduismus aufgezeichnet wurden, ist das Sanskrit – eine Art Kunstsprache. Es gilt in Indien landläufig als heilige und perfekte Sprache, schon ihr Klang soll eine spirituell reinigende Wirkung haben. Sie erscheint um 300 v. Chr. und erlebt ihre Blütezeit um 300 n. Chr. Wegen ihrer komplexen grammatikalischen Struktur konnte sich die Sprache nicht als allgemeines Kommunikationsmittel durchsetzen. Von der Schreibtechnik her ist Sanskrit ausgesprochen aufwendig: Es wird in Devanagari („Stadt der Götter“) geschrieben, bei dem alle Laute in der Oberlinie miteinander verbunden werden. Das führt dazu, dass mehrere Laute nicht in einem „Schwung“ geschrieben werden können.

Zeit der Upanischaden: die Brahmanas

Indischer Priester mit Schüler

Um 800 – 600 v. Chr. begann die Entstehung der Upanischaden, jener mystisch-philosophischen Meditationen über das Wesen des Universums (Natur des Kosmos, Natur von Gott und Mensch und die Beziehung zwischen beiden) und den Sinn der irdischen Existenz (Reinkarnation und ewige Erlösung). Die Upanischaden konnten wegen ihrer anspruchsvollen Gedankengänge nie die Popularität der leichter verständlichen *Mahabharata* und *Ramayana* erlangen. Insgesamt ergibt sich eine Zahl von 108 Upanischaden.

Upanishad bedeutet das Sich-in-der-Nähe-Niedersetzen und bezieht sich auf das Sitzen eines Schülers neben einem Lehrer oder einem Guru. Ein großer Teil der Upanischaden ist in der Form gelehrter Debatten und Lehrer-Schüler-Dialoge gehalten, ihre Lehren sind vielfältig. Die Upanischaden unterscheiden zwischen den Göttern und dem absoluten Geist sowie zwischen dem Körper des Menschen und der Seele. Die individuelle Seele (Atman) ist Teil einer universellen Seele (Brahman).

Universelle Kosmologie

Das menschliche Leben und Leiden ist einem Zyklus unterworfen: Nach dem Tod verlässt die Seele den Körper und wird im Körper eines anderen Menschen, eines Tieres, einer Pflanze oder auch eines Minerals wiedergeboren. Diesen endlosen Kreislauf von Geburt, Leben, Tod und Wiedergeburt bezeichnet man als Samsara (Seelenwanderung). Das Schicksal des Menschen in einem neuen Leben ist abhängig vom Karma, von seinen im vorhergehenden Leben angesammelten guten oder bösen Taten und dem Wirken einer Tatenvergeltung. Die Hindus glauben daran, dass das Karma durch Buße und Rituale aufgearbeitet werden kann und dass der Verzicht auf weltliches Begehren zur Erlösung (Moksha, Mukti) aus dem ewigen Kreislauf der Geburten führt. Jede

Die Schöpfung aus dem Atman

Die Upanischaden beschreiben die Schöpfung aus dem Atman (Brihad-Aranyaka-Upanishad, 1,4): „Am Anfang war hier nur das Selbst; es war wie ein Mensch. Es blickte um sich und sah nichts anderes als sich selbst. ‚Das bin ich', war sein erstes Wort. Daher erhielt es den Namen ‚Ich'. ... Es fürchtete sich. Darum fürchtet sich einer, der allein ist. Es überlegte: ‚Wenn es nichts anderes gibt als mich, vor wem fürchtet ich mich denn da?' Da wich seine Furcht ... Man fürchtet sich doch nur vor einem Zweiten. Es empfand keine Freude. Darum empfindet ein Einsamer keine Freude. Es wünscht sich einen Zweiten. Es war so groß wie Mann und Frau bei der Umarmung. Es ließ sich in zwei Teile zerfallen. So entstanden Gatte und Gattin ... Er nahte ihr. Darauf entstanden die Menschen."

Handlung führt unvermeidlich zu einer Wirkung, die Summe der Wirkungen führt zu dem, was der Einzelne nach seinem Tod erfährt. Die Erkenntnis der Einheit der individuellen Seele (Atman) mit der universellen Seele (Brahman) führt zur Erlösung.

Die Erzählungen enthalten gleichzeitig eine komplexe Kosmologie. Das Universum stellt sich als große, geschlossene Sphäre dar, als kosmisches Ei, das zahlreiche konzentrische Himmel, Höllen, Meere und Erdteile enthält und in deren Mittelpunkt sich Indien befindet.

Der Beitrag der Upanischaden zum Hinduismus lag darin, den Stellenwert der rituellen Handlungen zu mindern und den Erkenntnisweg zu Gott aufzuwerten. Sie wurden später zur wesentlichen Grundlage der indischen Philosophie und beeinflussten auch das Abendland.

Brahmanas und Brahmanismus

Die Brahmanas sind an die Veden anschließende Werke aus der Zeit zwischen 1000 und 500 v. Chr., die den Sinn und den Vollzug der vedischen Rituale erklären – sie befassen sich mit deren theologischer Erörterung, deuten sie symbolisch und erläutern sie durch Mythen. Auf der Grundlage der Brahmanas und Upanischaden entstand der Brahmanismus als eine Vorform des Hinduismus. Die vedischen Götter verloren immer mehr an Bedeutung. Brahman entsteht als Versuch, den Ursprung der Welt zu ergründen. Weil Seiendes nur aus Sein entspringen kann, muss es am Anfang aller Dinge etwas gegeben haben. Aus diesem Einen musste alles hervorgegangen sein – und dieses Eine nennt man Brahman. In allen Menschen und in allen anderen Kreaturen vermutet der Brahmanismus ein göttliches Selbst, dessen Existenz jedoch meist unter den natürlichen menschlichen Begierden verborgen bleibt. ■

Vishnu, hinduistische Gottheit

Die Epen: Mahabharata und Ramayana

Illustration aus *Mahabharata*

Die zwei Smriti-Epen *Mahabharata* und *Ramayana* gelten als die größten Epen der Hindus. Ihre erzählerischen, moralischen und philosophischen Inhalte sind ebenso Gegenstand der unterhaltsamen Lektüre wie der gelehrten Interpretation.

Viele Hindus verbinden mit dem Begriff „heilige Schriften" insbesondere diese Epen. Hindu-Kinder erleben mit ihnen meist die erste und nachhaltigste Begegnung mit dem Schrifttum des Hinduismus.

Mahabharata

Als es im 1. Jt. v. Chr. am Oberlauf des Ganges vermehrt zu Machtkämpfen kommt, treffen auch die Pandavas und die Kauravas, zwei rivalisierende Gruppen innerhalb einer Familie, aufeinander. Die Schlacht gab den Anstoß zu einem Epos und zu einer Philosophie, die für den Hinduismus zentral ist:

Arjuna, ein junger Pandava-Krieger, zögert, als er Familienmitglieder und Freunde töten soll. „Krishna, Krishna", ruft er seinem Wagenlenker zu, „jetzt, da ich auf meine Blutsverwandten blicke ... zittern meine Glieder." Arjuna legt die Waffen nieder. In der Antwort bekennt Krishna, dass er kein Wagenlenker, sondern eine Inkarnation Vishnus ist.

Die Worte, mit denen sich Krishna an Arjuna wendet, sind in der *Bhagavad Gita* („Gesang des Erhabenen") wiedergegeben. Es handelt sich um eine Unterweisung in die Geheimnisse des „Selbst" und dessen Auslöschung, Vorteile des Asketentums, Hingabe an das Göttliche, religiöse Pflichten und Pflichten, die sich aus der Zugehörigkeit Arjunas zu seiner Kaste ergeben. Arjuna erfüllt seine Pflicht, zieht in die Schlacht und tötet den Heerführer der Kauravas.

Für sich allein genommen gilt die *Bhagavad Gita* als die bekannteste Schrift des Hinduismus. Sie ist das sechste Buch bzw. Kapitel des *Mahabharata* („Große Geschichte der Bharatas"), das seit 200 v. Chr. entstand. Das Epos ist mit ca. 100.000 zweizeiligen Versen eines der längsten der Welt. Es besteht aus 18 Büchern, einem Anhang und erzählt die Geschichte zweier königlicher Familien, ausgehend vom König Bharata und dessen Nachkommen (Bharata ist auch der alte und zugleich der heutige offizielle Name Indiens). In einen klassischen Konflikt um Gut (die Pandavas stehen für Dharma, die religiöse Rechtschaffenheit) und Böse (die Kauravas stehen für Adharma, das Unrechte) sind allerlei Nebenhandlungen um Liebe, Hass, Beziehungen und Intrigen verwoben.

Ramayana

Das andere große Epos des Hinduismus ist das *Ramayana*:

Prinz Rama verlässt sein Heim in Ayodhya, reist 320 Kilometer ostwärts nach Mithila (in der heutigen Grenzregion zwischen Indien und Nepal). Dort begegnet er der schönen Sita und führt sie als seine Gemahlin heim. Wegen der Intrigen seiner Stiefmutter begibt sich Rama in Gesellschaft seiner Frau und seines Halbbruders Lakshmana auf eine 14-jährige Reise. In Pancatavi fühlt sich eine Dämonin zu Rama hingezogen, greift Sita an, Lakshmana verteidigt sie und schlägt der Dämonin Ohren und Nase ab. Die rächt sich mit einem Heer von Dämonen. Schlimmster unter ihnen ist der zehnköpfige Ravana, der sich in einen wandernden Asketen verwandelt und Sita entführt.

Rama

Auf der Suche nach seiner Frau gewinnt Rama die Freundschaft von Sugriva, dem Affenkönig von Kishkindhya, und Hanuman („Sohn des Windes"), dessen Heerführer in Affengestalt. Hanuman entdeckt Sita in Lanka, einem Ort jenseits des Meeres. Rama kann Sita retten und nach Ayodhya zurückkehren. Es beginnt eine Zeit des Friedens und der Harmonie.

Hindus auf der ganzen Welt erleben bei jährlichen Festen die Geschichte in farbenprächtigen Inszenierungen mit Masken und lebensgroßen Puppen. Während des zehntägigen Dassera-Festes verbrennt man ein Bildnis des Ravana oder Strohpuppen, die ihn repräsentieren sollen, unter großem Jubel. Rama indes wird in ganz Indien als Gott verehrt, Sita gilt als Idealbild der getreuen Ehefrau. ■

Shruti und Smriti

Die heiligen Schriften der Hindus werden traditionell in Shruti und Smriti unterteilt. Shruti sind die „gehörten" oder „in Erfahrung gebrachten Schriften". Solche, die Wissen enthalten, z. B. die Veden und die Upanischaden. Smriti sind die „erinnerten Schriften", die traditionelles Wissen weitergeben, z. B. philosophische oder wissenschaftliche Abhandlungen sowie Rechts- und Moralkodizes; auch Epen gehören dazu.

Trimurti: Brahma, Vishnu, Shiva

Vishnu

Die hinduistische „Dreifaltigkeit" (Trimurti) der obersten Götter Brahma (Weltschöpfer), Vishnu (Welterhalter) und Shiva (Weltzerstörer) symbolisiert ein absolutes Prinzip: Schöpfung – Erhaltung – Zerstörung. In der Ikonografie stellt man sie als Wesen mit drei Köpfen dar. Während Brahma in den Hintergrund getreten ist, werden Vishnu und Shiva noch heute hoch verehrt.

Jedem der drei Götter ist als kreativer Aspekt eine Göttin (Shakti) zugeordnet: Zu Brahma gehört Sarasvati, die Göttin der Musik und der Dichtung, zu Vishnu gehört Lakshmi, die Göttin des Glücks, zu Shiva gehört Devi (tritt auch als Durga, Kali oder Parvati auf).

Prajapati – Brahma

In den Veden existiert noch kein Schöpfergott, nur Prajapati, der „Herr der Kinder" gilt im übertragenen Sinne als Schöpfer. Der Brahma des späteren Hinduismus ist gewissermaßen eine religiöse Weiterentwicklung, er wurde zum hinduistischen Schöpfergott und zum ersten Gott der hinduistischen Trinität. Brahma allein ist für die Entstehung der Welt zuständig. Brahma wird mit vier bärtigen Köpfen und vier Armen dargestellt; auf seine Eigenschaft weist ein mit Gangeswasser gefülltes Gefäß hin, er sitzt auf einem weißen Lotos, dessen Stängel aus seinem Nabel entspringt. Nur zwei Tempel sind zu Ehren Brahmas errichtet worden: in Goa und in Ajmer. Brahma wurde in Indien nie so populär wie andere Götter: zum einen, weil er der Legende nach seine eigene Tochter Sarasvati (Göttin des Lernens und der Wissenschaft) zur Frau nahm und Inzest beging, zum anderen, weil er seine Rolle als Schöpfer erfüllt hat.

Der Name des Gottes ist vom philosophischen Ausdruck „Brahman" (bewusstseinsmäßige Ursubstanz der Schöpfung: Wahrheit, Erkenntnis, Unendlichkeit, Existenz, Bewusstsein und Glückseligkeit in einem) zu unterscheiden.

Indra – Vishnu

Vishnu ging aus Indra, dem mächtigen Kriegsgott der Veden, hervor und übernahm viele seiner Funktionen. Vishnu ist für den Schutz der Schöpfung zuständig. Wenn die Welt von Gefahren bedroht ist (von Dämonen oder dem Zerfall der Moral), tritt er in verschiedenen Verkörperungen und Gestalten (Inkarnationen) auf, um die Welt vor dem Bösen zu erretten. Zu den Attributen des vierhändigen Gottes zählen Diskus und Keule als seine Waffen sowie eine Muschel, die er in Händen hält. Mit seiner vierten Hand versichert er die Gläubigen seines Schutzes.

Rudra – Shiva

Rudra war zwar der vedische Gott der Heilkräuter und der Krankheiten, aber man verband das Bedrohliche und die Zerstörung der Welt so sehr mit ihm, dass sie zu seinem Aufgabenbereich wurde; mehr und mehr setzte sich für Rudra der Name Shiva („der Heilbringende, Gütige") durch. Warum neben seinem furchterregenden Wesen ebenso ein freundliches existiert, liegt im Dunklen. Er verkörpert das Zerstörerische, in einem kreativen Akt zerstört er alle Dinge und beginnt einen Neuanfang – und wurde dennoch zu einem der am meisten verehrten Götter des Hinduismus.

Shiva

Seine Attribute wurden Pfeil und Bogen, später ein Dreizack, außerdem schmücken die Flussgöttin Ganges und eine Mondsichel seinen Kopf, Kobras schlängeln sich um seinen Hals und hängen wie Halsketten herab. Im Gegensatz zu Vishnu erscheint Shiva zwar nicht in mehreren Inkarnationen, jedoch unter zahlreichen verschiedenen Namen (insgesamt sollen es 1008 sein). Shiva wird im Symbol des Phallus (Linga), der in einer Vagina (Yoni) installiert ist, verehrt. Er wird mit einem oder manchmal fünf Gesichtern, mit vier Armen und als Nataraja („Herr der Tänzer") dargestellt, dessen kosmischer Tanz die Zerstörung der Welt symbolisiert. Shiva gilt auch als Asket, ist Gott des Yoga und Herr der Yogis.

Die zehn Inkarnationen des Vishnu

Vishnu, der Bewahrer der Welt, hat sich zu verschiedenen Zeiten manifestiert und erscheint in insgesamt zehn Inkarnationen: Matsya, die Fischinkarnation (1.), Kurma, die Schildkröteninkarnation (2.), Varaha, das Wildschwein (3.), Narasimha, der Mensch-Löwe (4.), Vamana, eine Zwergengestalt (5.), Parashurama, Rama mit der Axt (6.), der hochverehrte Rama (7.), Krishna, einer der populärsten Hindugötter und die wichtigste Manifestation Vishnus (8.), und Buddha (9.) – die zehnte und zukünftige heißt Kalki. Als Kalki wird Vishnu am Ende aller Zeiten im „dunklen Zeitalter" (Kali Yuga) erscheinen, um die Guten zu belohnen und die Bösen zu bestrafen.

Wiedergeburt und Erlösung

Die meisten Hindus glauben an die Unsterblichkeit der Seele und die Seelenwanderung, die Wiedergeburt einer Seele in einer anderen körperlichen Manifestation. Die Erlösung aus dem Kreis der Wiedergeburten und das Aufgehen im Reich des Höchsten ist das oberste Ziel im Hinduismus.

Totengott Yama

Nach dem Tod verbleibt die Seele noch einige Tage auf der Erde in einem Zwischenstadium. Dann gelangt sie in das Reich des Totengottes Yama, dort wird über sie gerichtet: Gute und schlechte Taten werden verlesen, Absichten und Gedanken sowie Begierden und Taten des Verstorbenen überprüft. Am Ende steht die Reinkarnation in einen Körper, der genau dem Karma („Handeln"), der Summe der guten und schlechten Taten des vorangegangenen Lebens, entspricht.

Kreislauf der Geburten

Solange eine Seele existiert, durchläuft sie den Prozess von Geburt, Tod und Wiedergeburt mehrere Male, bis sie vom Kreislauf der Wiedergeburten (Samsara) befreit ist und die Erlösung (Moksha, Mukti) erlangt. Es ist auch die Wiedergeburt in ein Tier oder eine Pflanze möglich. Die heiligen Bücher des Hinduismus geben keine Auskunft darüber, wie lange es dauert, bis eine Seele wiedergeboren wird, keine Erklärung, warum sich Menschen meist keine Erinnerungen an ihre früheren Leben bewahren können. Nur wirklich erhabene Seelen seien in der Lage, sich an eine frühere Existenz zu erinnern. Zahlreiche Schriften thematisieren jedoch die „negativen" Seiten des diesseitigen Lebens und fordern dazu auf, durch eine spirituelle Befreiung ein „wahres" Leben anzustreben. Der Gläubige kann den Erlösungsprozess durch gute Taten, ein Leben als Asket, die vollkommene Hingabe an einen Gott beschleunigen.

Das Prinzip des „Karma" bezieht sich auf einen Zusammenhang von Ursache und Wirkung: Menschen sammeln in ihrem Leben Verdienste (Punya) oder Schuld (Papa) an. Gute und schlechte Taten heben sich nicht gegeneinander auf, außerdem muss man die Folgen seines Tuns über viele Leben hinweg erfahren. Aus einer quantitativen und qualitativen Bilanz von Punya und Papa ergibt sich die Qualität der jeweils nächsten Existenz.

Wege der Erlösung

Der Hinduismus kennt vier Lebensziele: Wohlstand und materiellen Besitz (Artha), Rechtschaffenheit und ethisches Verhalten (Dharma), physische Liebe (Kama) und die Erlösung durch spirituelle Erfahrung und Wissen. Es gibt verschiedene Wege (Marga), die Erlösung zu erlangen – manche Wege sind für die nach Erlösung suchende Seele weniger, manche mehr geeignet, manche können sich widersprechen, andere völlig seltsam wirken. Nur im günstigsten der Fälle wird der Verstorbene die Befreiung aus dem Kreis der Wiedergeburten (Mukti) erreicht haben.

Auf dem Weg zur Erlösung helfen Tugenden (Punya): z.B. das Nicht-Verletzen und das Nicht-Töten, Freundlichkeit, Mitgefühl, Pflichterfüllung, Enthaltsamkeit, Reinheit, Selbstbeherrschung, Standhaftigkeit, die Hingabe an ein göttliches Prinzip. Je mehr Tugenden ein Gläubiger angehäuft hat, umso besser stehen die Chancen auf eine bessere Wiedergeburt und umso näher ist er dem ersehnten Ziel der Erlösung gekommen. Die Leiden im gegenwärtigen Leben folgen aus den untugendhaften Verhaltensweisen in vorausgegangenen Leben und sind als Hinweis und Warnung zu verstehen, sie in diesem Leben nicht wieder zu begehen.

Shiva

Erst durch eine höhere Erkenntnis und die Einsicht in die eigene Unsterblichkeit durchbricht die Seele den ewigen Kreislauf von Leben und Tod. Man glaubt, dass befreite Seelen in das himmlische Paradies Eingang finden und zum Wohnsitz des Hindugottes Shiva gelangen – auf den Berg Kailasa in Tibet.

Die Hölle im Hinduismus

Der Hinduismus kennt auch die Vorstellung einer Hölle, sie hat jedoch keine große Bedeutung, weil Belohnung oder Bestrafung für Taten in einem vorangegangenen Leben durch die entsprechende Qualität der Wiedergeburt erfolgt. Man unterscheidet sieben Stufen:

- Put: milde Hölle für sohnlose Männer
- Avichi: milde Hölle, in der Menschen nach einer Bestrafung auf die Wiedergeburt warten
- Samhata: stark bevölkerte Hölle für böse Menschen
- Tamisra: übel riechende Hölle, auch Puti-Mrittika („Stink-Erde") genannt
- Rijisha: das schlechte Gewissen erscheint in Form wilder oder giftiger Tiere
- Kudmala: Körper der Insassen sind mit Leprageschwüren überdeckt
- Kahola: bodenlose, finstere Grube, Insassen können nicht auf Wiedergeburt hoffen.

Ganesha

Hinduistischer Pantheon

Der Hinduismus verfügt über eine riesige Menge an Göttern: Himmel und Erde der Hindus sind voll davon. Die ursprüngliche Kultur Indiens und die religiöse Kultur der Arier verschmolzen sich in einem noch heute ständig wandelnden Götterpantheon (und in einem Kastensystem). Es gibt zahlreiche Theorien, wie viele Götter es tatsächlich gibt. Nach einer populären Überlieferung sollen es 330 Mio. sein – so viel wie die Einwohnerzahl Indiens in der Mitte des letzten Jahrhunderts. Das hinduistische Pantheon wird ständig durch neue Götter oder Inkarnationen bereichert.

Hinduistische Götter und Göttinnen unterscheiden sich nach ihren Eigenschaften und ihrem Äußeren erheblich. Im Idealfall gelten sie als lediglich verschiedene Aspekte eines einzigen göttlichen Wesens. Das göttliche Prinzip kann nach hinduistischer Vorstellung z. B. durchaus gütig und wohlwollend (der weise Elefantengott Ganesha) als auch unerbittlich und vernichtend (die grausame Göttin Kali) sein.

Götter und Göttinnen

Die Gottesauffassung der Hindus ist polytheistisch; verschiedenen Göttern kommen verschiedene Funktionen zu (Brahma schöpft, Vishnu schützt, Shiva zerstört). Der Hinduismus birgt jedoch auch monotheistische Tendenzen, wenn sich ein Hindu einem der Götter besonders verpflichtet fühlt.

Göttinnen haben in der hinduistischen Religion und in ihren Mythen eine ebenso große Bedeutung wie Götter. Sie sind gleichberechtigt, manche der Göttinnen sind sogar mächtiger als die Götter. Von den vielen Göttern stehen einige wenige Götter an der Spitze einer Beliebtheitsskala, andere werden nur sehr selten verehrt. Vorlieben für bestimmte Götter haben sich über die Jahrhunderte gewandelt.

Personifizierte Götter

Krishna ist die achte Inkarnation Vishnus und einer der am weitesten verehrte Gott des Hinduismus. Krishna wird oft als Flöte spielender Hirte dargestellt, woher sein Name Gopala („Kuh-Hüter") rührt. Der Überlieferung nach soll er in seiner Kindheit eine Vorliebe für Butter und Milch gehabt haben, die er meist auf eine ausgelassene, pfiffige Weise stahl, und später auch für Milchmädchen. Zwei seiner Namen lauten daher: „Liebhaber von Jungfrauen" (Kanhaiya), „Geliebter der Jungfrauen" (Kishorilal). Rama ist nicht nur die siebte Inkarnation Vishnus, sondern auch der Kriegerkönig des *Ramayana*-Epos. Als solcher wird er mit Pfeil und Bogen dargestellt. Er wird in ganz Indien verehrt.

Die Arier

Im Allgemeinen sind die Wissenschaftler der Meinung, dass die indogermanischen Arier im 2. Jt. vor Chr. nach Indien einwanderten. Ihre Überlegenheit bestand in der Kriegskunst (Einsatz von mit Pferden bespannten Kampfwagen). Sie unterwarfen die Bevölkerung der Gebiete, die sie durchzogen, und sammelten auf ihrem Weg kulturelles Wissen (auch religiöses) an. Ihre zahlreichen Siege schrieben sie dem Feuergott Agni und ihrem Blitze schleudernden Obergott Indra zu. Daneben beteten die Arier zu einer riesigen Zahl von Naturgottheiten, z. B. zu einem Sonnengott (Surya), zu einer Göttin der Morgenröte (Ushas), zu Sturmgöttern (Maruts) und zu einem Windgott (Vayu).

Ganesha ist der elefantenköpfige Sohn von Shiva und seiner Gattin Parvati (eine Manifestation der weiblichen Energie). Ganesha gilt als Glücksbringer und wird vor neuen Unternehmungen angerufen. Kali ist ebenfalls eine Gattin Shivas, repräsentiert aber den furchterregenden Aspekt der weiblichen Energie. Hanuman, der Affengott, ist der Sohn des vedischen Windgottes Vayu und verkörpert Kraft, Disziplin, Tapferkeit, Entschlossenheit und Selbstbeherrschung. Er dient Rama und dessen Frau Sita. Hanuman schützt seine Verehrer vor Krankheit, Gespenstern und Armut.

Kali

Abstrakte Götter, Tiere und Pflanzen

In Dattatreya vereinigt sich die hinduistische Trinität, er wird mit drei Gesichtern dargestellt, in seinen sechs Armen trägt er die Attribute der drei Götter. Ayyappa ging aus Vishnu und Shiva hervor (Erhaltung und Zerstörung) und hervor und ist ein Gott der „konstruktiven Zerstörung", Behüter der Schwachen, er schützt sie vor Unglück und schenkt Weisheit. Die Reittiere der Gottheiten (Brahma: Schwan [Hamsa], Vishnu: mythischer Adler [Garuda], Shiva: Stier [Nandi]) genießen ebenso göttlichen Status wie einige andere Tiere. Einige Pflanzen gelten gleichermaßen als Gottheiten wie manche Flüsse und Berge.

Glaubensformen

Pantheon der Hindus

Auch wenn man ca. seit dem 18. Jh. den Hinduismus als mehr oder weniger einheitliche Religion beschreibt, gibt es tatsächlich viele verschiedene Ausrichtungen, die durch kulturelle Faktoren (z. B. Kastenzugehörigkeit, Sprache, regionale Besonderheiten) bestimmt sind. Manchen Gläubigen sind lokale Manifestationen einer Gottheit oder regional als heilig verehrte Schriften bedeutsamer als ein übergreifendes hinduistisches Konzept. In den verschiedenen Glaubensformen wird jedoch ein unpersönliches oder persönlich als göttlich interpretiertes Sein anerkannt. Gemeinsam ist allen Hindus zudem die Anerkennung des Veda, der Glaube an die Wiedergeburt und an ein unsterbliches Selbst (Atman).

Schriftliche Quellen, Gottheiten, Traditionen und Riten können von verschiedenen hinduistischen Gruppen zwar geteilt, jedoch unterschiedlich interpretiert werden. Einige Gruppen haben miteinander mehr, andere möglicherweise weniger gemeinsam. Meistens ist es daher sinnvoller, nicht von einer, sondern von mehreren hinduistischen Traditionen zu sprechen.

Relief mit indischen Fruchtbarkeitsgöttern

Brahmanismus

Der Brahmanismus ist eine Priesterreligion, die sich auf die Veden als Autorität beruft. Sie wird von den meisten als prestigeträchtigste Richtung anerkannt.

Sektenreligionen

Der Vishnuismus (mit großem Einfluss in Maharashtra) ist eine der Hauptrichtungen des Hinduismus, in dem Vishnu als höchster Gott verehrt wird. Quellen des Vishnuismus sind das *Mahabharata*- (darin insbesondere die *Bhagavad Gita*), das *Ramayana*- und das *Harivamsha*-Epos (Lebensgeschichte Krishnas, ist als Anhang zum *Mahabharata*-Epos überliefert) sowie die Puranas.

Vom 6.–10. Jh. entstanden die Vishnu verherrlichenden Lieder der sogenannten Alvars (südindische Hymnendichter), die eine ekstatische Frömmigkeit pflegten und im Vishnuismus als Heilige verehrt werden. Es bildeten sich vier verschiedene klassische Schulen heraus, die sich in der Sichtweise des Verhältnisses von Welt, Seele und Gott unterscheiden und auf die Philosophen Ramanuja (im 11. Jh.), Nimbarka (im 13. Jh.), Madhva (im 13. Jh.) und Vallbha (15.–16. Jh.) zurückgehen.

Im Shivaismus, einer weiteren Hauptrichtung des Hinduismus, wird Shiva als höchster Gott verehrt. Vom älteren Vishnuismus unterscheidet er sich im Kult durch Yogapraktiken und Riten des Tantrismus. Zentren des Shivaismus liegen in Bengalen, Kaschmir und Südindien, er hat sich auch in Nepal, Hinterindien und Indonesien ausgebreitet. Im Laufe der Zeit entstanden mehrere shivaistische Schulen: 1. Die Pashupatas gingen im Mittelalter unter, sie verehrten Shiva als „Herrn der Tiere“. 2. Die Kapalikas („Schädelträger“), die sich durch extreme Askese und ungewöhnliche Handlungen eine Erlösung erhofften, sind ebenfalls untergegangen. 3. Die Natha-Shaivas streben durch das von ihnen entwickelte Hatha-Yoga nach einer Überwindung des Todes. 4. Die Raseshvaras versuchen mit einer Konservierung ihres Körpers (mithilfe von Quecksilber) ein Leben nach dem Tode zu sichern.

Zu den synkretistischen hinduistischen Religionen gehören z. B. die Reformbewegungen des Arya Samaj, des Brahmo Samaj, des Ramakrishna und des Vivekananda (alle im 19. Jh. entstanden); zu den missionierenden hinduistischen Guru-Religionen gehört z. B. die Bewegung des Maharishi Mahesh Yogi.

Wichtige Begriffe

108:	heilige Zahl (sieben Planeten plus zwei Mondphasen mal zwölf Tierkreiszeichen)
Ahimsa:	Prinzip des Nichtverletzens bzw. der Gewaltlosigkeit
Bhakti:	liebevolle Hingabe an eine Gottheit
Hindi:	indische Nationalsprache (neben z. B. Bengali, Tamil)
Mahatma:	„große Seele“, Ehrentitel für eine spirituell weit vorangeschrittene Person
Mantra:	heilige Silbe, Wort oder Vers, wird bei der Meditation benutzt
Prana:	mystische Lebensenergie
Puja:	„Huldigung“, „Verehrung“, Formen der Puja sind z. B. Andacht, Gebet, Gottesdienst
Tantra:	Lehre zum Erlangen übernatürlicher Fähigkeiten

Volks- und Stammesreligionen

Daneben existieren (teilweise animistische) Religionen mit lokalen, gemeinschaftlichen und teilweise sogar kastenübergreifenden Formen der Verehrung. Orale Traditionen und Texte sind in den Volkssprachen gehalten. Die Verehrung gilt lokalen Gottheiten, Geistern und vergöttlichten Helden.

Guru Nanak

Die Sikhs

Seit dem 8. Jh. dehnte sich der Islam auf dem indischen Subkontinent aus, im 16. und 17. Jh. dominierte er unter der Mogulherrschaft. Der Sikhismus entstand im 15. Jh. als Reformbewegung um den Wanderlehrer Guru Nanak (1469 – 1539). Sein Ziel war es, Hindus und Muslime auf Grundlage einer bilderfreien monotheistischen Religion zu einigen.

Der Sikhismus (aus Hindi Sikh, „Schüler, Jünger") breitete sich unter seinen neun Nachfolgern (Gurus) im Punjab (Nordindien) aus. Unter der Führung der Gurus entwickelte sich der Sikhismus zunehmend zu einer religiösen und später dann auch zu einer politischen Macht.

Geschichte

Der zehnte Guru gab den Sikhs eine straffe militärische Organisation, versuchte, das Kastenwesen abzuschaffen, gründete stattdessen die Khalsa (Vereinigung der Reinen). Die militärisch organisierte Gemeinschaft der Sikhs war im 18. Jh. schweren Verfolgungen mit militärischen Verwicklungen ausgesetzt. Mit der Ermordung des zehnten Gurus (1708) verstärkten sich die Unruhen in Nordindien. Der Sikhismus verlor seine Dynamik und Geschlossenheit, bis unter dem Maharaja Ranjit Singh ein Sikh-Reich entstand, das später jedoch eine Provinz Britisch-Indiens wurde (1849). 1947 mussten die Sikhs den an Pakistan gefallenen Teil des Punjab verlassen. Für die Sikhs wurde 1966 mit Punjab ein eigener indischer Bundesstaat geschaffen. Wegen der Forderung nach einem unabhängigen Staat kommt es zwischen Sikhs und der hinduistischen Bevölkerung immer wieder zu Spannungen.

Die Zahl der Sikhs beträgt weltweit ca. 23,3 Mio. Die Mehrheit von ihnen lebt im Bundesstaat Punjab und in Neu Delhi, außerhalb Indiens bestehen die größten Gemeinschaften heute mit über einer Mio. in Südostasien (Malaysia, Singapur und Thailand), in Nordamerika (ca. 530.000) und in Großbritannien (ca. 230.000). In Deutschland leben ca. 5000 Sikhs.

Amritsar und Adigrantha

Unter dem vierten Guru erfolgte 1577 die Gründung der Stadt Amritsar im Punjab als Wallfahrtsort. Der Name des

Heiligtums bedeutet „Teich des Nektars der Unsterblichkeit“. Ende des 16. Jh. begann man mit dem Bau des „Goldenen Tempels“, er wurde 1760 fertiggestellt (und erst 1830 mit Goldplatten verkleidet). Der Tempel liegt in einem See und man betrachtet ihn als Schiff, das die „Wasser der Unwissenheit“ überquert. Der „Goldene Tempel“ beherbergt den *Adigrantha*, die heilige Schrift der Sikhs und das Haupttheiligtum des Sikhismus. Die Schrift, die man auch *Granth Sahib* („Herr Buch“) nennt, ist aus den gesammelten Dichtungen des Guru Nanak, Schriften seiner Nachfolger sowie islamischer Heiliger zusammengestellt und in der von den Gurus entwickelten Schrift Gurmukhi niedergeschrieben. Amritsar ist das kulturelle, politische und religiöse Zentrum der Sikhs.

Die Gurus der Sikhs

Guru Nanak Dev	(1469 – 1539),
Guru Angad Dev	(1504 – 1552),
Guru Amar Das	(1479 – 1574),
Guru Ram Das	(1534 – 1581),
Guru Arjan Dev	(1563 – 1606),
Guru Har Gobind	(1595 – 1644),
Guru Har Rai	(1630 – 1661),
Guru Har Krishan	(1656 – 16 64),
Guru Teg Bahadar	(1621 – 1675),
Guru Gobind Singh	(1666 – 1708).

Der letzte Guru erhob den *Adigrantha* zum Guru.

Nach dem *Adigrantha* hat für die Sikhs die Lehre vom Karma und vom Geburtenkreislauf Gültigkeit, aus dem der Gläubige durch bedachtes Handeln und durch Gottesliebe erlöst werden kann. Sikhs betonen die Einheit der Schöpfung, Gott wird als „Punjabi sat nam“ („wahrer Name“) verehrt, der Kult besteht im Rezitieren von Gebeten unter Musikbegleitung. Die Religion der Sikhs orientiert sich nicht an der Einhaltung religiöser Dogmen, sondern an der Nutzbarmachung religiöser Weisheiten im alltäglichen Leben durch eine aufgeklärte Geisteshaltung.

Priester im Goldenen Tempel, dem höchsten Heiligtum der Sikhs in Amritsar

Männliche Sikhs tragen traditionellerweise kunstvoll gebundene Turbane, die ihr ungeschnittenes Haupthaar verdecken, und Bärte, Jungen den für sie üblichen Patka (eine Art Stoffkappe). Sikh-Frauen, die Wert auf eine Kopfbedeckung legen, tragen ein Stofftuch. Sikhs, die sich in die Khalsa haben initiieren lassen, tragen die fünf Kakars: unter dem Turban ungeschnittenes Haar (Kes), einen Kamm aus Holz oder Elfenbein (Kangha), einen Dolch (Kirpan), einen stählernen Armreif (Kara) und kurze Kniehosen (Kaccha). Als Ausdruck der Geschwisterlichkeit führen alle Sikhs gleich lautende Familien-namen: Männer den gemeinsamen Nachnamen Singh („Löwe“), Frauen den Nachnamen Kaur („Prinzessin“).

Hinduistische Bräuche

Für die meisten Hindus ist ihr Glaube fester Bestandteil des Alltagslebens. Außer sozialen, kultischen und religiösen Vorstellungen sind für den Hinduismus verschiedene Bräuche charakteristisch.

Räucherstäbchen gehören zu vielen hinduistischen Bräuchen

Weil es Hunderte interne Strömungen im Hinduismus gibt, die durch die Zugehörigkeit zu einer Kaste, einer Gemeinschaft oder eine Sprache bestehen, gibt es auch in den Riten und Bräuchen große Unterschiede. Zudem gibt es schon seit dem ältesten Hinduismus verschiedene lokale Bräuche und Familientraditionen.

Hausschrein

Zu fast jedem Hindu-Haushalt gehört ein kleiner Hausschrein. Er besteht aus dem Bild oder der Figur (Murti) einer Gottheit, die täglich mit frischen Blumen versehen wird. Vor dem Schrein werden oft Räucherstäbchen angezündet. Morgens verharrt man zu einem kurzen Gebet vor dem Schrein, die Andacht (Puja) dauert meist nur wenige Sekunden. Der „Anblick" (Darshan) der ausgewählten Gottheit soll spirituelle Energie geben für das Tagewerk. Die Wahl der Gottheit unterliegt keinerlei Beschränkung, jede Familie wählt die Gottheit, die ihr aus bestimmten Gründen am meisten zusagt – es werden wohlwollende Gottheiten sein wie Krishna, Rama, Ganesha, Lakshimi, kaum furchterregende wie Kali oder Durga. Oft werden vor dem Schrein Essensgaben abgelegt (z. B. kleine Stücke Obst oder Süßigkeiten) und nachdem die Gottheit symbolisch davon gekostet hat, ist sie für die Familie zu einem Prassad geworden. Der Verzehr des Prassad gilt als segensreich, die Speise selbst als so rein, dass sie völlig in geistige Energie (Manas) umgewandelt wird.

Speisen

Speisen ernähren nicht nur den Körper. Seit Jahrtausenden glaubt man, dass Speisen auch Stimmungen erzeugen, Neigungen in der Seele erwecken und auf den Charakter wirken können. Bestimmte menschliche Charaktere verwenden bestimmte Lebensmittel. Das gilt auch für Gottheiten. Hinduistische Gottheiten mögen süße und vegetarische Opfergaben. Fleisch weckt Habgier und Macht im

Menschen und wird daher auch den Göttern nicht geopfert. Wollen Menschen göttliche Eigenschaften entwickeln, essen sie dasselbe wie die Götter. Zwiebeln und Knoblauch sind, neben Fleisch, wegen ihres üblen Geruches verboten. Hindufrauen wissen aufgrund der religiösen Überlieferungen über die Eigenschaften und Wirkungen der Lebensmittel und Kräuter Bescheid.

Im Norden wird wegen des islamischen Einflusses dennoch relativ viel Fleisch (Geflügel), im Süden Indiens relativ viel Fisch verzehrt – der Genuss von Rindfleisch ist jedoch noch immer verpönt. Viele Hindus sind heute Vegetarier. Zwei Mahlzeiten gelten als das gesündeste Maß, schon im Ayurveda („Wissenschaft vom langen Leben") ist dargelegt, dass es am gesündesten ist, nur morgens und abends eine Mahlzeit einzunehmen. Frauen essen traditionellerweise erst nach den Männern.

Der orthodoxe Hinduismus kennt das Verbot der Wiederverheiratung von Witwen (auch von Kinderwitwen). Witwen ließen sich früher mit dem Leichnam ihres Mannes verbrennen, um Ruhm und Ehre für ihre Familie zu erhalten. Die Witwenverbrennung ist heute verboten. Daneben gilt auch das Verbot der Tötung von Kühen. Weil man nach traditioneller hinduistischer Auffassung durch Arbeiten, Essen, Berührung von Leder, Leichen und anderen organischen Materialien immer verunreinigt wird, ist eine heilige Waschung erforderlich, durch die ein Hindu den Zustand höchster Reinheit und den besten Zeitpunkt zu einer religiösen Andacht erreicht.

Symbole hinduistischer Wahrzeichen

Lotosblüte

- Swastika: arisches Glückssymbol (sein Name bedeutet „Zeichen des Wohlseins") mit verschiedenen Deutungen (abstrakte Darstellung der Sonne, symbolische Darstellung eines Rades mit Speichen oder ein Opferfeuer mit kreisförmig ausgelegten Zweigen). Die Swastika war ursprünglich nach links gerichtet. Die Nationalsozialisten bedienten sich des nach rechts gerichteten Rades als Hakenkreuz.
- Lotos: sowohl Symbol spiritueller Reinheit als auch Symbol Brahmas
- Flagge: Die hinduistische Flagge besteht aus zwei übereinander angeordneten, orangefarbenen Dreiecken.
- Om: mystischer Laut, heilige Silbe (Zusammensetzung von A, U und M), gilt als Urmantra und Klang, der das Universum durchdringt. A vertritt die Entstehung, U die Erhaltung und M die Zerstörung des Universums
- Trishul: Dreizack-Symbol Shivas

Kultus und Lebensformen

Hinduistischer Tempel in Badgaon

Der Hinduismus kennt neben verschiedenen Festen und Prozessionen eine große Vielzahl von Kulten, die im Haus und im Tempel verrichtetet werden.

Zu jeder Zeit kann ein Hindu einen Tempel aufsuchen, feste Gebetszeiten gibt es nicht. Die Eingänge der Tempel sind traditionellerweise nach Osten ausgerichtet – der aufgehenden Sonne entgegen. An der Eingangstür des Tempels findet der Gläubige eine Glocke, die er läutet, um die Gottheit auf seine Anwesenheit aufmerksam zu machen.

Tempelkult

Vor dem Betreten des Tempels sind die Schuhe auszuziehen und in Schuhablageräumen abzugeben. Sie gelten als unrein, weil sie aus der Haut toter Kühe gefertigt wurden und ihnen obendrein der Straßenschmutz anhaftet. Menstruierende Frauen dürfen den Tempel nicht betreten. Das Zentrum des Tempels ist das „Mutterschoß-Haus", in dem eine Statue der dem Tempel geweihten Gottheit aufgestellt ist. Vor den Götterfiguren wird gebetet und gesungen. Viele Gläubige umschreiten das Heiligtum nach einem Ritus, der göttlichen Segen verspricht. Der Gottesdienst (Puja) selbst ist im Wesentlichen eine persönliche Angelegenheit zwischen dem Einzelnen und der Gottheit und kein gemeinschaftlicher Akt. Er findet entweder im Tempel oder, in einfacher Form, zu Hause vor dem Hausaltar statt, kann aber ebenso an jedem rituell gereinigten Ort im Freien erfolgen.

Von allen hinduistischen Ritualen ist das Dämmerungsgebet (Sandhyavandanam) das wichtigste, es muss allen anderen Ritualen vorangehen. Zwischen der Morgen- und der Abenddämmerung gibt es zwischen dem Vor- und Nachmittag noch ein weiteres Sandhya. Das Ritual gliedert sich in 16 Schritte, nimmt ca. 30 – 40 Minuten in Anspruch und wird von orthodoxen Hindus vollzogen.

Lebensweisen (Purusarthas) und Lebensstufen (Asramas)

Der Hinduismus formuliert vier Lebensweisen bzw. Lebensziele: den Genuss von Sinnesfreuden (Kama), den Erwerb und die Weitergabe von materiellem

Wohlstand im Rahmen von Familie und Gesellschaft (Artha), ein rechtschaffenes Leben im Einklang mit ethischen Grundsätzen (Dharma) und die Befreiung aus dem Kreis der Wiedergeburten und aus der fundamentalen Unwissenheit (Moksha).

Die dritte Lebensweise gilt als Grundlage, die letzte wird als die höchste eingestuft. Es gilt als erstrebenswert, alle vier Ziele zu verfolgen und ein ausgewogenes Maß aller vier Lebensweisen zu verwirklichen.

Wie ein Pendant zu den vier Lebenszielen gibt es im idealen Leben eines Menschen verschiedene Lebensstufen, die Erfahrungen mit der Familie, der Gesellschaft und der Welt ermöglichen. Das Leben des (männlichen) Hindu wird zudem traditionellerweise in vier Lebensstadien unterteilt (heute jedoch meistens außer Acht gelassen): Während der „Zeit der Enthaltsamkeit“ oder der „Jugend vor der Heirat“ (Brahmacharya) soll sich der junge Hindu Wissen, vor allem religiöses, aneignen. Der Mensch soll das erste Viertel seines Lebens dem Erlernen eines Berufes oder dem Studium widmen.

Indischer Schreiner

Rituale

Nach hinduistischer Auffassung kann sich der Mensch mit seiner Lebensführung die Bezeichnung „Mensch“ verdienen, dabei sollen ihm Rituale helfen: für das ungeborene Kind (Geschlechtsverkehr an bestimmten Tagen, weil der Mensch schon vor seiner Geburt zum Guten oder Schlechten beeinflussbar sein soll), für das Kind (Namensgebungszeremonie, Rituale zum „Beginn des Lernens“, zur „Übung der Schrift“), für den Jungen (Einweihung zum Beginn der Schülerschaft), für die Hochzeit (Rituale zu acht Arten von Eheschließungen), für den Abschied (Todesrituale: Bestattung der Leiche durch Verbrennung, Befreiung der Seele von Bindungen, Abschied der Verwandten von der Seele).

Auf die Heirat folgt das Stadium des Familienoberhauptes (Grihasthya), in dem eine Familie zu gründen und zu versorgen ist. Der Hausherr soll sich an gesellschaftlichen, wirtschaftlichen und politischen Aktivitäten beteiligen. Wenn die Kinder das Haus verlassen haben, folgt der „Abschied in den Wald“ (Vanaprasthya), ein Zeitraum, der der Meditation und anderen religiösen Praktiken zu widmen ist. Der Blick des Menschen wendet sich von der Welt ab und richtet sich nach innen. Am Ende stehen das Aufgeben (Sanyas) aller weltlichen Besitztümer, die Entsagung der Welt, die Vorbereitung auf das Verlassen des Körpers und das Eingehen in das Überirdische.

Yoga

Yoga – eine meditative Bewusstseinsübung

Die einzige Möglichkeit, den Kreislauf der Wiedergeburten zu beenden, besteht darin, Moksha („Befreiung") zu erlangen. Wenn man die Natur des Brahman und des eigenen Selbst erfasst, wird kein weiteres Karma mehr angesammelt, der Kreislauf ist durchbrochen. Der Erwerb dieses befreienden höheren Wissens erforderte jedoch einige Mühe, man entwickelte daher eine Disziplin zur Erlangung des Moksha, die als Yoga („Anspannen", „Anschirren" der Seele an Gott) bekannt geworden ist. Yoga ist gewissermaßen eine Methode (philosophisch-religiöses Meditationssystem) zur geistigen Weiterentwicklung und ein Mittel zur Befreiung.

Das Alter der Meditationstechnik ist unbekannt. Ziel des Yoga ist es, die Seele von der Materie zu befreien, um sie in einen Zustand des reinen Bewusstseins zu führen.

Yoga-Sutra

Als Grundwerk des Yoga gilt das *Yoga-Sutra* des altindischen Grammatikers Patanjali, das möglicherweise aus dem 2. Jh. v. Chr. stammt. Sein *Yoga-Sutra* benennt einen Acht-Stufen-Weg. Ausgehend von der Konzentration auf ein Objekt, um die Kontrolle über die Aktivitäten der Sinne und des Unbewussten zu erlangen, folgt der Yogi acht Stufen:

- 1. Yama (Selbstbeherrschung): Einhalten bestimmter Gebote wie z.B. Keuschheit, Gewaltlosigkeit, Wahrhaftigkeit
- 2. Niyama (Observanz): Einfügen in die Disziplinierung des ganzen Lebens
- 3. Asana (Sitz): verschiedene Körperhaltungen, nicht nur gymnastische Bewegungen, Asanas sollen im philosophischen und religiösen Kontext praktiziert werden, Einbeziehen des Körpers in spirituelle Übungen
- 4. Pranayama (Beherrschung des Atems): Kontrolle des Atems beeinflusst die Gesamtpersönlichkeit
- 5. Pratyahara (Zurückziehen der Sinnesorgane von ihren Objekten): Verstärkung der nach innen gerichteten Empfindungsfähigkeit, Zurücknahme der Wahrnehmung in der äußeren Welt
- 6. Dharana (Festhalten): unabhängige Konzentration auf Sinn und Ziel allen Bemühens
- 7. Dhyana (Meditation): inneres, zugleich ruhevolles Anschauen

8. Samadhi (Versenkung): Einssein und Einswerden mit dem Göttlichen

Begriffe des Yoga

Ashram:
Schule eines spirituellen Lehrmeisters
Ghi:
gelbliche Flüssigkeit auf der Grundlage von gekochter Butter, gilt als völlig rein und spirituell reinigend
Guru:
spiritueller Lehrer, Unterweiser in indischen Künsten
Mandala:
ein bei der Meditation verwendetes mystisches Diagramm
Pradakshina:
Umrunden der Statue einer Gottheit verspricht göttlichen Segen, die rechte Hand muss zur Gottheit zeigen
Yogi:
im engeren Sinn ein Meister des Yoga, im weiteren Sinn jemand, der Yoga betreibt

Yoga-Wege

Den unterschiedlichen Veranlagungen des Gottsuchenden entsprechend gibt es zahlreiche Yoga-Wege. Man unterscheidet z.B. Bhakti-Yoga (Weg der liebenden Hingabe an Gott, entwickelt den Gefühlskörper), Hatha-Yoga (entwickelt ein Gleichgewicht zwischen Körper und Geist), Jnana-Yoga (Yoga des Wissens, entwickelt Intellekt und Intuition), Karma-Yoga (selbstloses Handeln), Kriya-Yoga (Form des Raja-Yoga), Raja-Yoga („königlicher" Yoga, umfasst mentale Techniken), Kundalini-Yoga (Yoga der Energie).

Beim Hatha-Yoga wird das Gleichgewicht zwischen Körper und Geist durch körperliche Übungen (Asanas), durch Atemübungen (Pranayama) und Meditation angestrebt. Durch das ruhige Halten der Stellungen soll blockierte Lebensenergie (Prana) wieder zum Fließen gebracht und sollen innere Heilkräfte aktiviert werden; Atemübungen sollen zu einer natürlichen Atmung zurückführen und die Lebensenergie wieder aufbauen. Das Hatha-Yoga ist die im westlichen Kulturkreis am meisten verbreitete Form des Yoga.

Kundalini, auch „Schlangenkraft", bezeichnet eine spirituelle Kraft oder Energie, die jedem Menschen innewohnt und am Ende seiner Wirbelsäule ruht. Das Ziel des Kundalini-Yoga ist die Erweckung der Kundalini und ihr Aufsteigen durch die Chakren (entlang der Wirbelsäule liegende Zentren feinstofflicher Energie), bis sie sich über dem Scheitel des Kopfes mit dem Göttlichen vereint.

Die Schule der Natha-Yogis ist eine Richtung, die von Bengalen ausging und sich nach Westen und Süden ausbreitete. Sie legten besonderen Wert auf die Kontrolle des Körpers, versuchten, diesen mit Hilfe von Hatha-Yoga und ihrer Willenskraft zu reinigen und unsterblich zu machen. Bedeutende Lehrer wurden als Gottheit verehrt.

Mandala

Ein Bad im heiligen Fluss

Heilige Stätten

Obwohl Hindus den gesamten indischen Subkontinent als heilig betrachten, gibt es eine Reihe von Orten und Stätten, die als Pilgerziele einen besonderen Status genießen. Viele glauben, dass ihnen allein der Besuch eines heiligen Ortes oder das Bad in einem heiligen Fluss Erlösung bringen kann.

Auch wenn es traditionelle Hindu-Pilgerrouten gibt (108 Orte, wo Shakti gegenwärtig ist, 68 Orte, wo Insignien Shivas erschienen sind, zwölf Orte, wo er erfahrbar ist, acht Orte, wo sich Vishnu manifestiert), existiert daneben eine Vielzahl heiliger Städte, Dörfer und Stätten.

Tempel

Im 8. Jh. gründete der vedische Philosoph Shankara zahlreiche Klöster, die vier wichtigsten markierten jeweils eine Himmelsrichtung. Er nannte sie die vier Dhams („göttliche Wohnstätten"), sie sollten alle Inder miteinander verbinden: Puri (im Osten), Sringeri und Kanchipuram (im Süden) sowie Badrinath (im Norden). Im Westen wählte er Dwarka. Der Vorläufer des heutigen Tempels aus dem Jahr 1730 soll vom Enkel Krishnas errichtet worden, seine Türme sollen ein Wohnort Krishnas gewesen sein. Vor der Küste, auf einer kleinen Insel, markiert ein Tempel den Ort, an dem Krishna gestorben sein soll.

Die Tempelanlage von Prambana auf der Insel Java (Indonesien) stellt einen der größten hinduistischen Tempel in Südostasien dar. Typisch für hinduistische Tempel ist die hohe und spitze Bauform sowie die strenge Anordnung zahlreicher Einzeltempel um das (hier 47 Meter hohe) Hauptgebäude. Viele Tempel, wie z.B. der Vishnu geweihte Tempel in Angkor Vat (Kambodscha), nehmen mit ihren Maßen Bezug auf hinduistische Verfahren der Zeitmessung.

Der Berg Kailas (6714 Meter hoch) in Tibet gilt als der Wohnort Shivas. Pilger können den Gipfel in 6000 Meter Höhe umwandeln, für die 20 Kilometer lange Strecke benötigen sie etwa zwei bis drei Tage. In Ellora, nahe Aurangabad (westliches Zentralindien) schlug man den Shiva geweihten Kailas-Tempel aus einem Berghang heraus! Nachdem man ungefähr 400.000 Tonnen Stein abgetragen haben muss, blieb ein 5500 Quadratmeter großer Komplex mit 34 Bauwerken (der höchste Turm hat eine Höhe von 27 Metern) sowie frei stehenden Statuen und Reliefs zurück.

Berge

Die Schneeberge (Himalaja) sind heilig, weil auf einem von ihnen Shiva wohnt. Aber es gibt noch weitere Berge, die als heilig und als Verkörperung eines Gottes gelten, z. B. der Arunacala (er verkörpert Shiva) im indischen Bundesstaat Tamil Nadu und der Tirumala (auf seinem Gipfel befindet sich ein Vishnu-Tempel) im Bundesstaat Andra Pradesh.

Himalaja

Flüsse

Auch manche Flüsse gelten den Hindus als heilig, z. B. der Ganges und seine Nebenflüsse. Der Ganges selbst ist der heiligste Fluss; ein Bad in seinem Wasser soll den Menschen von allen Sünden reinigen, die er über mehrere Inkarnationen hinweg angesammelt hat. Ein Ahnenritual an seinem Ufer befreit die Ahnen aus dem Zyklus der Wiedergeburten. Weil man glaubt, dass der Ganges in jedem Fluss fließt, gelten auch der Brahmaputra, Godavari, Indus, Kaveri, Krishna, Mahanadi Narmada und Tungabhadra als heilig.

Im Mündungsbereich des Mahanadi an der Ostküste Indiens entstanden während verschiedener Perioden in einem Umkreis von 160 Kilometern ca. 100 Tempel. Im sogenannten „Goldenen Dreieck von Orissa“ liegen die Orte Bhubaneswar am See Bindu Sagar (man glaubt, Shiva habe den See geschaffen, um den Durst Parvatis zu löschen), Konark (zwölf aus dem Felsen geschlagene Räder tragen den dortigen Tempel des Sonnengottes) und Puri (der Ort beherbergt einen Komplex mit 120 Tempeln und Schreinen).

Hinduistische Gläubige pilgern z. B. nach Badrinath, Kedarnath, Gangotri und Yamunotri. Reisen zu diesen Orten bilden das Chardham, von dem man sagt, dass es die Befreiung aus dem Kreislauf von Geburt und Tod auf einfache Weise bringe. Weitere Pilgerorte sind z. B. Rishikesh, Haridwar, Varanasi (Benares) und Vrindavan.

Pilgerreisen

Pilgerfahrten (Yatra) bringen spirituelles Heil; sie können jederzeit unternommen werden, den meisten Erfolg versprechen sie zu besonderen, geheiligten Tagen. Je mehr Strapazen der Pilger auf sich nimmt, umso mehr spirituellen Verdienst erwirbt sich der Gläubige. Viele Heiligtümer stehen auf Hügeln oder Bergen – dort, wo sie den Göttern am nächsten sind. Das Wort „Yatra“ bedeutet sowohl Pilgerreise als auch Reisen im allgemeinen Sinne.

Feste

Das Ganpati-Fest wird zu Ehren Ganeshas gefeiert

Der Hinduismus kennt eine Vielzahl größerer oder kleiner Feste. Manche werden im gesamten Hinduismus begangen, andere werden nur regional gefeiert oder nur von den Mitgliedern bestimmter Kasten. Meistens sind es Feste, bei denen einem der vielen Götter gehuldigt wird. Jeder Tempel kennt ein besonderes Fest, das mit seiner eigenen Gottheit verbunden ist. Größere Feste ziehen große Volksmengen an. Das Hauptereignis ist meistens eine Prozession, bei der das Bild der Gottheit (Murti = Verkörperung des Göttlichen) durch die Stadt getragen oder auf einem Festwagen gefahren wird.

Außerdem kennt der Hinduismus Fruchtbarkeits- und Erntefeste, Feste zu Ehren heiliger Tiere oder heiliger Pflanzen, zu Ehren von Flüssen, Bergen oder Seen. Die hinduistischen Feste sind bewegliche Feste, weil sie durch den Mondkalender festgelegt werden.

Erste Jahreshälfte

Das Fest Makara Sankranti der Wintersonnenwende (Mitte Januar) markiert das Ende des Winters.

Am 13. Tag des Monats Magha (Januar/Februar) ist Maha-Shivaratri, das große Fest Shivas bzw. „die große Nacht des Shiva". Nach einem Tag des Fastens werden des Nachts in Shiva-Tempeln Pujas zelebriert.

Zum Vollmond des Monats Phalgun (Februar/März) feiert man das hinduistische Frühlingsfest Holi, es markiert den Beginn der heißen Jahreszeit. Das Fest ist aus einem alten Fruchtbarkeitsritual entstanden. Man entzündet kleine Freudenfeuer, die symbolisch alles Böse verbrennen sollen. Man bewirft sich mit buntem Farbpulver und bespritzt sich mit bunten Flüssigkeiten (bevorzugt in Rot).

Mit dem neuntägigen Fest Ram-Navami (ab dem neunten Tag des Monats Chaitra, März/April) gedenkt man der Geburt Ramas. Es wird vor allem in Nordindien gefeiert; man liest aus dem *Ramayana*-Epos und drückt die Verehrung Ramas mit Pujas aus.

Zweite Jahreshälfte

Am fünften Tag des Monats Shravan (Juli/August) findet das Fest Nag-Panchami im Gedenken an Krishnas Sieg über die Schlange Kaliya und seine Rückkehr statt. Schlangenfiguren werden symbolisch gewaschen, man legt Opfergaben ab, wo Schlangen leben, oder füttert sie von Hand.

Das Fest Ganesh-Chaturthi (Ganpati-Fest) fällt in den Monat Bhadrapada (August/September), es wird im Bundesstaat Maharashtra gefeiert. Ganesh-Chaturthi ist dem elefantenköpfigen Gott Ganesha geweiht, der Tag gilt als der Geburtstag des Gottes. Ganesha gilt als Erschaffer und Beseitiger von Hindernissen, als Hüter des Haushalts, er beschützt das Heim samt seiner Hausgottheiten. Großen oder kleinen Figuren des Gottes bringt man Opfergaben, anschließend trägt man sie durch die Stadt oder den Ort und versenkt sie in einem Fluss oder im Meer. Manche Stadtviertel wetteifern um die originellste oder größte Ganesha-Statue. Das Fest markiert auch das Ende der Regenzeit.

Das Fest Janmashtami im Monat Bhadrapada ist Krishna geweiht, man gedenkt seiner Geburt. Am Tag vor dem Fest wird bis Mitternacht gefastet. Tempel werden mit Blumen und Früchten geschmückt, an langen Stangen werden Tongefäße mit Milch aufgehängt. Junge Männer versuchen, die Gefäße zu erreichen und unter großem Jubel der Menge zu zerschlagen.

Krishna

Navaratri („neun Nächte") dauert insgesamt neun Nächte und zehn Tage, es findet im Monat Ashvin (September/Oktober) statt und fällt in die Erntezeit. Es ist den Göttinnen Sarasvati, Lakshmi und Durga gewidmet. Im Zeitraum werden mehrere Feste gefeiert, deren Ablauf und Bedeutung sich regional unterscheiden: z. B. Durga-Puja in Bengalen (Feier des Sieges der Göttin Durga über den Büffeldämon Mahisha), Dassera im indischen BundesstaatKarnataka (Elefantenprozessionen zum Sieg über den Dämonenkönig Ravana).

Das Fest Diwali/Dipawali begeht man im Oktober/November, es dauert fünf Tage. Sein Name bedeutet „Lichterreihen" – wegen der zahllosen kleinen Lichter, die zu diesem Lichterfest angezündet werden.

Pflanzen und ihre Bedeutung

Der Überlieferung nach gelten alle Pflanzen als „gezeugt vom Himmel, geboren von der Erde und verwurzelt im kosmischen Urozean", manchen wird eine Beziehung zu den Göttern nachgesagt. Viele gelten als heilig:
Pipal-Baum (Ficus religiosa): gilt vielen als Wohnsitz des Trimurti, anderen als Sitz Lakshmis, Buddha soll unter einem Pipal-Baum zur Erleuchtung gelangt sein.

Banyan-Baum (Ficus indica):
genießt Unsterblichkeit

Tulsi-Pflanze (Ocymum sanctum):
Manifestation von Lakshmi und Radha (Gattin Krishnas), ist den Anhängern Vishnus heilig

Bilva-Baum (Aegle marmelos):
in seinen Blättern wohnen Teile Shivas

Das Kastensystem

Wann das Kastensystem entstand, ist nicht mehr nachzuvollziehen. Möglicherweise war schon die Gesellschaft der Arier in zwei Klassen geteilt: in die Edelleute und das gewöhnliche Volk. Die Arier unterwarfen die dunkelhäutigen Völker Indiens, nannten sie „Sklaven" (Dasa, Dasya) und ordneten sie einer untersten Klasse zu. Das Wort „Kaste" stammt aus dem Portugiesischen („casta" bedeutet dort „Rasse" oder „Gruppe"), das ursprünglich indische Wort für Kaste war „Varna" („Farbe").

Das Kastensystem wurde im Gesetzbuch des Manu (in der indischen Mythologie der Stammvater der Menschheit und ihr Gesetzgeber), einem späten Hymnus des Rigveda, kodifiziert, in dem er eine Begründung für das rigide soziale System liefert: „Zum Zwecke des Wohlstands in den Welten ließ (Brahma) den Brahmanen, den Kshatriya, den Vaishya und den Shudra aus seinem Mund, seinen Armen, seinen Hüften und seinen Füßen entstehen."

Vedisches Kastensystem

Weil die Brahmanen aus dem Kopf (respektive dem Mund) Brahmas entstanden sind, stehen sie an oberster Stelle und gelten als der Kopf der hinduistischen Gesellschaft.

Brahmane

Die Shudras (oder Arbeiter) haben den drei oberen Kasten zu dienen. Das vedische Kastensystem legte Berufe fest und stellte eine Hierarchie dar: 1. Die Brahmanen beanspruchen als Priester und Gelehrte den höchsten Rang, sie widmen sich dem Studium der Veden. 2. Die Kshatriyas waren Könige und Soldaten, die das Volk beschützten sowie Steuern und Geschenke einnehmen durften. 3. Die Vaishyas waren Bauern, Viehzüchter, Händler, Geldverleiher. 4. Die Shudras waren niedere Arbeiter, ihre Pflicht bestand im Dienen und in körperlicher Arbeit. Die unterworfenen Einheimischen gehörten nicht zur vedischen Gesellschaft und galten als Angehörige einer fünften Kaste: Außerhalb dieser vier Kategorien sind die „Unberührbaren" angesiedelt. Sie galten als so unrein, dass selbst ihr Schatten nicht auf jemanden aus den höheren Kasten fallen durfte. Ihnen war nur die Verrichtung „unreiner" Arbeiten erlaubt, z. B. die Straßenreinigung, die Beseitigung von Fäkalien oder die Leichenbeseitigung.

Bis zum 5. Jh. n. Chr. hatte sich das Kastensystem in der Form herausgebildet,

Parias verrichten traditionell die als unrein angesehenen Arbeiten: Waschplatz in Mumbai

wie wir es heute kennen. Innerhalb der Hauptkasten bildeten sich zahlreiche Unterkasten. Die Kastenangehörigkeit eines Menschen ist unveränderlich. Jemand wird in eine Kaste geboren, übt den Beruf aus, den sie ihm vorschreibt, und bleibt bis zu seinem Tod in dieser Kaste. Seine Kinder gehören ebenfalls zu seiner Kaste; es ist unmöglich, sie zu wechseln. Mit einem guten Karma kann ein Hindu den Aufstieg in eine höhere Kaste bewirken.

Säkulare Verfassung

Im Laufe der Zeit bildeten sich neue Hauptkasten heraus, sodass die Viererteilung aufgegeben werden musste. Innerhalb der Hauptkasten bildeten sich weitere Unterkasten heraus. Man vermutet, das es heute ca. 3000 Unterkasten gibt, die sich noch einmal jeweils in Abertausende von „Subkasten" (oder Unter-Unterkasten) aufteilen. Manche Unterkasten existieren nur in bestimmten Gebieten. Manchmal kommen auch heute noch neue Kasten hinzu. Außerhalb der Kasten stehen nach wie vor die Kastenlosen, „Unberührbaren" oder Parias.

Offiziell ist das Kastensystem in Indien und Nepal nicht mehr von Bedeutung, das unabhängige Indien z. B. verabschiedete 1950 eine säkulare Verfassung. Die Verfassung schaffte das Kastensystem nicht ab, sondern verankerte in der Verfassung das Recht auf Gleichheit als Grundrecht, verkündete die Gleichheit aller Menschen und erklärte die Praxis der Unberührbarkeit zur Straftat. Vermutlich steht einer Abschaffung des Kastensystems das Grundrecht der Religionsfreiheit gegenüber.

Kastennormen

Eine Kaste wird durch gemeinsame Sitten und Gebräuche zusammengehalten, jeder Einzelne hat spezifische Verpflichtungen zu erfüllen. Bei Verstößen gegen die Kastennormen, kann man aus der Kaste ausgestoßen werden, jedoch keiner anderen Kaste beitreten. Eheschließungen finden innerhalb der Kaste statt (Endogamie). In der traditionellen Hindugesellschaft ist es verboten, dass Mitglieder verschiedener Kasten Mahlzeiten gemeinsam einnehmen (Kommensalität): Zu groß ist die Gefahr, durch Berühren von „unreinen" Essgerätschaften selbst verunreinigt zu werden.

Altar des Vishnu

Die Puranas

Die Puranas („Alte Lehre" bzw. „Erzählungen") gehören zu den bedeutendsten Texten des Hinduismus. Es handelt sich um eine Schriftengruppe der religiösen hinduistischen Literatur: anonyme, in Sanskrit verfasste Texte. Die heute vorliegende Fassung ist das Ergebnis einer sich über Jahrhunderte hinziehenden Bearbeitungstätigkeit. Die Puranas gehören zu den Smriti, zur Kategorie der „erinnerten Literatur", die zwar vom Menschen verfasst wurde, aber dennoch als inspiriert gilt.

Bei den „alten Erzählungen" (Puranas) handelt es sich um Sammlungen von Mythen, Legenden und Geschichten der klassischen (seit ca. 400 v. Chr.) und mittelalterlichen Zeit des Hinduismus, die eine volkstümliche Tradition widerspiegeln. Es gibt 18 große und zahlreiche kleinere Puranas. Manche Schulen des Hinduismus werten sie als göttliche Offenbarungen, genau wie z. B. die Veden. Die Puranas werden, zusammen mit den Epen, oft auch als „Fünfter Veda" bezeichnet. Die Texte geben einen Einblick in die komplexe Vielfalt und die unzähligen Ausdrucksformen des religiösen Lebens.

Mündliche Tradition

Die Texte wurden nie für den Gebrauch bei Ritualen kodifiziert. Die Puranas wurden in mündlicher Tradition in zahlreichen regionalen Varianten weitergegeben, zu unterschiedlichen Zeiten und an unterschiedlichen Orten aufgeschrieben – sowohl in Sanskrit als auch in diversen Volkssprachen (früheste religiöse Texte wurden in Tamil festgehalten, später in Sanskrit, heute gibt es in Indien 18 offizielle Sprachen und Hunderte von Dialekten). Das Material wurde bearbeitet, durch Einschübe und Zusätze erweitert. So ist es fast unmöglich, die genaue Entstehung eines Purana-Textes zu datieren.

Jedes Purana konzentriert sich auf eine bestimmte Gottheit, die als höchstes Wesen die Welt erschuf und sie in ihrer Ordnung hält. Die drei großen Gottheiten, die in der Purana-Literatur vorherrschen, sind Vishnu, Shiva und Shakti (Manifestation der Göttin Devi). Mythen erklären die Ursprünge heiliger Orte, philosophische Beschreibungen angemessene Verhaltensweisen und erstrebenswerte Lebensziele, Weise und Gottheiten sprechen ebenso miteinander wie Gottheiten untereinander. Götter und Göttinnen diskutieren

Die heilige Kuh

Heilige Kuh in Aihole

Das mit Abstand als am heiligsten geltende Tier ist nach traditionellem hinduistischem Glauben die Kuh, denn jeder ihrer Körperteile gilt als Wohnsitz einer Gottheit. Auch die fünf Produkte der Kuh sind heilig: Milch, Geronnenes, Ghi, Urin und Kot – eine Mischung, in einer kleinen Dosis zu sich genommen, gilt als spirituell reinigend. Urin und Kot kann durch Honig oder Zucker ersetzt werden. Zu den heiligen Tieren gehören auch Affen, die mit dem Affengott Hanuman assoziiert werden. Elefanten sind die Artgenossen des Elefantengottes Ganesha. In einem Tempel in Deshnok (Rajasthan) wimmelt es von Tausenden heiliger Ratten. Schlangen gelten als heilig, allen voran die Kobra.

über die rechten Gottesdienstrituale und Geisteshaltungen, mit denen sich eine Erlösung aus dem Kreislauf der Wiedergeburten gestalten könne.

Vielfältige Themen

Es lassen sich drei Gruppen von Puranas unterscheiden: 1. Von den Mahapuranas („Große Puranas“), die vermutlich in der Zeit zwischen 400 und 1000 n. Chr. entstanden, sind 18 überliefert. 2. Die Upapuranas („Neben-Puranas“) sind weniger gelesene, inhaltlich den Mahapuranas ähnliche Puranas. 3. Lokale Puranas sind nur in einzelnen Regionen bekannt.

Gemäß der Überlieferung soll jedes Purana fünf Themen behandeln: 1. die Schöpfung der Welt, 2. die Auflösung bzw. Neuschöpfung der Welt (Schöpfung und Vernichtung der Welt in bestimmten Perioden), 3. Genealogie von Göttern und Weisen, 4. Manu-Zeiträume (Beschreibung der Zeiträume und Perioden, in denen ein Manu auftrat; in der indischen Mythologie ist ein Manu, „Mensch“, der Stammvater der Menschheit und ihr Gesetzgeber, von 14 aufeinanderfolgenden Manu ist der siebte, Vaivasvata, der Manu unseres Zeitalters), 5. Geschichte der Königsgeschlechter. Von diesem Schema weichen manche Puranas teilweise ab, weil die Themen weitaus vielfältiger sind. Zu den weiteren Themen, die ausführlicher behandelt werden, gehören z. B. die vier Ziele des Lebens, religiöse Verhaltensweisen, Riten für verstorbene Vorfahren, Beschreibungen von Pilgerstätten, Geschenke und Liebesgaben, Mittel zum Lebensunterhalt, Befreiung von der Wiedergeburt.

Dharma

Dharma regelt das gesellschaftliche Zusammenleben

Ein zentraler Begriff des Hinduismus ist „Dharma" – und er hat viele Bedeutungen: Ethik, Pflicht, Gerechtigkeit. Man unterscheidet ein Dharma, das allen Menschen gemeinsam ist, ein Dharma, das sich auf den jeweiligen Status im Leben bezieht, und ein Dharma, das zur Befreiung aus dem Kreislauf von Leben, Tod und Wiedergeburt führt. Dharma ist eines der vier legitimen hinduistischen Lebensziele (neben Artha, Kama, Moksha).

Quellen des Dharma findet man in Hindu-Texten: in den vier Veden und in den Lehrtexten der Puranas in den großen Epen. Allerdings bieten nicht nur die schriftlich fixierten Texte eine Orientierung für angemessenes Verhalten, sondern auch lokale Bräuche, die zum Verständnis dessen beitragen, was moralisch ist und was nicht.

Ethische Grundsätze

Das Sanskrit-Wort Dharma wird in vielen Zusammenhängen verwendet. Es bezieht sich auf Verpflichtungen (die jemand innerhalb einer Kaste zu erfüllen hat, einen Verhaltenskodex, der das Verhalten in der Ehe regelt, die Ernährung oder religiöse Vorschriften) und Tugenden (z. B. Dankbarkeit, Mitleid) gleichermaßen, bezieht sich sowohl auf religiöse als auch auf soziale Verhaltenweisen.

Es existiert zwar eine große Zahl von unterschiedlichen Gottheiten, Glaubensüberzeugungen, Philosophien und spirituellen Wegen, aber alle verlangen, dass sich der Mensch an bestimmte Verhaltensregeln hält. Ein angemessenes Verhalten ist an die Regeln der Gemeinschaft gebunden, in der man lebt, an ein bestimmtes Lebensalter oder an den Festkalender.

Tugenden, die nach hinduistischer Vorstellung allen Menschen eigen sind, heißen Sadharana Dharma (allgemeine Verhaltensregeln für jeden) und Sanatana Dharma (ewiges und unveränderliches Dharma, kosmische Ordnung). Zu ihnen gehören Dankbarkeit, Gewaltlosigkeit, Großzügigkeit, Mitleid, Gastfreundschaft, Hilfsbereitschaft – Verhaltensregeln werden in verschiedenen Schriften an vielen Stellen häufig genannt. Die Erfüllung des Dharma ist für das tägliche Leben das wichtigste Leitziel. Nicht nur Menschen unterliegen dem Sanatana Dharma, auch Tiere, Pflanzen sowie das ganze Universum. Dharma geht aus dem Brahman, dem Absoluten, hervor.

Jeder Hindu kann die „sechs Feinde" aufzählen – weltliche Begierden (Kama), Zorn (Krodha), Gier und Geiz (Lobha), Verblendung oder geistige Dunkelheit (Moha), Hochmut (Mada), Eifersucht und Neid (Matsarya) –, die an die im Katholizismus bekannten sieben Todsünden erinnern.

Krishna hebt den Berg Govardhan in die Höhe

Wege der Erlösung

Vergegenwärtigt man sich die Möglichkeiten, wie ein Hindu den Kreislauf von Leben, Tod und Wiedergeburt verlassen kann, lassen sich zwei grundlegende Strömungen unterscheiden: Erlösung durch Erlangen des letzten und höchsten Wissens (die menschliche Seele wird als mit dem Höchsten identisch erachtet, bedeutend wird das menschliche Streben nach dem für die Verwandlung notwen-digen Wissen) und Erlösung durch Hingabe an das höchste Wesen und Vertrauen auf göttliche Gnade (es setzt eine nicht aufhebbare Verschiedenheit zwischen Mensch und Gott voraus).

Die *Bhagavad Gita* beschreibt Krishnas drei Wege zum Heil:

1. den Weg des Handelns – des selbstlosen Handelns, bei dem man seine Pflichten (Dharma) nicht aus Angst vor Strafe oder in Erwartung einer Entlohnung erfüllt, sondern um durch den Verzicht auf weltlichen Lohn dauerhaften Frieden zu erwerben; 2. den Weg der Erkenntnis – den der Gläubige nur mithilfe des Wissens aus den Schriften beschreiten kann, mit deren Hilfe er eine ihn verwandelnde Weisheit erlangt. Die Weisheit kann durch das Textstudium bei einem Guru, durch Meditation oder durch körperliche bzw. geistige Disziplin erlangt werden; 3. den Weg der Hingabe – an einen Gott. Manche verstehen das Konzept als die Auslegung verschiedener Wege zum Göttlichen, manche als Aspekte einer dreiteiligen Lebensaufgabe. ■

Bhakti

Bhakti, die „Hingabe zu Gott" oder „Gottesliebe", ist eine der ältesten philosophischen Traditionen des Hinduismus – es hat ihn grundlegend geprägt. Danach besteht ein Unterschied zwischen dem Schöpfer und der Schöpfung, die Erlösung ist durch die Gnade Gottes zu erlangen, nach der Erlösung bleibt die Individualität der Seelen bestehen. Der unergründbare Gott verkörpert drei Attribute: die Wahrheit, das Gute, die Schönheit. Eine der Bhakti-Beziehungen zu Gott ist z. B. die des Geliebten oder Liebhabers.

Sadhu

Sadhus

Eremiten oder Wanderasketen bezeichnet man im Hinduismus als Sadhus. Der Ausdruck „Sadhu" („Guter") ist ein Ehrentitel, bedeutet „heiliger Mann" oder „Entsagender" und ist ein Oberbegriff für jene Menschen, die sich einem streng religiösen, teilweise streng asketischen Leben verschrieben haben. Insbesondere bezeichnet man die Mönche der verschiedenen hinduistischen Orden als Sadhus.

Es gibt Sadhus, die das weltliche Leben völlig aufgegeben haben und asketisch und von Almosen leben (sogenannte Samnyasins, „Entsagende"), andere bilden in Ashrams Gemeinschaften oder leben in der Nähe von Tempeln in bescheidenen Wohnräumen. Sadhus werden sehr respektiert, weil ihre Askese nicht nur als persönliche Aufgabe, sondern als stellvertretenden Dienst für viele Hindus angesehen wird.

Askese

Yoga und Askese spielen in der hinduistischen Gedankenwelt seit früher Zeit eine Rolle, vermutlich entwickelte sich eine asketische Lebensweise in Indien im 6. Jh. Wenn ein Leben Sterblichkeit und Leid bedeutet, so argumentiert man, müsse ein anormales Leben Unsterblichkeit und Leidlosigkeit bringen. Asketen stehen im Gegensatz zu gewöhnlichen Sterblichen. Ihre Körper, an denen sich das Leiden (Alter, Gebrechlichkeit, Krankheit, Tod) manifestiert, halten sie für eine Hülle, die sie ignorieren und bisweilen sogar grausam kasteien. Asketen fasten oder ernähren sich von einer einzigen Speise (Monodiäten), das Zuhause vieler Asketen ist die „Wanderschaft", sie scheren ihr Kopfhaar oder lassen es wachsen, tragen einen Lendenschurz, Lumpen oder sind völlig nackt.

Nach traditioneller Auffassung erzeugt ein Asket durch Fasten und Selbstkasteiung eine mystische innere „Glut", die auf seine Umgebung ausstrahlen kann und die ihm zauberische Macht und übermenschliche Kräfte verleiht. Die Beherrschung der Körperfunktionen, insbesondere des Atmens, wurde von einigen so weit entwickelt, dass sie ihre Körperfunktionen auf ein Minimum reduzieren können – bis hin zu einem willkürlich herbeigeführten Scheintod. Es existieren

Berichte über Asketen, die sich lebendig begraben ließen oder die nackt im Himalaja auf Wanderschaft waren.

Besonders asketische Sadhus bezeichnet man als Sanyasins. Sanyas ist die letzte der vier Lebensstufen eines idealen Hindu-Lebens, das die hinduistische Ethik (Dharma) als wünschenswert ansieht. Im letzten Abschnitt des Lebens soll sich der Mensch von allem Weltlichen lösen und sich der Suche nach Erlösung widmen.

Orden

Die verschiedenen hinduistischen Orden verteilen sich auf die drei Hauptrichtungen des Hinduismus: den Vishnuismus, den Shivaismus und den Shaktismus. Jeder der Hauptströmungen teilt sich noch in viele Unterströmungen auf. Kennzeichnend für die Zugehörigkeit zu einem bestimmten Orden sind die Stirnzeichnung (Tilaka), die Art der Gebetskette und bestimmte Zeichnungen auf dem Oberkörper, außerdem die Farbe des Mönchsgewandes, die religiösen Symbole, die der Mönch mit sich führt, bestimmte Grußformeln und Verhaltensregeln, denen der Sadhu zu folgen hat.

Indischer Guru mit Schüler

Heilige Männer und Frauen

Die ersten heiligen Männer und Frauen waren jene, die die Wahrheit „schauten" und die Veden zusammenstellten. Man nannte sie Rishis („Seher"). Heilige Personen vermitteln eine erlösende göttliche Wahrheit und weisen den Weg zu Frieden und Befreiung aus dem Kreislauf von Leben und Tod. Ein bedeutender Heiliger ist z. B. der Philosoph Shankara (788 – 820), der als Inkarnation Shivas gilt und mehrere Klöster gründete. Anhänger sehen in Sri Satya Sai Baba (*1926) eine Inkarnation Shivas und Shaktis. Mancher charismatische religiöse Führer trägt den Titel Rishi, z. B. Maharishi Mahesh Yogi (*um 1911/17), der Begründer der Transzendentalen Meditation. Seit dem 20. Jh. spielen auch weibliche Gurus eine bedeutende Rolle, zu den bekanntesten gehören Anandamayi Ma (1896 – 1982) und Amritanandamayi Ma (*1953).

Wenn sich ein junger Mann zu einem Leben als Sadhu entschließt, wird er sich als Schüler einem Guru anschließen, der ihn in die Techniken der Meditation und Askese einführt.

Dann legt er ein Gelübde ab, das ihm je nach den Vorschriften des Gurus bestimmte Anforderungen auferlegt, z. B. sexuelle Enthaltsamkeit, Armut, Fasten, völlige Bedürfnislosigkeit. Die verschiedenen Orden und ihre Untergruppen stellen an die Sadhus verschiedene Anforderungen.

Die Rolle der Frau

Hinduistische Frauen

Eine traditionelle Arbeitsteilung ist auch im Hinduismus nach wie vor maßgeblich: Die Frau ist zuständig für Haushalt und Familie, der Mann für den Broterwerb und das Auftreten in der Gesellschaft. Frauen werden im Hinduismus einerseits verehrt, andererseits sind sie von den Männern abhängig. Wege der religiösen Selbstverwirklichung gelten vor allem dem Mann, während die Frau Verwirklichung dadurch erlangt, dass sie ihrem Mann dient. Die Rolle der Frau im Hinduismus hat sich über Jahrtausende entwickelt und ist stets abhängig von den jeweiligen Lebensumständen und von der jeweiligen hinduistischen Kultur.

Die hinduistische Literatur bringt ein ambivalentes Verhältnis zur Rolle und Stellung der Frau zum Ausdruck. Das Gesetzbuch des Manu lässt auf einen niedrigen Status der Frauen in jener Zeit schließen, vielen männlichen Autoren liegt das Konzept der „Glückverheißung“ (Förderung der Lebensziele Dharma, Artha und Kama) zugrunde. Daher ist es für Frauen unerlässlich, verheiratet zu sein. Sita, Protagonistin im *Ramayana*-Epos, verkörpert als opferbereite Gattin den Idealtypus einer Frau.

Der hinduistische Pantheon kennt hingegen eine Vielzahl weiblicher Gottheiten, die allein auftreten oder mit einer männlichen Gottheit zusammenwirken. Andererseits genossen viele Frauen religiöse und finanzielle Unabhängigkeit. Auch gab und gibt es Frauen, die als große Heilige und Weise verehrt werden oder als Dichterinnen am philosophischen Leben ihrer Zeit teilnahmen.

Traditionelle Rollen

Obwohl man Töchter nicht weniger schätzt als Söhne, gelten sie in manchen Familien doch als (finanzielle) Belastung, weil sie bei ihrer Hochzeit eine Mitgift mitbringen müssen. Der Zeitraum von der Zeugung bis zur Geburt eines Kindes wird zum Schutz und zum geistigen Wohlergehen von Mutter und Kind von zahlreichen Riten begleitet. Man kennt Rituale, mit denen man das Geschlecht

Die Stirnzeichnung

Junge Frau mit Bindi

Die Stirnzeichnung, die man als Bindi, Tika, Tilaka oder Sindhura bezeichnet, hat eine mystische und eine soziale Bedeutung. Die Zeichnung stellt das dritte Auge einer Person dar, sie wird zwischen den Augenbrauen angebracht, dort, wo man den Sitz der verborgenen Weisheit vermutet (des Agna, des sechsten Chakras). Beim Besuch eines Tempels ist es üblich, dass ein Priester den Besuchern (Männern, Frauen und Kindern) das rote Zeichen auf die Stirn aufträgt. Die Farbe Rot repräsentiert Stärke. Daneben ist der Punkt ein soziales Symbol, er wurde von verheirateten Frauen getragen. Die Farbe Rot sollte Glück und Wohlstand bringen, als Witwe legt sie die Zeichnung ab. Heute tragen in Indien nicht nur verheiratete Frauen einen „Schönheitspunkt", es gibt sie in verschiedenen Farben und Formen und passend zur Kleidung zum Aufkleben.

eines Kindes zu bestimmen sucht, man hält den genauen Zeitpunkt der Geburt fest, um ein genaues Horoskop erstellen zu können. Weibliche Pubertätsrituale sind nicht Bestandteil der Sanskrit-Literatur, man findet sie jedoch in allen regionalen Kulturen Südasiens. Noch gibt es Dorfgemeinschaften, die den Beginn der Pubertät eines Mädchens feiern (im Gegensatz zum städtischen Milieu), z. B. indem es neue Kleider erhält und mit Blumen geschmückt wird.

Die meisten Ehen sind arrangiert, Liebesheiraten sind noch selten: Die Eltern suchen einen Ehepartner aus, der in den meisten Fällen aus derselben Kaste stammt. Unverheiratete Frauen sind traditionellerweise weniger angesehen als verheiratete, eine unverheiratete Tochter im heiratsfähigen Alter gilt in vielen Familien als Schmach. Haben sich zwei Familien auf eine Verbindung ihrer Kinder geeinigt, müssen die Eltern der Braut für eine Mitgift sorgen. Viele zahlen, für ihre jeweiligen Verhältnisse, vergleichsweise erhebliche Summen, viele Familien müssen sich verschulden.

Der Hauptzweck der Ehe ist das Zeugen männlichen Nachwuchses, das Ansehen der Frau steigt nach der Geburt eines Sohnes. Scheidung und Wiederverheiratung waren lange Zeit untersagt. Erst auf Betreiben hinduistischer Reformbewegungen wurde die Wiederverheiratung gestattet, seit 1955 ist auch die Scheidung erlaubt. Die Scheidung ist verpönt und kaum möglich, eine Frau kann in Indien außerhalb der Familie kaum überleben. Die Bildungschancen für Frauen sind in der Regel schlecht und bestehen noch am ehesten in den Städten.

Stifter des Buddhismus: Siddhartha Gautama

Buddhas Geburt

Buddha (Sanskrit, „der Erwachte, „der Erleuchtete") ist der Ehrentitel des Siddhartha Gautama. Er wurde als Prinz eines lokalen Adelsgeschlechts in Nordindien geboren; nach buddhistischer Überlieferung erlangte er mit ca. 35 Jahren Bodhi („Erleuchtung"), wurde in der Folge als Buddha bezeichnet und zum Stifter der nach ihm benannten Religion. Nach der Familie (Shakya), aus der er stammte, wird er auch Shakyamuni („Einsiedler der Shakya") genannt.

Siddhartha Gautama (um 560–480 v. Chr.) wurde, gemäß der Überlieferung, in Lumbini (heute Nepal) als Sohn des Herrscherhauses der Shakya (sein Vater Shuddhodana war Fürst im Vorland des nepalesischen Himalaja) geboren. Seine Mutter Maya verstarb kurz nach seiner Geburt. Siddhartha Gautama wuchs in Reichtum auf, heiratete später seine Cousine Yasodhara und hatte einen Sohn, Rahula.

Überwindung des Leidens

Mit ca. 29 Jahren erkannte der Prinz die Sinnlosigkeit seines bisherigen Lebens, wurde sich bewusst, dass Reichtum und Luxus kein Glück garantieren und dass Leid und Leiden (Alter, Krankheit, Tod und Schmerz) untrennbar mit dem menschlichen Sein verbunden sind. Siddhartha Gautama verließ die Heimat und machte sich auf, verschiedene Religionslehren und Philosophien zu studieren.

Als Schüler verschiedener Meister übte er sich sechs (oder sieben) Jahre in harter körperlicher Askese. Trotzdem hatte er noch immer keinen Weg gefunden, den Kreislauf von Leben, Tod und Wiedergeburt zu überwinden. Schließlich wandte er sich der Meditation zu. Entschlossen, seinen Weg zu finden, nahm er unter einer Pappelfeige in Bodh Gaya (ein kleiner Ort im heutigen Bihar) Platz und schwor den Eid, nicht eher aufzustehen, bis er Erleuchtung erlangt habe oder sterbe – schließlich fand er die Erleuchtung. Als er sich erhob, war er nicht länger Prinz Gautama Siddhartha, sondern

Buddha, der Erwachte. Obwohl er in das Nirwana hätte eingehen können, entschloss er sich, in der Welt zu bleiben und seine Erlösungsbotschaft zu vermitteln.

Lehre der Erleuchtung

In Isipatana (heute Sarnath, bei Benares) hielt er seine erste Lehrrede. Er predigte fünf Asketen, die sich früher – nach seiner Abwendung von der Askese – von ihm getrennt hatten. Buddha spricht von den Vier Edlen Wahrheiten: vom Leiden, der Aufhebung seiner Ursachen, dem Weg und dem Ziel der Erlösung. Damit brachte er die buddhistische Lehre (Dharma) in die Welt und setzte das „Rad der Lehre" (Dharmachakra) in Bewegung. In den folgenden Jahrzehnten verkündete er seine Einsichten und versammelte eine große Anhängerschaft um sich, formte aus seinen Jüngern eine buddhistische Gemeinde (Sangha) mit einem komplexen Verhaltenskodex (Vinaya) und legte seine Lehre in zahlreichen Reden dar. Buddha lehrte bis zum Alter von 80 Jahren – bis er in das Paranirwana (das endgültige Nirwana, „Verwehen") einging.

Eigene Schriften hat der Buddha nicht hinterlassen, seine Reden wurden durch seine Jünger erst mündlich, seit dem 1. Jh. v. Chr. auch schriftlich überliefert. Welche Worte tatsächlich auf Gautama Buddha zurückgehen, ist nicht eindeutig nachvollziehbar. Die Lebensgeschichte Gautama Buddhas ist später mit zahlreichen Legenden (z. B. über seine Geburt, seine Wunder, seine Erlebnisse in früheren Leben oder Existenzen) ausgeschmückt worden. Weil die Darstellung der in den frühen buddhistischen Quellen beschriebenen Gesellschaft teilweise einem späteren Entwicklungsstand entspricht, vermuten manche Geschichtswissenschaftler, dass Buddha bis zu 150 Jahre später gelebt haben könnte. ■

Buddha

Ausbreitung des Buddhismus

Ausgehend von der Heimat Gautama Buddhas breitete sich der Buddhismus zunächst auf dem indischen Subkontinent, später auf Sri Lanka, in der Himalaja-Region und in Zentralasien sowie in Südostasien und Japan aus. Im Laufe der Zeit haben sich verschiedene Schulen herausgebildet. Man schätzt die Zahl der Buddhisten weltweit auf ca. 360 Mio., davon 355 Mio. in Asien, 2,7 Mio. in Nordamerika, 1,5 Mio. in Europa, 647.000 in Südamerika. In Europa bestehen seit Anfang des 20. Jh. kleine buddhistische Gemeinden. Ein großer Teil der japanischen Buddhisten bekennt sich gleichzeitig zum Shintoismus, die chinesischen Buddhisten außerhalb Tibets bekennen sich auch zum Daoismus oder Konfuzianismus.

Hinayana und Mahayana

Buddhistische Mönche

Vor seinem Tod hatte Gautama Buddha keinen Nachfolger eingesetzt – die Lehre (Dharma) sollte fortan der Meister der Jünger Buddhas sein. Die Mönche wurden sich jedoch über die Worte Buddhas uneins, es entstanden verschiedene Schulen. Im Jahrhundert nach Buddhas Tod fanden zwei Konzile mit ca. 500 Anhängern statt; sie trugen zur Festlegung der Lehren, einer Ausdifferenzierung in verschiedene Schulen und zu deren Verbreitung bei.

Insgesamt sollen im Laufe der Zeit 18 verschiedene Schulen entstanden sein, die in Dogmatik und Disziplin voneinander abwichen.

Hinayana

Aus dem Hinayana-Buddhismus existiert heute nur noch die Form des Theravada. Sie beruft sich noch heute auf die Ansichten der Mönche der ältesten Zeit, die die buddhistische Lehre direkt von Buddha erhielten. Theravada ist heute hauptsächlich in den Ländern Süd- und Südostasiens verbreitet und wird vor allem in Sri Lanka, außerdem in Myanmar (ehemals Birma), Thailand, Laos und Kambodscha praktiziert.

Mahayana

Nach dem zweiten Konzil kam es zu Meinungsverschiedenheiten, die die neue Religion letztlich in zwei unterschiedliche Richtungen spaltete. Die orthodoxen Mitglieder des Konzils waren der Auffassung, nur Buddha selbst und einige herausragende Persönlichkeiten seien in der Lage, Erleuchtung (die Buddhaschaft) zu erlangen; die Abweichler indes vertraten die Ansicht, jeder sei in der Lage, zu einem Buddha zu werden, solange er nur den Weg des Meisters beschreite. Um die christliche Zeitenwende herum entstand eine neue Richtung, die sich als Mahayana („Großes Fahrzeug") bezeichnete. Auf die ältere buddhistische Lehre blickte sie als unvollständig herab und bezeichnete sie als Hinayana („Kleines Fahrzeug") – die ältere Schule selbst nannte sich jedoch Theravada („Lehre der Ältesten").

Der Mahayana-Buddhismus übte wegen seiner heilsvermittelnden Gnade eine große Anziehungskraft aus und drängte nicht nur in Indien die älteren Schulen zurück, sondern erreichte Hinterindien, Afghanistan und über die Seidenstraße Zentralasien und China, wo der Buddhismus seit dem 1. Jh. zur vollen Blüte gelangte. Die Verbreitung des Buddhismus in Indien ist weitgehend dem Wirken Ashokas (um 268–232 v. Chr.), Kaiser des Maurya-Reiches (erstes indisches Großreich, das mit einigen wenigen Ausnahmen den gesamten indischen Subkontinent umfasste), zu verdanken. Bis zum 7. Jh. erlebte der Buddhismus in Indien eine Blüte, die Anpassung des Buddhismus an hinduistische Glaubensformen führte aber danach zu dessen Verfall. Der Mahayana-Buddhismus herrscht heute in Bhutan, Nepal, Tibet, China, Vietnam, Korea, Taiwan und Japan vor. Die Trennung hat dazu geführt, dass man den Theravada auch als „südlichen", den Hinayana als „nördlichen" Buddhismus bezeichnet.

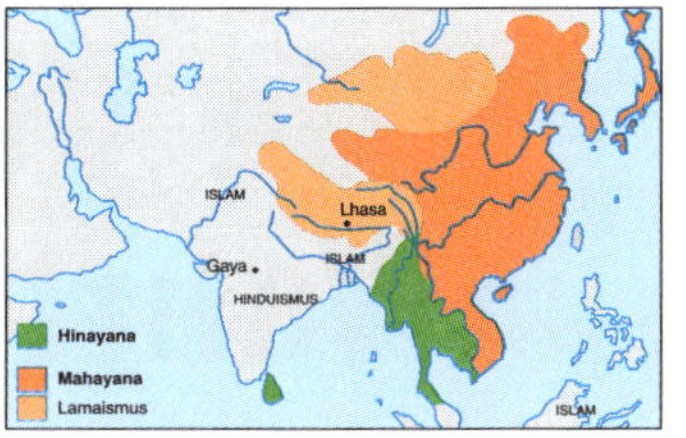

Aus dem Mahayana ging in der zweiten Hälfte des 1. Jt. n. Chr. Vajrayana („Diamantfahrzeug") hervor. Hier wurde versucht, überirdisches Heil auch durch magische Praktiken zu erlangen, und nahm zusätzlich Elemente des Tantrismus auf. ■

Konzile

Insgesamt sechs Konzile dienten zur Beratung und Abklärung der authentischen Lehre bzw. ihrer wortgetreuen Weitergabe und Kanonisierung.

1. **Konzil von Rajgir** (ca. 480 v. Chr.): Kurz nach dem Tod Buddhas wird unter dem Mönch Mahakasyapa in Rajagriha im Staat Magadha das erste Konzil zur Vereinheitlichung und Festlegung der Lehren des Buddha abgehalten.
2. **Konzil von Vaisali** (ca. 100 Jahre nach dem Tod Buddhas, ca. 383 v. Chr.): Durch die Abspaltung der Mahasanghikas beginnt die Trennung in Hinayana und Mahayana.
3. **Konzil von Pataliputra** (ca. 200 Jahre nach dem Tod Buddhas, ca. 244 v. Chr.): Das Konzil findet möglicherweise auf Anregung Kaiser Ashokas statt.
4. **Konzil von Kaschmir** (ca. 600 Jahre nach dem Tod Buddhas, ca. 120 n. Chr.): Angeblich findet es unter der Herrschaft des buddhistischen Königs Kaniska statt und steht im Zeichen des verstärkt aufkommenden Mahayana.
5. **Konzil von Mandalay** (1871): König Mindon von Birma beruft das erste Konzil der Neuzeit ein, den Text der kanonischen Überlieferung lässt man auf Marmortafeln gravieren.
6. **Konzil von Rangun** (1954 – 56): Es beschließt eine autoritative Version des Pali-Kanons. Das Konzil wird ausschließlich von Anhängern des Theravada anerkannt.

Die Vier Edlen Wahrheiten

Die Vier Edlen Wahrheiten umfassen das Fundament der buddhistischen Lehre, wie sie von Gautama Buddha in seiner ersten Predigt dargelegt wurden und sich in den sogenannten Vier Heiligen Wahrheiten zusammenfassen lassen: die Wahrheit vom Leiden, vom Ursprung des Leidens, von der Aufhebung des Leidens und vom Weg der Aufhebung des Leidens.

Aufgrund dieser Sichtweise, die in allem Sein das Leidvolle zu erkennen glaubt, haftet dem Buddhismus etwas vermeintlich tief Pessimistisches an. Der Buddhismus beruht jedoch auf einer metaphysischen Lehre, die alles deshalb als leidvoll betrachtet, weil nichts in diesem Dasein ewig und an sich ist. Alles unterliegt einem ewigen Wandel und hat aus sich heraus keinen Bestand. Die Wandelhaftigkeit des Seins bezeichnet Buddha als leidvoll.

Erste Edle Wahrheit

Alle weltlichen Erfahrungen sind letztendlich unbefriedigend und leidvoll. Leid (Dukha) ist das Unheil, das in der individuellen menschlichen Existenz liegt; es äußert sich gleichwohl im physischen als auch im psychischen Schmerz. Die Daseinsfaktoren des Einzelnen sind voller Leid und Unheil. Auch schöne und friedvolle, d. h. zunächst nicht leidvolle Aspekte des Lebens unterliegen einem Wandel, damit der Vergänglichkeit und sind daher leidvoll. Da alles in der Welt aus Gegensatzpaaren aufgebaut ist, ist das eine nur durch Kenntnis des anderen erfahrbar: Liebe und Leid, Schönes und Hässliches etc. Es gibt nichts Absolutes, Ewiges und Unveränderliches; ewig und unabhängig ist nach buddhistischer Auffassung nur das Nirwana.

„Was aber, ihr Mönche, ist die edle Wahrheit vom Leiden? Geburt ist Leiden, Altern ist Leiden, Krankheit ist Leiden, Sterben ist Leiden, Kummer, Jammer, Schmerz, Trübsal und Verzweiflung sind Leiden; das Nichterlangen dessen, was man begehrt, ist Leiden; kurz gesagt: Die fünf mit Anhaften verbundenen Gruppen des Daseins (Khanda) sind Leiden (Dukha)." (Buddha, Predigt von Benares)

Zweite Edle Wahrheit

Ursachen für die leidvollen weltlichen Erfahrungen sind der „Durst" (Trishna), die

Predigt von Benares

Yin-Yang-Symbol

Mit der Predigt von Benares setzte Buddha das sogenannte Rad der Lehre in Gang, sie war der Beginn einer öffentlichen geistigen Lehrtätigkeit, die er bis zu seinem Tod ca. 45 Jahre lang ausübte. Das Rad der Lehre wurde zum Symbol des Buddhismus. In Erinnerung an die erste Predigt des Buddha ist es oft von zwei Gazellen flankiert. Die acht Speichen des Rades entsprechen den acht Regeln des Edlen Achtfachen Pfades, in der Radnabe befindet sich ein dreiteiliges Yin-Yang-Symbol (ein Daiji-/Tai-Chi-Zeichen). Das zweiteilige Zeichen ist chinesischen Ursprungs und zeigt die gegensätzlichen Kräfte der Natur: Yin (Erde, unten, schwarz) und Yang (Himmel, oben, weiß), die sich nicht gegenüber stehen, sondern sich in einer Idealform ergänzen. Im Buddhismus symbolisiert das Symbol die Verflochtenheit von Diesseits und Jenseits.

Begierde und der Lebenswille – kurz: das Begehrenwollen und das Habenwollen.

„Was aber, ihr Mönche, ist die edle Wahrheit von der Leidensentstehung? Es ist jenes Wiederdasein erzeugende, von Lust und Gier begleitete, bald hier, bald dort sich ergötzende Begehren (Tanha), nämlich das sinnliche Begehren, das Daseinsbegehren, das Selbstvernichtungsbegehren." (Buddha, Predigt von Benares)

Dritte Edle Wahrheit

Das Leiden kann beendet werden, indem das Begehren aufgegeben wird. Die Ursache des Leidens wird überwunden durch das „Erlöschen des Durstes", die Abtötung der Begierde und aller Leidenschaften (z. B. Gier, Hass und Verblendung).

„Was aber, ihr Mönche, ist die edle Wahrheit von der Leidenserlöschung? Es ist ebendieses Begehrens restloses Erlöschen, Aufgeben, Loslassen, Befreiung und Loslösung davon." (Buddha, Predigt von Benares)

Vierte Edle Wahrheit

Die vierte Edle Wahrheit zeigt einen gangbaren Weg auf, wie das Leid überwunden werden kann. Den Weg zur Beendigung des Leidens bezeichnet man als den Achtfachen Pfad. Die vierte Wahrheit bringt in Konsequenz des Tuns das, was der Buddha in seiner Erleuchtung erkannt hat.

„Was aber, ihr Mönche, ist die Wahrheit von dem zur Leidenslöschung führenden Pfad? Es ist jener edle, achtfache Pfad, der da heißt: rechter Glauben, rechtes Denken, rechtes Sprechen, rechtes Tun, rechtes Leben, rechtes Streben, rechte Konzentration, rechtes Sich-Versenken." (Buddha, Predigt von Benares)

Die Loslösung aus der unheilsamen Verkettung des Seins und die Herbeiführung eines heilsamen Zustandes im Nirwana geschieht vor allem in der Erkenntnis der Vier Edlen Wahrheiten. ■

Der Achtfache Pfad

Kern und Ausgangspunkt der Lehren Buddhas ist die Lehre von den Vier Edlen Wahrheiten. Alles ist Leiden, der Ursprung allen Leidens ist das Begehren (im Nichteinsehen des Leides), die Begierde kann beendet werden (es gibt ein Nirwana, ein Ende des Leidens): Der Weg, der aus dem menschlichen Leiden herausführt, ist der Edle Achtfache Pfad. Bei diesem Pfad sind alle Elemente gleichzeitig zu befolgen.

Meditierender Mönch

Der Achtfache Pfad besteht aus drei Aspekten: der Ethik, der Erkenntnis und der Meditation. Diese praktische Lebensanleitung mag manchem wie eine Parallele zu den Zehn Geboten erscheinen. Der Unterschied jedoch ist grundlegend: Die Missachtung dieser Anleitungen ist keine „Sünde", der Begriff existiert im Buddhismus nicht.

Ethik – Erkenntnis – Erlösung

Der Achtfache Pfad gliedert sich folgendermaßen:

1. **Rechte Erkenntnis:** rechte Anschauung der Dinge, Erkenntnis der Vier Wahrheiten und Einsicht in die Lehre vom Nichtselbst.
2. **Rechte Gesinnung:** vollkommener Entschluss, Entschluss zur Entsagung und zur Freundlichkeit gegenüber allen Lebewesen.
3. **Rechte Rede:** Vermeidung von Geschwätz, insbesondere von Lügen und übler Nachrede. Die vollkommene Rede fordert, wahrhaftig zu sein und zu denken.
4. **Rechte Tat:** rechtes Handeln, vollkommenes Handeln, d. h. Handeln der Sittenregeln (Sila) entsprechend. Hierunter kann man die ethischen Grundsätze des Buddhismus (sogenannte fünffache Rechtschaffenheit) zusammenfassen.
5. **Rechte Lebensführung:** vollkommener Lebenserwerb, Vermeiden einer Tätigkeit, die andere Lebewesen schädigt. Ihre Grundlage ist die Lehre vom Nichtschädigen.
6. **Rechte Anstrengung:** Vermeidung von Unheilsamem (negative Wirkung auf das Karma) und Förderung von Heilsamem (positive Wirkung auf das Karma).
7. **Rechte Achtsamkeit:** vollkommene Achtsamkeit auf den Körper, die Gefühle,

Symbole und Figuren

Die frühe buddhistische Kunst stellte Buddha nie figürlich dar. Stattdessen benutzte man Symbole wie z. B. das Rad der Lehre, einen Bodhi-Baum, einen Fußabdruck (der die Anwesenheit Buddhas symbolisiert) oder einen leeren Thron. Erst unter hellenistischem Einfluss begann man damit, Buddha-Figuren anzufertigen.
Im Laufe der Zeit entstand ein Kanon von Merkmalen, Linien und Größenverhältnissen, deren harmonische Ausgewogenheit die Größe des historischen Buddha und die Perfektion seiner Lehre ausdrücken soll.
Nach diesen Vorgaben wird noch heute das klassische Buddhabild gestaltet: z. B. Weisheitsauge zwischen den Augenbrauen, gekräuseltes Haar, lange Ohren, Mönchsgewand, rechte Schulter unbedeckt.

Buddhastatuen

das Denken, d. h. Kontrolle aller psychischen und physischen Prozesse, die für den achten Teil des Weges Bedingung ist.
8. Rechte Vertiefung: rechte Konzentration, Sammlung, rechtes Sich-Versenken, bezieht sich auf die vier Stufen der Versenkung (Dhyana)

Die Elemente des Achtfachen Pfades stellen keine Hierarchie oder Abstufung dar, sie bauen nicht aufeinander auf, der Suchende soll nicht schrittweise vorgehen, sondern sich um eine umfassende Erfahrung bemühen – im Sinne eines jeweils die Ganzheit umfassenden, schrittweisen Erfassens der Wahrheit.

Die Bestandteile des Achtfachen Pfades sind drei Bereichen zugeordnet.
1. Sila (Ethik): tugendhafter Wandel, Sittlichkeit – z. B. rechte Rede, rechtes Handeln, rechter Lebenserwerb
2. Samadhi (Erkenntnis): Sammlung, Versenkung – z. B. rechte Anstrengung, rechte Achtsamkeit, rechtes Sich-Versenken
3. Prajna (Wissen und Weisheit): intuitives Wissen – z. B. rechte Ansicht, rechte Erkenntnis, rechte Gesinnung

Der Heilsweg kann folglich auf drei Stufen zurückgeführt werden: Sittlichkeit, Versenkung und erlösende Erkenntnis. Was Buddha in seiner Erleuchtung erkannt hat, ist ein Tun in dreifacher Hinsicht, das zur Erlösung führt. Es beschränkt sich z. B. nicht nur auf den Bereich des sittlich richtigen Tuns oder des rechten Einsehens – alle drei Bereiche sind miteinander verflochten. Durch Vervollkommnung in all diesen Bereichen löst man sich aus den menschlichen Verstrickungen des Seins und erreicht das Nirwana.

Die Erlösung ist nicht das Ergebnis eines rationalen Aktes (des Denkens), sondern das Ergebnis tiefgründiger Einsicht. Die Einsicht wiederum hat drei Glieder: die Erinnerung an die eigenen früheren Existenzen, die Erkenntnis des Karma-Gesetzes und die Erkenntnis der Vier Edlen Wahrheiten. ■

Tripitaka: „Dreikorb" der Schriften

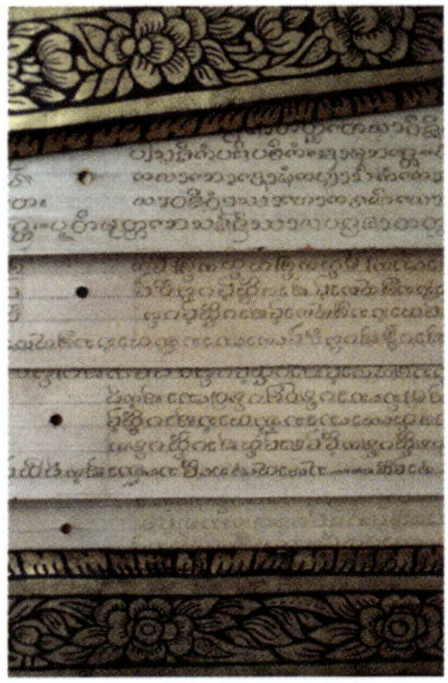

Schrifttafeln in Pali

Die Lehren Buddhas sind in einem sehr umfangreichen Schrifttum überliefert worden. Man unterscheidet kanonische und nachkanonische Schriften. Die buddhistischen kanonischen Schriften, also jene Schriften, die die Richtlinien der buddhistischen Lehre beinhalten, sind im sogenannten Dreikorb der Schriften, dem Tripitaka (Pali, auch Tripitaka, „Dreikorb"), niedergeschrieben worden. Die Schriften sind in Pali, der Sprache, die in der Heimat Buddhas gesprochen und auch als Schriftsprache verwendet wurde, verfasst. Sie weist eine große Verwandtschaft zum Sanskrit auf, das in den Jahrhunderten v. Chr. jedoch als reine Schriftsprache diente (ähnlich dem Latein als mittelalterliche Gelehrtensprache). Das Pali gilt den buddhistischen Mönchen noch heute als heilige Sprache, es ist die Sprache, in der der „Erhabene" seine Schüler unterwies.

Nach buddhistischer Überlieferung wurde mit der Festlegung eines Schriftenkanons nach dem Eingang des Buddha ins Nirwana begonnen. Er wurde zusammen mit Kommentaren von Mönchen rezitiert. Bis zum 1. Jh. v. Chr. wurden die „Schriften" mündlich überliefert, erst Jahrhunderte nach dem Tod des Buddha wurden sie schriftlich fixiert. Seine endgültige Fassung soll er im 5. Jh. durch Buddhagosa (bedeutender Gelehrter des Theravada) erhalten haben. Die „drei Körbe" enthalten die Schriften: Suttapitaka (Lehrreden), Vinayapitaka (Ordensregeln) und Abidharmapitaka (Höhere Reden). Der Dreikorb gilt den Anhängern des Theravada noch heute als authentisches Buddhawort und einzig verbindliche Richtlinie.

Lehre des Buddha

Das Suttapitaka (auch Sutrapitaka, Sanskrit, Pali Sutta, „Leitfaden") ist als

Mündliche Weitergabe und Spezialisierung

Die Lehren des Sutta- und des Vinayapitaka sind Allgemeingut aller buddhistischen Schulen. Den Kern der Schriften datiert man in die Zeit zwischen dem Ersten (480 v. Chr.) und Zweiten (380 v. Chr.) Buddhistischen Konzil. Der Umfang des Kanons führte dazu, dass bis zur Verschriftlichung einzelne Mönche kaum alle Texte im Gedächtnis behalten konnten. So bildete sich bereits während der mündlichen Überlieferung eine Spezialisierung unter den Mönchen heraus, die auch nach der Verschriftlichung beibehalten wurde und die Entstehung bestimmter Richtungen und Schulen begünstigte (auch als Folge der räumlichen Verbreitung der Lehre).

Hauptquelle für die Erforschung der ursprünglichen buddhistischen Lehre der wichtigste Teil. Er enthält die Grundlagen der Lehre des Buddha (Predigten, Dichtungen, Erzählungen). Es handelt sich um Rede-Antwort-Literatur. Die Erzählungen sind in einen sogenannten mnemotechnischen Stil gehalten, mit ständigen Wiederholungen vorangegangener Sätze, Fragen und Antworten. Die in der Schrift wiedergegebenen Lehrreden des Buddha beginnen meistens mit den Worten: „So habe ich gehört: Einstmals weilte der Erhabene ..." Die Erzählungen sind in der Ich-Form gehalten, der Erzähler ist Ananda, der als Lieblingsjünger des Buddha gilt. Weil er alle Worte seines Meisters gehört und behalten habe, so die buddhistische Überlieferung, sei er der Garant für die Echtheit des überlieferten Buddhawortes. Man unterscheidet die Pali-Sutren (gliedert sich in fünf Einzelsammlungen), die kurz nach dem Tod des Buddha niedergeschrieben wurden, und die Mahayana-Sutren, die einige Jahrhunderte später entstanden und auf Sanskrit verfasst wurden.

Buddhistischer Mönch

Weil der Buddhismus im Wesentlichen eine Mönchs- und Nonnenreligion ist, hat sich innerhalb der Jüngergemeinde ein umfangreiches Schrifttum über die Regelungen des Mönchswesens entwickelt. Das Vinayapitaka (Sanskrit, Pali Vinaya, „Disziplin") enthält alle Regeln, die sämtliche Lebensbereiche des Zusammenlebens der Mönche oder Nonnen betreffen.

Der dritte und jüngste Teil, das Abidharmapitaka, entstand einige Jahrhunderte nach dem Tod des Buddha. Er beschäftigt sich mit der Analyse und der Systematisierung der buddhistischen Lehren. Manche Lehren werden unter bestimmten Fragestellungen neu durchdacht und dargestellt, manche Passagen werden erläutert, kommentiert und Verbindungen zu anderen buddhistischen Schriften in ihrer ganzen Bedeutung dargestellt. Das Abidharmapitaka wird daher auch als „Korb der Dogmatik" bezeichnet. ■

Erkenntnis und Ethik

In der Ethik des Buddhismus konkretisieren sich die acht Elemente des Achtfachen Pfades. Sie ist geprägt von der Grundhaltung der liebevollen Güte (Maitri) und dem Mitempfinden (Karuna) gegenüber allen Lebewesen. Das menschliche Verhalten hat karmische Folgen, die sich auf die Fortschritte auf dem spirituellen Achtfachen Pfad auswirken. Ahimsa, die Lehre vom Nichtverletzen, ist die ethische Grundlage des Buddhismus.

Wer durch Güte gereinigt ist, hat das Ziel der Befreiung erreicht. Er verweilt unablässig in Achtsamkeit und ist dem Kreislauf der Wiedergeburten enthoben. Die Lehre vom Nichtverletzen (Ahimsa) ist einer der zentralen Gedanken der buddhistischen Ethik. Im engeren Sinne bedeutet Ahimsa ein Tötungsverbot, im weiteren Sinne schließt es eine wohlwollende Gesinnung gegenüber allen Lebewesen ein. Der Gedanke des Nichtschädigens zielt, wie im Hinduismus auch, im Buddhismus auf alle Lebewesen, einschließlich der Natur.

Lehre vom Nichtverletzen

Nicht nur der Mensch, auch Tiere und Pflanzen sollen nicht verletzt werden. Weil nach buddhistischer Auffassung nichts absolut in sich und aus sich existiert und alles in dieser Welt miteinander verbunden ist, stellt jede Schädigung anderen Lebens auch eine Schädigung des eigenen dar. In der Begründung des Ahimsa ist noch ein weiterer Faktor bedeutend: der Karmagedanke. Unethisches Verhalten bewirkt ein schlechtes Karma, das in einem nächsten Leben zu einer schlechten Wiedergeburt führt – im schlimmsten Fall in der Gattung der Lebewesen, die man geschädigt hat. Unethisches Verhal-

Die Rute

129–130: „Alle zittern vor der Rute, alle haben Angst vor dem Tod. Zieht den Vergleich zu euch selbst und tötet nicht, noch macht, dass andere töten."
131–132: „Wer eine Rute nimmt, um lebenden Wesen, die Glück wünschen, zu schaden, wenn er selber Glück sucht, wird nach dem Tod kein Glück erlangen." (aus: *Dhammapada*, enthalten im Khuddaka Nikaya [„kleinere Sammlung"] des Suttapitaka)

ten bedeutet demnach nicht nur, die zu schädigen, die Opfer eines bestimmten Verhaltens sind, sondern auch sich selbst. Auch wenn ethisches Verhalten nicht unmittelbar zur Erlösung führt, weil nur durch gutes Karma der Kreislauf der Wiedergeburten nicht durchbrochen werden kann – ein gutes Karma ist die Grundlage auf dem Weg zur Befreiung. Sila (Ethik) – Samadhi (Erkenntnis) – Prajna (Wissen): Die drei Aspekte des Achtfachen Pfades führen zum Heil.

Sich der Schädigung von Pflanzen zu enthalten, gilt insbesondere für Angehörige von Orden. Ein Grund, warum man z. B. die Schädigung von Bäumen zu vermeiden hat, ist der im Buddhismus weit verbreitete Glaube, dass sie Wohnorte von Göttern oder Geistern seien. Und immer wieder lehrte Buddha, dass das Töten, Verletzen und Quälen von Tieren unheilvoll ist.

Buddha erlangt Erleuchtung unter der Pappelfeige: Im Buddhismus gelten Bäume als Wohnorte von Geistern und Göttern

Die fünf Vorsätze

Leitmotiv der buddhistischen Ethik ist das Mitempfinden, die Freundlichkeit, die Güte, die Milde und die barmherzige Hinwendung zu allen Wesen (Karuna). Im Buddhismus gibt es verschiedene Arten und Zusammenstellungen von Vorsätzen, für buddhistische Laien lässt sich die Ethik in den fünf grundlegenden moralischen Regeln (Fünf Gelübde) zusammenfassen, die am weitesten verbreitet sind und ohne Einschränkungen gelten:

1. „Ich gelobe, kein Leben zu töten.“: Gewaltverzicht gegenüber Lebewesen;

2. „Ich gelobe, nichts zu nehmen, das mir nicht gegeben wird.“: Verzicht auf das, was nicht gegeben wird, nicht stehlen;

3. „Ich gelobe, von schlechten Handlungen aus sexueller Begierde abzulassen.“: keine Pflege unheilsamer (von Begierde geprägter) sexueller Beziehungen;

4. „Ich gelobe, nicht zu lügen.“: Wahrhaftigkeit;

5. „Ich gelobe Enthaltsamkeit von Rauschmitteln, die Unachtsamkeit verursachen.“

Bei den Vorsätzen handelt es sich nicht um Regeln oder Gebote. Niemand überwacht oder kontrolliert, ob das Verhalten eines Menschen tatsächlich den Anforderungen entspricht. Im Unterscheid zu den Zehn Geboten schreiben sie nicht vor, was ein rechter Buddhist tun soll. ■

Glaubensrichtungen

Man unterscheidet zwei große Hauptrichtungen des Buddhismus: den Hinayana („Kleines Fahrzeug") bzw. Theravada („Lehre der Ältesten") und den Mahayana („Großes Fahrzeug"). Daneben gibt es noch eine dritte Richtung des Buddhismus: den Vajrayana. Er wurde im Westen meist unter der Bezeichnung „Tibetischer Buddhismus" oder fälschlicherweise als Lamaismus bekannt. In allen drei Richtungen sind Orden die Hauptträger der Lehre und verpflichtet, sie an die nächsten Generationen weiterzugeben.

Bis zum Anfang des 1. Jh. waren aus zwei unterschiedlichen philosophischen Anschauungen zwei klar getrennte Schulen geworden: Die Schule, die allen Menschen die Buddhaschaft zugestand, nannte ihre Schule das „Große Fahrzeug" (Mahayana), weil ihre Interpretation den Buddhismus für eine größere Zahl von Menschen öffnete; die andere Schule nannten sie abwertend das „Kleine Fahrzeug" (Hinayana). Der Begriff „Hinayana" wird von den Anhängern der ihm zugehörigen Schule abgelehnt, da er dem Mahayana entstammt. Üblicherweise bezeichnet man Vajrayana als Teil des Großen Fahrzeugs.

Frühe Schulen

Aus dem Hinayana-Buddhismus existiert heute nur noch die Form des Theravada, sie ist die einzige der noch bestehenden frühen Schulen des Buddhismus. Die frühen Schulen gingen auf jene Mönche zurück, die die buddhistische Lehre direkt von Buddha erhalten hatten. Fälschlicherweise wird Hinayana, eine zusammenfas-

Die Fahrzeuge

Die weltweit ca. 360 Mio. Buddhisten (sechs Prozent der Weltbevölkerung) gehören verschiedenen Richtungen an, die man auch „Fahrzeuge" nennt, weil die Menschen durch sie den „Fluss der Werdewelt auf das andere Ufer hin" überqueren: ca. 130 Mio. Buddhisten zählen zum sogenannten „kleinen Fahrzeug", ca. 200 Mio. zum „großen Fahrzeug" und ca. 30 Mio. zum „Diamantenen Fahrzeug". In Sri Lanka, Myanmar (Burma), Thailand, Laos, Kambodscha, Tibet und Bhutan ist der Buddhismus die dominierende Religion. Stark vertreten ist er auch in Japan, China, der Mongolei, Korea, Vietnam, Malaysia und Singapur.

sende Bezeichnung für die frühen Schulen, bisweilen mit der Theravada-Schule, der einzigen noch existierenden Richtung, gleichgesetzt. Im Theravada steht das Erreichen der Erleuchtung durch eigenes Bemühen im Vordergrund. Die Tradition bezieht sich ausschließlich auf die ältesten Schriften des Buddhismus, wie sie im Tripitaka („Dreikorb" der Schriften) zusammengefasst sind.

Abspaltungen

Der Mahayana geht auf die Mahasanghika („große Gemeinde") zurück, eine Strömung, die sich nach dem Zweiten Buddhistischen Konzil (ca. 100 Jahre nach dem Tod Buddhas, ca. 383 v. Chr.) entwickelt hatte. Mit der Abspaltung der Mahasanghikas vom orthodoxen Buddhismus begann die Trennung in Hinayana und Mahayana. Während die orthodoxen Mitglieder des Konzils glaubten, nur der Buddha selbst und andere wenige Persönlichkeiten könnten den Zustand der Buddhaschaft erreichen, glaubten die Abweichler, alle Menschen könnten zu Buddhas werden, wenn sie ihm folgten. Der Mahayana nennt diese Menschen Bodhisattvas: Wesen, die nach dem Erwachen oder nach der Erleuchtung streben. Buddhas und Bodhisattvas wurden zu himmlischen, verehrungswürdigen Gottheiten.

Bodhisattvas

Asketisches Leben und das Verlassen der Welt waren nicht mehr Voraussetzung für die Erlangung des Heils. Bodhisattvas sind Wesen, die als Menschen bereits Bodhi erfahren haben, auf das Eingehen in das Parinirwana (absolutes Nirwana) verzichten und stattdessen allen Menschen (letztendlich also allen Wesen) helfen, ebenfalls dieses Ziel zu erreichen.

Auch der Mahayana gründet seine Lehre hauptsächlich auf das Tripitaka („Dreikorb"), kennt jedoch auch eine Reihe ursprünglich in Sanskrit abgefasster Schriften, sogenannte Sutren (in der indischen Literatur ein knapp formulierter, einprägsamer Lehrsatz).

Bedeutende Schulen des Mahayana sind z. B. der Zen-Buddhismus und der Amitabha-Buddhismus.

Vajrayana

Der Vajrayana („Diamantfahrzeug") ist eine esoterische, tantrische Richtung des Buddhismus, die sich ca. im 5. Jh. n. Chr. aus dem Mahayana entwickelte. Mantras (heilige Silben) und Mudras (symbolische Handhaltungen) sind Mittel, um in die Einheit mit dem Göttlichen einzutauchen. Schriften des Vajrayana sind die Tantras. Der Vajrayana bildet die philosophische Basis des Tibetischen Buddhismus. ■

Buddha mit symbolischer Handhaltung

Buddhistische Mönche

Von den Instanzen, bei denen der Gläubige Zuflucht sucht, ist die wichtigste Buddha. Aber konstitutiv für den Buddhismus wurde nicht nur der Erlösungsweg des Buddha allein. Zuflucht zu suchen in Buddha, dem Gesetz (Dharma) und der Gemeinde (Sangha; bzw. buddhistische Orden) wurde zur Grundform des buddhistischen Heilsweges.

Buddhistische Mönche

Der Buddha durchzog lehrend und werbend Nordindien. Mit den fünf Asketen, denen die erste Predigt Buddhas galt, gründete Gautama Buddha einen Orden von Bettelmönchen, dem er noch zu seinen Lebzeiten einen Nonnenorden zur Seite stellte. Die Mönche gehörten meist der Aristokratie oder dem Kaufmannsstand an. Außerdem versammelte sich um Buddha ein Kreis von Laienanhängern (Upasaka), die nicht asketisch lebten, in ihren weltlichen Berufen verblieben, den Orden mit (finanziellen) Spenden unterstützten und die Zugehörigkeit zu brahmanischen Kultgemeinschaften nicht aufzugeben brauchten. Die Unterstützung eines Ordens wird seit jeher als die wichtigste Pflicht der Laien gesehen, Mönche und Nonnen verkünden ihnen im Gegenzug die Lehre und weisen ihnen den Weg zum Heil.

Weg des Heils

Die Vier Wahrheiten verheißen das Heil jenen Menschen, die den Achtfachen Pfad gehen. Das ist aber nicht möglich für Menschen, die weltlichen Dingen nachgehen und damit einer Verflechtung unheilsamer Daseinsfaktoren ausgeliefert sind. Nur, wer sein gesamtes Leben der Lehre des Buddha widmet und dessen Tun gänzlich von der Lehre des Buddha bestimmt wird, ist in der Lage, den Heilsweg unbelastet zu gehen, um vielleicht in diesem Dasein den Tod und das Leben zu überwinden und das Nirwana und die Erlösung zu erlangen.

Zur Zeit Buddhas zogen Mönche und Nonnen das ganze Jahr umher, der Bau von Klöstern erfolgte erst später. Weil das Kloster seit früher Zeit auch Anlaufstelle für Laien war, nahm es seit jeher eine wichtige Funktion in verschiedenen Bereichen des öffentlichen Lebens wahr. Mehr und mehr waren Klostermönche gegenüber Wanderasketen in der Überzahl. Heute unterhalten buddhistische Mönche neben Schulen auch Krankenhäuser oder andere soziale Einrichtungen.

Die Aufnahme in einen Orden erfolgt nach einem Noviziat, das mindestens vier Monate, meistens jedoch länger dauert. Der Novize kann mit acht Jahren eintreten, die endgültige Aufnahme erfordert ein Mindestalter von 20 Jahren. Wer sich sicher ist, bittet dreimal vor zehn Mönchen um die Aufnahme. Mit der Ordination wird das Haar geschoren, als Zeichen seiner Zugehörigkeit erhält der Mönch eine Robe, eine Bettelschale und ein Rasiermesser.

Die Regeln für Mönche und Nonnen gehen weit über die Fünf Gelübde hinaus; sie geloben, auf fünf weitere Dinge zu verzichten: Sie sollen „nicht zur Unzeit" essen, sich von Tanz, Gesang und Musik fernhalten, keinen Schmuck tragen, kein bequemes Nachtlager aufsuchen, kein Gold oder Silber annehmen. Mönche und Nonnen haben die Gebote, wie sie für Laien gelten, in verschärfter Form (z. B. völlige Keuschheit) einzuhalten. Heute existieren 220 Regeln für Mönche und 290 Regeln für Nonnen, die jeweils alle Details des Alltags regeln. Sie werden alle 14 Tage öffentlich vorgetragen. Die Bestrafung bei Übertretung der Ordensregeln erfolgt durch die Mönchs- oder Nonnenversammlung. Mord, Diebstahl und Bruch des Zölibats führen zum sofortigen Ausschluss aus dem Orden.

Buddhistischer Tempel mit Stupa

Klosterbauten bestehen im Wesentlichen aus drei Bereichen: dem Aufenthaltsort der Mönche, dem Allerheiligsten und dem Stupa (dem Reliquienhügel). Das Gebäude der Mönche besteht aus einer Versammlungshalle, meist quadratisch angelegt, um die sich ein offener Wandelgang mit den einzelnen kargen Zellen der Mönche befindet. Im Allerheiligsten, einem meist symmetrisch liegenden Doppelgebäude, dessen Eingänge sich gegenüberliegen, werden die Lehrschriften aufbewahrt. Die Stupa, ein rundhügelartiger Bau mit einem spitz nach oben zulaufenden Aufbau, birgt eine Reliquie eines Buddha. ■

Buddhistisches Glaubensbekenntnis

Die Dreifache Zuflucht, auch die „Drei Kostbarkeiten", die „Drei Schätze" oder die „Drei Juwelen" genannt, stellt das grundlegende Bekenntnis der Zugehörigkeit zum Buddhismus dar. Es lautet: „Ich nehme Zuflucht zum Buddha, ich nehme Zuflucht zur Lehre (Dharma), ich nehme Zuflucht zur Gemeinschaft (Sangha)." Indem man die Dreifache Zuflucht dreimal wiederholt, wird man formell zum Buddhisten.

Samsara und Nirwana

Von den Lehren der Upanischaden übernahm der Buddhismus die Lehre von der Wiedergeburt und vom Karma. Die „Seelenwanderungslehre" des Buddhismus unterscheidet sich von derjenigen des Hinduismus darin, dass nach buddhistischer Vorstellung kein Übergang einer unsterblichen Seelensubstanz von einem Körper in den anderen stattfindet. Eine neue Persönlichkeit ist mit der verstorbenen nicht identisch, aber auch nicht von ihr verschieden. Nur ein ununterbrochen fließender Bewusstseinsstrom erhält sich.

Kreislauf der Wiedergeburt

Nach brahmanischer Vorstellung hat jede Handlung ihre Folgen. Gutes wie schlechtes Karma erzeugt eine Folge von Wiedergeburten – das Samsara. Das höchste Ziel im Buddhismus ist es, diesem Kreislauf zu entkommen.

Samsara

Samsara („Wanderung") bezeichnet den Kreislauf aus Leben, Tod und Wiedergeburt. Alle Wesen sind durch das Karma – ihre Gedanken, Wünsche, Emotionen, Begierden und Taten – im Kreislauf des Lebens gefangen. Die Ursache der Wiedergeburt liegt in der Begierde, dem Trieb nach Sein und Verwirklichung. Samsara bezeichnet keinen konkreten, sondern einen Geisteszustand, der aufgrund mangelnder Einsicht in die Natur der Dinge entsteht.

Die „Lehre von den zwölf Gliedern des abhängigen Entstehens" zählt zu den grundlegenden buddhistischen Lehren. Sie besagt, dass alle psychischen und physischen Phänomene, die die menschliche Existenz ausmachen, voneinander abhängig sind und sich gegenseitig bedingen. Zu den „zwölf Gliedern" gehören: Unwissenheit, Gestaltungen, Bewusstsein, Name und Form, die sechs Sinnengrundlagen (fünf Sinne und das Denken), Berührung, Empfindung, Begehren, Ergreifen, Werden, Geburt, Alter und Tod.

Die Reinkarnation begreift der Buddhismus nicht als Seelenwanderung, sondern als eine Kontinuität geistiger Prozesse. Die beim Tod noch nicht erloschenen geistigen Kräfte manifestieren sich abermals in einer neu in Erscheinung tretenden Existenz – gleichsam einer Kerze, die mit ihrer Flamme weitere Kerzen anzündet. Weder Kerzen noch Flammen sind identisch, aber ohne eine ursprüngliche Flamme gäbe es auch die folgenden nicht.

Nirwana

Das Ziel des Lebens überhaupt und aller spirituellen Praxis ist das Eingehen in das Nirwana, dem nach dem Tod das vollkommene Nirwana (Parinirwana) folgt. Indem kein Karma mehr erzeugt wird, können Handlungen keine Spuren mehr hinterlassen. Nirwana ist ein Zustand der Erleuchtung, des Endes aller Leiden, der sich durch das Verloschensein der Wurzeln allen Übels (Neid, Gier, Hass und Verblendung) kennzeichnen lässt. Nirwana ist jedoch kein Nichts, sondern der einzige reale Wirklichkeitswert – der einzige unwandelbare Daseinsfaktor. Buddha lehrte: „Es gibt, ihr Jünger, ein Ungeborenes, Ungewordenes, Unerschaffenes, Ungestaltetes. Wenn es, ihr Jünger, dieses Ungeborene, Ungewordene, Unerschaffene, Ungestaltete nicht gäbe, so wäre hier ein Ausweg aus dem Geborenen, Gewordenen, Erschaffenen, Gestalteten nicht zu erkennen." Das Ungeborene, Ungestaltete etc. ist Nirwana.

Buddhistisches Paradies

Nirwana ist das Erlöschen der drei Quellen des Leidens: der Begierde, des Hasses und des Nichtwissens – die Aufhebung aller Vorstellungen, des Begehrens, das Ende aller bedingten Bewusstseinszustände, aller Daseinsgrundlagen, das Erlöschen und damit das Ende allen Leidens. Es bedeutet die Vernichtung des Verlangens und aller Leidenschaften und damit die Erlangung vollkommener Gemütsruhe, höchster Seligkeit. Das Nirwana ist die unpersönliche, absolute, letzte Wirklichkeit. Es ist jenseits jedweder unterscheidenden Abgrenzungen und entzieht sich deshalb auch einer Versprachlichung. ■

Bodhi

Bodhi („Erwachen") wird oft mit dem Begriff „Erleuchtung" übersetzt. Es ist das Ziel der gesamten buddhistischen Praxis; wer Bodhi erlangt, ist ein Erleuchteter.
Die buddhistische Tradition unterscheidet drei Arten: Pratyeka-Bodhi wird durch eigene Bemühungen, ohne die Unterstützung eines Lehrers erreicht (der Erleuchtete wird Pratyeka-Buddha genannt), Savaka-Bodhi wird mit der Hilfe von Lehrern erreicht (der Erleuchtete wird Arhat genannt), Samma-Sambodhi ist die perfekte, mitfühlendste und vollkommenste Form (der Erleuchtete wird Samma-Sambuddha genannt, wie der historische Buddha).
Aus Bodhi leiten sich die Begriffe „Buddhismus", „Buddha" und „Bodhisattva" ab.

Buddhistische Praxis und Lebensgestaltung

Buddha sah sich nicht als Überbringer einer göttlichen Lehre. Er hatte die Lehre (Dharma) nicht als Offenbarung erhalten, sondern ein Verständnis der Natur des eigenen Geistes und der Natur aller Dinge durch Kontemplation erlangt. Der Buddhismus ist auf Selbstentäußerung ausgerichtet. Die Erkenntnis Buddhas (des historischen Buddha) ist jedem zugänglich, wenn er der Lehre und Methode des Buddha folgt. Die buddhistische Lehre kennt weder einen allmächtigen Gott noch eine ewige Seele.

Ziel der buddhistischen Praxis ist es, durch ethisches Verhalten (die Kultivierung der fünf Tugenden), durch die Praxis der Versenkung (Samadhi) und durch die Entwicklung von Mitgefühl und Weisheit (Prajna) den Kreislauf aus Geburt, Tod und Wiedergeburt zu verlassen. Weil der Eingang ins Nirwana als Ziel in einem Leben als unerreichbar galt, geht es im Leben eines Laien mehr um das Anhäufen guten Karmas als um das Erreichen des Nirwanas in einem gegenwärtigen Leben. Der z.B. durch gute Taten, zeitweiligen Beitritt in einen Sangha, Spenden an Mönche und Kopieren von Sutren erworbene Verdienst kann an andere weitergegeben werden, selbst an Verstorbene. Mönche und Nonnen erfüllen Gelübde und streben durch Weisheit das Nirwana an, Laien tun gute Werke und streben nach einem guten Karma.

Mit Spenden an Mönche verbessern Buddhisten ihr Karma

Karma

Alles entsteht in gegenseitiger Abhängigkeit, alles steht mit allem in Verbindung und in einer Wechselwirkung. Alles ist Ursache für bestimmte Wirkungen, die wiederum zur Ursache aller Erscheinungen werden. Jedes Glied in einer Kette enthält alle anderen und trägt die Möglichkeit und Wirklichkeit in Vergangenheit, Gegenwart und Zukunft in sich. Wörtlich bedeutet Karma nur „Handlung", es beschreibt das absichtliche, bewusste Handeln eines fühlenden Wesens. Absichten führen zu

Handlungen und lassen Wirkungen entstehen, die dem Geist bestimmte Wesenszüge und Neigungen verleihen, welche wiederum zu neuen Absichten und Handlungen führen. Das Prinzip des Karma entspricht gewissermaßen dem Prinzip von Ursache und Wirkung.

Dharma

Während in anderen Religionen eine Erlösergestalt eine zentrale Rolle einnimmt (z. B. im Christentum das Leben, Sterben und die Wiederauferstehung Jesu Christi, im Islam die Offenbarung des Wortes Allahs durch Mohammed), ist im Buddhismus die Lehre (Dharma) vom Weg zum Heil zentral. Die Verwirklichung ist weitgehend jedem Einzelnen überlassen. Während im Theravada-Buddhismus nur wenige der von Buddha unterwiesenen Jünger das höchste Ziel erreichen werden und keine Aussicht auf eine „höhere" Hilfe besteht, kennt der Mahayana-Buddhismus eine Vielzahl von transzendenten Buddhas (Bodhisattvas), die Unvermögenden Unterstützung gewähren und sie auf einen Heilsbeistand und eine „höhere" Unterstützung hoffen lassen.

Zen

Der Zen-Buddhismus ist eine zu den Schulen des Mahayana-Buddhismus gehörende, japanische Ausrichtung des Buddhismus. Zen ist eine Übersetzung (über das chinesische Wort „Chan") des Sanskrit-Wortes „Dhyana" – was so viel wie „Kontemplation, Meditation" bedeutet. Der Chan-Buddhismus entstand im 6. Jh. in China durch das Wirken des indischen Mönches Bodhidharma (um 470–543). Im Mittelpunkt der Praxis steht die „sitzende Versenkung", Meditation und größte Selbstbeherrschung sollen zur Erleuchtung führen. Seit dem 12. Jh. entwickelten sich verschiedene Künste (z. B. Schauspielkunst, Tanzdrama, Ikebana, Schwertkampf und Bogenschießen sowie Kalligrafie).

Meditation

Meditierender Buddha mit Blütenmandala

Auf dem Weg zum Heil spielt die Meditation eine entscheidende Rolle. Die sechste, siebte und achte Stufe des Achtfachen Pfades haben als Ziel die Meditation, die Erleuchtung, zum Inhalt. Hinter dem Begriff „Meditation" verbirgt sich in der Tradition östlicher Weisheitslehren ein ganzer Komplex spiritueller Methoden und Lehren. Im Buddhismus lassen sich zwei ursprüngliche Meditationsformen unterscheiden: die Samatha-Meditation (die Meditation der Geistesruhe) und die Vipassana-Meditation (die analysierende Meditation). Der erste Schritt einer jeden Meditation besteht darin, die oberflächlichen Ablenkungen des Geistes zu mindern und die Konzentrationsfähigkeit zu schärfen. Darauf aufbauend können in einem analytischen Prozess Fragen, Phänomene etc. untersucht werden, bis eine tiefe Einsicht entsteht. ■

Der Dalai-Lama

Der Tibetische Buddhismus steht zwar in der Tradition des Mahayana-Buddhismus, weist aber eine Reihe von Besonderheiten auf, die dazu geführt haben, dass er meistens als eigene Richtung des Buddhismus aufgefasst wird. Bezeichnungen wie Tantrayana, Mantrayana oder Lamaismus sind unzutreffend und weisen lediglich auf Aspekte des Tibetischen Buddhismus hin. Der Tibetische Buddhismus kennt einen eigenen Kanon heiliger Schriften: Der Kanjur enthält in 108 Bänden Ordensregeln, Sutras und Tantras, der Tanjur enthält in 225 Bänden Kommentare und verschiedene religiöse Abhandlungen.

Potalapalast: Ehemalige Residenz des Dalai-Lama bis zu seiner Flucht 1953

Eine Besonderheit des Tibetischen Buddhismus ist die Institution reinkarnierter Lamas. Der Titel „Dalai-Lama" wurde vom mongolischen Fürsten Altan Khan 1578 erstmals an Sonam Gyatso, den dritten Dalai-Lama, verliehen. Seine beiden Vorgänger wurden nachträglich als Dalai-Lamas anerkannt. Der heutige 14. Dalai-Lama ist das geistliche und weltliche Oberhaupt von sechs Mio. Tibetern.

Spirituelle Kraft

Der tibetische Meister (Sanskrit „Guru", tibetisch „Lama") vermittelt nicht nur Wissen, sondern auch eine spirituelle Kraft. Lamas gelten als Inkarnation bedeutender Lamas aus der Vergangenheit. Es entstanden Inkarnationsketten, unmittelbar aufeinanderfolgende Inkarnationen, deren Träger Oberhäupter von Klöstern und Schulen wurden und sowohl geistliche als auch weltliche Macht ausübten. Am bekanntesten und politisch bedeutsamsten wurden die Dalai-Lamas der Gelugpa-Schule. Sie gelten als Inkarnationen des Bodhisattva Avalokiteshvara, des Schutzpatrons Tibets.

Nach traditioneller Vorstellung nimmt ein verstorbener Dalai-Lama (aus mongolisch Dalai, „Ozean"; also: ozeangleicher Lehrer) eine Wiedergeburt als Mensch an, in der er dann aufgefunden werden kann. – meist durch eine von höchsten Stellen autorisierte, hochrangige Findungskommission, die nach bestimmten Kriterien (z. B. Wiedererkennen persönlicher ritueller Gegenstände des Verstorbenen) die Wiedergeburt ausfindig macht. Als Anzeichen einer Wiedergeburt gelten außergewöhnliche Ereignisse bei der Geburt oder bestimmte körperliche Merkmale. Nachdem ein Kleinkind entdeckt worden ist, wird es offiziell zur Reinkarnation des verstorbenen Dalai-Lama erklärt und erhält eine strenge klösterliche Ausbildung.

Obwohl die Lamas den Kreislauf der Wiedergeburten hätten verlassen können, treten sie wieder in eine gewöhnliche menschliche Existenz ein, um anderen Wesen zu dienen. Der Lama ist nach buddhistischem Verständnis kein Gott oder ein Gottkönig, sondern „die Verleiblichung der barmherzigen Bewusstseinskraft des einen universalen Buddha-Bewusstseins“.

Moralische Autorität

ai-Lama Tenzin atso

Der gegenwärtige Dalai-Lama ist der Mönch Tenzin Gyatso (*1935). Er entstammt bäuerlichen Verhältnissen, wurde im Alter von zwei Jahren von buddhistischen Mönchen als Wiedergeburt des 13. Dalai-Lama entdeckt und 1940 in der tibetischen Hauptstadt Lhasa inthronisiert. 1950 besetzte die Volksrepublik China den tibetischen Mönchsstaat am Himalaja, 1959 floh der Dalai-Lama nach einem fehlgeschlagenen Aufstand seiner Anhänger nach Indien. Dort lebt er seitdem im Exil und setzt sich als politischer Teil einer tibetischen Exilregierung für die Interessen eines unabhängigen Tibet ein. Von den Tibetern in China und außerhalb wird er als geistliches und politisches Oberhaupt angesehen.

Während der Dalai-Lama von der Volksrepublik China nicht anerkannt wird, besitzt er im Westen neben seiner großen moralischen Autorität auch den inoffiziellen Status eines Friedensbotschafters, was aus seinen Bemühungen herrührt, mit friedlichen Mitteln auf die Lage in seinem Heimatland Tibet aufmerksam zu machen und seine Politik der Gewaltlosigkeit zu propagieren. Wegen seiner Bemühungen um Frieden und Gewaltverzicht würdigte man den Dalai-Lama 1989 mit der Verleihung des Friedensnobelpreises. ■

Liste der 14 Dalai-Lamas

1. Gendun Drub (1391 – 1474)
2. Gendun Gyatso (1475 – 1542
3. Sonam Gyatso (1543 – 88)
4. Yonten Gyatso (1589 – 1617)
5. Ngawang Lobsang Gyatso (1617 – 82)
6. Tsangyang Gyatso (1682 – 1706)
7. Kelsang Gyatso (1708 – 57)
8. Jamphel Gyatso (1758 – 1804)
9. Lungtog Gyatso (1805 – 15)
10. Tsultrim Gyatso (1816 – 37)
11. Khedrup Gyatso (1838 – 56)
12. Trinle Gyatso (1856 – 75)
13. Thubten Gyatso (1876 – 1933)
14. Tenzin Gyatso (*1935)

Kultus und Rituale

Mandala – buddhistische Meditation

Weil der Buddhismus seinen Anhängern nicht den Austritt aus anderen Gemeinschaften vorschrieb, bestand im frühen Buddhismus für Laien kein Grund, einen Kultus zu schaffen. Mönche begnügten sich mit Predigt, Exegese der Schriften, Beichte und Meditation. Wie im Hinayana hat der Kultus heute im Theravada nur das Ziel, „das Herz des Verehrers durch den Verehrungsakt zu läutern". Im Mahayana-Buddhismus hingegen bildete sich mit der Zeit jedoch ein reiches rituelles Leben aus, z. B. regelmäßig oder nur zu bestimmten Zeiten gesprochene Gebete oder Rezitationen, man kennt sakrale Handlungen oder Kunstfertigkeiten. Kunst, Kult und Ritual sind die Antwort der Menschen auf den Impuls, den der Religionsstifter ausgesandt hat.

Die Rituale im Mahayana-Buddhismus kreisen vor allem um die Qualifizierung des Gläubigen für das Nirwana und die Gegenwart des Erleuchteten – durch Selbstreinigung und Buße und durch das Nennen der Namen der Buddhas und Bodhisattvas. Im Mahayana kennt man daher ein Beichtritual (Pratimoska) und die „Feier des Kreises des Lehrers" (Gurumandala Puja).

Feste

Weil es nicht nur mehrere große Schulen gibt, sondern auch nationale und regionale Ausprägungen, ist die Zahl buddhistischer Feste sehr hoch. Die Feste erinnern meist an das Leben des historischen Buddha oder an andere Buddhas oder Bodhisattvas, z. B. ein Neujahrsfest (Theravada) im April; Wesak (Theravada): Erinnerung an die Geburt, die Erleuchtung und das Sterben des Buddha (Mai); Nirwana-Tag (Mahayana, Japan): Erinnerung an die Erleuchtung des Buddha (15. Februar); Poson (Sri Lanka): Erinnerung an die Einführung des Buddhismus in Sri Lanka (Juni); Losar (Tibetischer Buddhismus): tibetisches Neujahrsfest (vier Tage im Februar).

Das Elefantenfestival (Thailand) im November soll an das Beispiel Buddhas

Buddhistische Architektur

Zur Aufbewahrung von Reliquien errichtete man riesige Hügel, Stupas genannt. Eine Stupa (Sanskrit „Haarknoten") ist eine alte architektonische Form: Zuerst häufte man über die Asche der Toten Erde auf, später verstärkte man die Hügel und verstärkte sie mit einer Schicht von Steinen. Mit der Zeit entwickelte sich die Stupa zu einem zentralen Element buddhistischer Architektur. Man erweiterte sie um Altarräume, in die Besucher eintreten konnten, und um Stilelemente der jeweiligen Kultur. Buddhisten umschreiten die Stupa im Uhrzeigersinn, um dem Geist die Ehre zu erweisen, den die Reliquie in der Stupa repräsentiert.
Eine Pagode ist ein aus der Stupa hervorgegangener quadratischer oder vieleckiger Stockwerkbau mit vorspringenden Dächern und sich nach oben verjüngenden Geschossen. Sie symbolisiert die übereinander getürmten kosmischen Weltebenen.

und dem wilden Elefanten erinnern, der, genau wie der menschliche Geist, zu zähmen war; Loy Krathongh (Thailand), das „Festival der schwimmenden Schalen", wird am Ende der Regenzeit gefeiert. Mit dem Fortschwimmen kleiner Schalen aus Blattwerk hofft man, dass auch alles Unglück entschwindet. In den verschiedenen Ländern existieren unterschiedliche Hochzeits- und Bestattungszeremonien.

Bedeutende Stätten

Auch im Buddhismus gibt es verschiedene heilige Stätten. Man kann Orte unterscheiden, die nur von buddhistischen Gläubigen, und solche, die auch von Gläubigen aus anderen Religionen aufgesucht werden. An den meisten heiligen Orten stellt sich ein Zusammenhang zum Leben des historischen Buddha her. Als heilig gilt Lumbini in Nepal – dort wurde Gautama Buddha geboren; in der nordindischen Stadt Bodh Gaya ist an der Stelle ein Schrein errichtet worden, wo Gautama Buddha seine Erleuchtung erlangt haben soll; eine weitere heilige Stätte ist die Stadt Benares am Ganges – dort soll Buddha der Überlieferung nach zum ersten Mal seine Lehre kundgetan haben.

Rangun

Ein Beispiel für eine gemeinsame Stätte ist der Berg Sri Pada (Sanskrit „heiliger Fuß") in Sri Lanka. Dort ist ein Fußabdruck zu sehen, der von Buddhisten als ein Abdruck Buddhas gedeutet wird (von Muslimen als Abdruck Adams) – Buddha musste kurz bevor er ins Nirwana überging noch einmal die Erde berührt und den Abdruck im Felsen hinterlassen haben.

Eine der bedeutendsten buddhistischen Sakralbauten ist die vergoldete Shwedagon-Pagode in Rangun. Nach buddhistischem Glauben enthält sie acht Haupthaare Buddhas.

Shintoismus

In der religiösen Tradition Japans gibt es zwei Hauptstränge, die das Leben bis heute entscheidend prägen: den Buddhismus und den Shintoismus. Beide Religionen haben sich in Japan gegenseitig beeinflusst. Als Shintoismus bezeichnet man die Gesamtheit der aus dem bewussten Erleben der Natur hervorgegangenen Vorstellungen der Japaner.

Shintoschrein

Die Welt Japans ist nach traditioneller Vorstellung von Naturgöttern bevölkert, man nennt sie Kami. Nach dem shintoistischen Epos *Nihon Shiki* sollen es acht Mio. sein. Zu den Kami gehören Gottheiten, die an bestimmten Orten leben, Geister natürlicher Phänomene, Geister von Tieren, Ahnengeister, Götter und Göttinnen, Helden und Heldinnen der Volksmythen. Manche Kami waren nur von lokaler Bedeutung, andere hatten einen großen Einflussbereich wie z. B. die Sonnengöttin Amaterasu Omikami oder der Reisgott Inari. Der Shinto ist die ursprüngliche Religion Japans und besteht in einer Verehrung der Natur, der Ahnen und der Klan-Gottheiten.

Ethik

Viele Japaner praktizieren nicht nur den Shintoismus, sondern auch den Buddhismus. Die Ethik des Shintoismus lässt sich im Ideal des Magokoro („lauteres Herz“) zusammenfassen: Pflichttreue, Ehrlichkeit, Selbstbeherrschung, d. h. eine reine, aufrichtige und humane Gesinnung. Sie findet ihren Ausdruck besonders im Bushido („Weg des Kriegers“), der Ethik des japanischen Kriegerstandes, die Treue gegen den Herrn, Selbstzucht und Todesverachtung forderte. Der Shintoismus hat die Kultur Japans nicht als theologisches System, sondern durch seine Werte, Verhaltens- und Denkmuster nachhaltig beeinflusst.

Kultstätten

Die hauptsächlichen Kultstätten des Shintoismus sind Schreine. Größere Schreine (z. B. Ise Jingu, Izumo Taisha, Fushimi Inari Taisha) sind in ganz Japan bekannt. Am Schrein kommen Kami und Menschen zusammen, um miteinander in Kontakt zu treten, zu kommunizieren, zu verhandeln. Zwei Welten oder zwei Aspekte des Kosmos treten miteinander in Beziehung: das Gewöhnliche und das Spirituelle. Heilige Orte stehen in Verbindung mit Naturkräften oder besonderen natürlichen Phänomenen. Ein großer Baum, ein massiver Fels, eine sprudelnde Quelle oder ein See konnten zu einem Schrein werden, in dem ein Kami residierte. An diesen Stellen stellten die Gläubigen sakrale Tore (Torii) auf, die den Übergang von der gewöhnlichen in die spirituelle Welt markieren sollten. Der Besuch eines Schreins heißt Omairi und bedeutet das ehrfürchtige und demütige Hinaufgehen zu einem höheren Ort oder zu einer höheren Autorität. Bei wichtigen Anlässen übernehmen Shinto-Priester die Führungsrolle. Priester sind verheiratet, ihre sakrale Kleidung besteht aus einem weißen Gewand und einer schwarzen Mütze.

Shintoistische Schöpfungsgeschichte

Der Gott Isanagi und die Göttin Isanami gelten im Shintoismus als die Schöpfer des Meeres, der Gebirge, der Pflanzen und Japans. Nach der Schöpfung übergab Isanagi die Herrschaft über den Himmel der Sonnengöttin Amaterasu, über die Nacht dem Mondgott Tsukijomi und über das Meer dem Sturmgott Susano. Aus einem Streit der drei Gottheiten ging Amaterasu als Siegerin hervor, ihren Enkel Ninigi machte sie zum Herrscher über Japan. Ninigi gilt als Ahnherr der noch heute in Japan herrschenden Dynastie, ihr jeweiliges Oberhaupt ist der Tenno („Himmelsherrscher"), der japanische Kaiser.

Kirschenzweig

Kult

Es lassen sich drei Ausprägungen des Shintoismus unterscheiden: Der Schreinshinto ist die offizielle Verehrung der Kami an Schreinen, beim Sektenshinto versammeln sich die Gläubigen in der Regel in Kirchen, der Volksshinto gründet sich auf Reinigungsbräuche und die Verehrung von Haus- und Feldgottheiten. Für den Einzelnen bietet der Shintoismus die Möglichkeit, mithilfe besonderer Rituale seine Ängste zu beschwichtigen, Lösungen für Probleme, bei Krankheit oder Versagen zu suchen, Beruhigung und Bestätigung zu finden.

Der Kult des Shinto besteht im Wesentlichen aus der Darbringung von Kirschenzweigen und Speiseopfern, außerdem in rituellen Gebeten (Norito). Die allgemeine japanische Bezeichnung für Feste ist Matsuri, die höchsten Feste sind Shinto-Feste. Fast jeder Schrein hat ein eigenes Fest.

Konfuzianismus

Konfuzius lehrte eine Sicht der Welt und der Rolle des Menschen, die sich in mehreren Phasen der chinesischen Geschichte von einer Morallehre zu einer Art Staatsreligion wandelte. Die Betonung von Treue und Rücksichtnahme charakterisiert die Philosophie Konfuzius'. Seit dem 2. Jh. v. Chr. wurde er den höchsten Gottheiten Chinas gleichgestellt.

Konfuzius, Denkmal in den „Gärten der Welt" in Berlin

Im antiken China unterschied man nicht so sehr zwischen religiösen und allgemeinen, gesellschaftlichen Pflichten. Die eigene Verantwortung, familiäre und öffentliche Aufgaben galten als eine Herausforderung gegenüber dem Himmel und göttlicher Mächte. Religion und Ethik stellten eine unauflösbare Einheit dar.

Der Philosoph

Konfuzius (latinisierte Form von K'ung-fu-tzu, „Meister Kong"; 551–479 v. Chr.) wurde etwa zur gleichen Zeit wie der historische Gautama Buddha im östlichen China, unweit dem heutigen Shantung, geboren und entstammte dem Kleinadel. Später führte er ein Wanderleben und sammelte eine wechselnde Schar von Schülern um sich. Konfuzius lebte in einer Zeit des politischen Umbruchs: Das alte chinesische Feudalreich löste sich in Einzelstaaten auf.

In den Mittelpunkt seiner Ethik stellte Konfuzius den zwischenmenschlichen Umgang. Die Verantwortung des Einzelnen solle zu Hause beginnen: Kinder sollten ihre Eltern achten und ihnen gehorchen. Nach dem Modell wurden auch die Regeln für Staatsbürger, für die Sittlichkeit und für die soziale Ordnung entwickelt. „Bewahrt Treue und Ehrlichkeit als erste Prinzipien", lautet ein Spruch des Konfuzius.

Seit dem 2. Jh. v. Chr. wurde Konfuzius in China als geistiger König angesehen, 174 v. Chr. opferte der Kaiser auf dem (noch heute erhaltenen) Grab des Konfuzius in Qufu, dem Geburtsort des Philosophen. 555 n. Chr. wurde ein Edikt zur Errichtung von Tempeln für Konfuzius in jeder Provinzhauptstadt erlassen, 1906 stellte ein Erlass ihn mit höchsten Gottheiten gleich (die Verehrung wird noch heute in Taiwan weitergeführt). In zahlreichen Schriften gewann Konfuzius als Heiliger eine fast mystische Dimensionen annehmenden Stellenwert.

Konfuzius hinterließ keine eigenen Werke, der Tradition nach soll er für die Redaktion der Fünf Klassiker des Konfuzianismus verantwortlich sein. *Lun Yü*, das Buch der „Gespräche“, die er mit seinen Schülern führte, ist eines der zentralen Werke des Konfuzianismus. Üblicherweise wurden die Wortlaute der Gespräche mündlich tradiert und erst im 3. Jh. v. Chr. aufgezeichnet.

Die Lehre

Die ethische und religiöse Lehre des Denkers Konfuzius begründete den Konfuzianismus.

Die wesentlichen Aspekte der Lehren des Konfuzius sind: 1. Rationalisierung des Himmels, er verkörpert die natürlichen und ethischen Gesetzmäßigkeiten des Universums; 2. Umgestaltung magischer Bräuche zu Riten als Ausdruck einer Harmonie von Mensch und Kosmos; 3. Rückführung von Einzeltugenden (z. B.

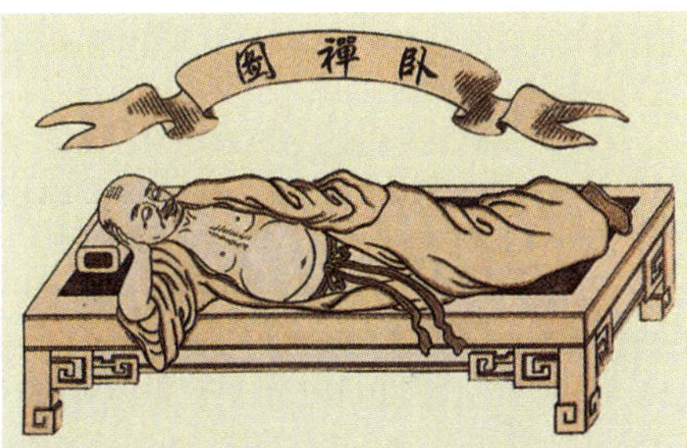

Zeichnung des meditierenden Konfuzius

Fünf Klassiker

Die Fünf Klassiker gelten als die heiligen Texte des Konfuzianismus. Sie bestehen aus: 1. dem berühmten *Yi-jing*, dem Buch der Wandlungen, 2. *Shu-jing*, dem Buch der Urkunden, 3. *Shi-jing*, dem von Konfuzius besonders geschätzten Buch der Lieder, 4. *Li-ji*, dem Buch der Riten und 5. *Chun-qiu*, den Frühlings- und Herbstannalen.

Zuverlässigkeit, Bescheidenheit, Loyalität) auf das Ideal der Menschlichkeit; 4. wie der Himmel folgt auch der Herrscher allgemeinen Naturgesetzen. Die in der Familie, in einer Gemeinschaft und im Staatswesen zu erfüllenden Pflichten lassen sich auf fünf Beziehungen zusammenfassen: zwischen Fürst und Staatsdiener, zwischen Vater und Sohn, zwischen Mann und Frau, zwischen älterem und jüngerem Bruder, zwischen Freund und Freund. Jede dieser Beziehungen soll von einem tugendhaften Handeln bestimmt sein, das sich in Menschenliebe, Gerechtigkeit und Ehrerbietung äußert. Die Ideen, in denen sich religiöse und philosophische, sozialethische und politische Aspekte verbinden, wurden den Fünf Klassikern entnommen. Das Menschsein zu lernen ist das zentrale Anliegen der konfuzianischen Tradition.

Im 2. Jh. wurde der Konfuzianismus zur offiziellen Weltanschauung erklärt, seit dem 3. Jh. wurde er vom Buddhismus und Daoismus zurückgedrängt. ■

Daoismus

Laotse, Holzschnitt

Der Daoismus (auch Taoismus) ist eine philosophische und religiöse Lehre Chinas. Der Daoismus gehört dort mit dem Buddhismus und dem Konfuzianismus zu den drei beherrschenden Weltanschauungen. Ein philosophischer Zweig des Daoismus gründet sich auf zwei den historisch schwer greifbaren Philosophen Laotse und Zhuangzi zugeschriebenen Werken, ein religiöser Zweig griff transzendentale Züge alter Naturreligionen auf und entwarf um den Kult eines Himmelsmeisters (Tianshi) einen großen Pantheon daoistischer Gottheiten.

Das heilige Buch des Daoismus, das Dao-de-jing („Buch von Dao und seiner Tugend"), wird der legendären, vielleicht mythischen Gestalt des Laotse zugeschrieben, der ein älterer Zeitgenosse des Konfuzius gewesen sein soll. „Der Mensch nimmt sein Gesetz von der Erde; die Erde nimmt ihr Gesetz vom Himmel; der Himmel nimmt sein Gesetz vom Dao. Das Gesetz des Dao ist sein ‚Sein, was es ist'", heißt es dort.

Philosophie

Der philosophische Zweig wird insbesondere durch die Werke des legendären chinesischen Philosophen Laotse („alter Meister"), über den fast nichts bekannt ist, und des Philosophen Zhuangzi (evtl. um 350–300 v. Chr.) geprägt. Auch biografische Daten Zhuangzis liegen nur bruchstückhaft vor und sind nicht gesichert.

Zentral ist die Auseinandersetzung mit dem Dao, das auf der einen Seite als Absolutes (transzendent), auf der anderen Seite als alle Elemente des Seins durchdringende und zu einer Einheit zusammenfassende Wesenheit betrachtet wird (immanent).

Das „Dao-de-jing" wurde in einem Zeitraum von 60 Jahren, vermutlich zwischen 300 und 240 v. Chr., zusammengestellt bzw. in seine heutige Form gebracht. Es schildert den „Welturgrund" und dessen Wirken, das auch für den Menschen vorbildlich sein soll. Die Sinnsprüche befassen sich mit daoistisch-philosophischen

Themen und Fragen eines rechten, tugendhaften Verhaltens.

Die Anhänger des Daoismus sollten nicht, wie es der Konfuzianismus forderte, Regeln für ein äußeres Verhalten befolgen, sondern selbst zu einem passiven Gefäß des universalen Dao werden.

Religion

Der religiöse Zweig des Daoismus steht in enger Beziehung zum philosophischen Zweig, u. a. durch die Einbeziehung, älterer Naturlehren wie die Lehre von den beiden Grundkräften Yin und Yang, über das Wirken der fünf Elemente und das System des *Yi-jing* („Buch der Wandlungen"; chinesisches Wahrsagebuch, das bis vor das 1. Jt. v. Chr. zurückgeht). Yin und Yang sind Manifestationen des Dao, polare Grundprinzipien, aus deren Wechselspiel die Dinge und alle Grundprinzipien des Universums entstehen und bestimmt werden. Yin entsprechen z. B. die Qualitäten des Weiblichen, Dunklen, Passiven, Empfangenden, Symbole des Yin sind z. B. der Mond, das Wasser, die Wolken; Yang entsprechen z. B. die Qualitäten des Männlichen, Hellen, Aktiven, Schöpferischen, Symbole des Yang sind z. B. die Sonne, das Feuer, der Drache.

Individuell-religiöse Hauptthemen des Daoismus sind Praktiken zur Lebensverlängerung bis hin zur Unsterblichkeit, Mystik und Meditation. Der Körper ist ein Mikrokosmos, der dem Makrokosmos des Universums nachgebildet wurde und daher ebenfalls von einer Vielzahl von Seelen und Göttern belebt wird. Das daoistische Pantheon enthält eine Unzahl von Gottheiten, dem auch lokale Götter und Helden eingegliedert werden.

Ab dem 2. Jh. entwickelte sich die Gestalt des Laotse zu einem Hochgott des Daoismus, er wurde als einer der sogenannten Drei Reinen in das Pantheon aufgenommen. Er gilt als Verkörperung des Dao. ■

Laotse

Dao

Dao (oder Tao; chin.,„Bahn, Weg, Pfad"), ein grundlegender Begriff der chinesischen Philosophie, verstand man ursprünglich im übertragenen Sinne auch als Ablauf oder Methode. Im Konfuzianismus bezeichnet es eine dem Kosmos innewohnende Gesetzmäßigkeit, nach der der Mensch korrekt handeln soll, um die Kultur zu bewahren. Im Daoismus wurde es zur Bezeichnung für ein nicht vom Menschen geschaffenes und gesteuertes Prinzip, den „Welturgrund", der zwar hinter allen Erscheinungen steht und wirkt, aber nur in einem mystischen Erlebnis erfahren werden kann.